Coleção
Preparando
para concursos

Questões
discursivas
comentadas

Organizadores: **Leonardo Garcia e Roberval Rocha**

DIREITO PROCESSUAL CONSTITUCIONAL

por matéria

AÇÕES CONSTITUCIONAIS

CARREIRAS JURÍDICAS

Organizadores: **Leonardo Garcia e Roberval Rocha**

DIREITO PROCESSUAL CONSTITUCIONAL

por matéria

AÇÕES CONSTITUCIONAIS

CARREIRAS JURÍDICAS

2017

EDITORA *jus*PODIVM

www.editorajuspodivm.com.br

www.editorajuspodivm.com.br

Rua Mato Grosso, 164, Ed. Marfina, 1º Andar – Pituba, CEP: 41830-151 – Salvador – Bahia
Tel: (71) 3045.9051
• Contato: https://www.editorajuspodivm.com.br/sac

Copyright: Edições JusPODIVM

Conselho Editorial: Dirley da Cunha Jr., Leonardo de Medeiros Garcia, Fredie Didier Jr., José Henrique Mouta, José Marcelo Vigliar, Marcos Ehrhardt Júnior, Nestor Távora, Robério Nunes Filho, Roberval Rocha Ferreira Filho, Rodolfo Pamplona Filho, Rodrigo Reis Mazzei e Rogério Sanches Cunha.

Capa: Rene Bueno e Daniela Jardim *(www.buenojardim.com.br)*

Diagramação: Marcelo S. Brandão *(santibrando@gmail.com)*

Todos os direitos desta edição reservados à Edições JusPODIVM.

É terminantemente proibida a reprodução total ou parcial desta obra, por qualquer meio ou processo, sem a expressa autorização do autor e da Edições JusPODIVM. A violação dos direitos autorais caracteriza crime descrito na legislação em vigor, sem prejuízo das sanções civis cabíveis.

AUTORES

Alexandre Schneider

André Eduardo Dorster Araújo

André Villa Verde Araújo

Angelita Maria Maders

Carin Simone Prediger

Carla Patricia Frade Nogueira Lopes

Carlos Afonso Gonçalves da Silva

Carolina Costa Val Rodrigues

Cícero Victor Iglesias Melo de Alencar

Cristiane Catarina Fagundes de Oliveira

Daniel Falcão

Davi Márcio Prado Silva

Diego Prandino

Eduardo Moreira Lima Rodrigues de Castro

Elcio Corrêa Silva

Érico Gomes de Sousa

Eron Freire dos Santos

Fernanda Almeida Lopes

Francisco Vicente Rossi

Guilherme Bacelar Patrício de Assis

Helton Kramer Lustoza

Herbert Almeida

Heron Nunes Estrela

Jean Carlos Nunes Pereira

João Paulo Lawall Valle

João Paulo Lordelo

Jorge Ferraz de Oliveira Júnior

Keziah Alessandra Vianna Silva Pinto

Leonardo Barreto Moreira Alves

Leonardo Gil Douek

Leonardo Zulato

Luiz Felipe Ferreira Gomes Silva

Marcelo Veiga Franco

Paulo César de Carvalho Gomes Júnior

Paulo Henrique Figueredo de Araújo

Pedro Siqueira de Pretto

Rafael Vasconcelos Porto

Rafael Vinheiro Monteiro Barbosa

Rodolfo Soares Ribeiro Lopes

Rodrigo Medeiros de Lima

Uriel Fonseca

Vania Cirne

APRESENTAÇÃO

A Coleção **PREPARANDO PARA CONCURSOS**, conhecida do público pela forma sistematizada e direcionada de estudos por meio de questões dos principais certames do país, agora apresenta mais um novo projeto: livros contendo questões discursivas selecionadas *por matéria específica* e comentadas por membros de carreiras jurídicas e excelentes professores.

Devido ao grande sucesso dos livros de questões discursivas selecionadas por carreiras, vários foram os pedidos para que fizéssemos também livros que reunissem questões por disciplina.

Assim, a partir de agora, os leitores também poderão estudar as questões discursivas, muitas vezes de difícil acesso, focado em apenas uma única matéria, permitindo uma visão mais ampla de como essa disciplina vem cobrando os conteúdos nas provas de concursos públicos das principais carreiras jurídicas.

As questões foram selecionadas e catalogadas criteriosamente no intuito de oferecer aos concursandos o melhor panorama de exigência de conteúdo dos concursos públicos.

Com as **QUESTÕES DISCURSIVAS COMENTADAS POR MATÉRIA**, o candidato terá condições de se preparar de maneira direcionada para as etapas subsequentes às provas objetivas, analisando quais os temas já foram cobrados, as recorrências, o foco explorado pela Banca, etc.

Além disso, de maneira inédita e pensando na melhor metodologia de estudos, os profissionais e professores não somente comentam as questões como se estivessem fazendo a prova; antes dos comentários, discorrem sobre os tópicos que devem ser abordados nas respostas, quais os cuidados a serem tomados na redação, qual, enfim, o melhor caminho a ser trilhado.

É que, muitas vezes, a simples apresentação dos comentários não basta para mostrar ao leitor como ele deve apresentar sua resposta e quais os cuidados e técnicas devem ser empregados na hora de enfrentar a prova.

Deste modo, aprimorando os métodos de estudo por meio de questões, esperamos que gostem desta nova proposta apresentada na Coleção.

Boa sorte e bons estudos.

Contem conosco

Roberval Rocha

Leonardo Garcia

SUMÁRIO

DIREITO PROCESSUAL CONSTITUCIONAL 11

1. Controle de Constitucionalidade 11

   1.1. Controle Concentrado de Constitucionalidade 11

      1.1.1. Ação Declaratória de Constitucionalidade 11

      1.1.2. Ação Direta de Inconstitucionalidade 21

      1.1.3. Arguição de Descumprimento de Preceito Fundamental 39

      1.1.4. Controle Concentrado de Constitucionalidade Estadual 49

   1.2. Controle Difuso de Constitucionalidade 64

   1.3. Teoria do Controle de Constitucionalidade 93

2. Ações Constitucionais 151

   2.1. Ação Civil Pública 151

   2.2. Ação de Improbidade Administrativa 159

   2.3. Ação Popular 181

   2.4. "Habeas Data" 193

   2.5. Mandado de Injunção 194

   2.6. Mandado de Segurança 200

3. Reclamação Constitucional 232

4. Súmula Vinculante 240

DIREITO PROCESSUAL CONSTITUCIONAL

1. CONTROLE DE CONSTITUCIONALIDADE

1.1. Controle Concentrado de Constitucionalidade

1.1.1. Ação Declaratória de Constitucionalidade

(Cespe/AGU/Advogado/2015) Determinado estado da Federação editou lei que torna o exercício da acupuntura uma exclusividade dos médicos. Dada a existência de relevante controvérsia doutrinária sobre a aplicação dessa lei, o Conselho Federal de Medicina (CFM) ajuizou no Supremo Tribunal Federal (STF) ação declaratória de constitucionalidade (ADC) pedindo que o tribunal declare sua constitucionalidade. Com base na jurisprudência do STF e nas normas constitucionais, redija um texto dissertativo acerca da viabilidade da ADC apresentada. Em seu texto, aborde (i) a finalidade da ADC e a presunção de constitucionalidade das normas; (ii) a legitimidade do CFM para ajuizar ADC; (iii) o objeto da ADC; (iv) a relevante controvérsia sobre a aplicação da norma objeto da referida ADC como requisito para sua propositura.

Autores: Rodolfo Soares Ribeiro Lopes e João Paulo Lawall Valle

Direcionamento da resposta

Primeiramente sempre indico começar a resposta de questões subjetivas demonstrando conhecimento sobre o assunto; nesse sentido, fica bastante interessante fazer um pequeno parágrafo introdutório no qual o candidato – sem 'enrolar' – discorra sobre o tema 'núcleo' do questionamento que, na espécie, é a Ação Declaratória de Constitucionalidade. Essa proposta, inclusive, facilita o desenvolvimento dos temas seguintes a serem tratados. Assim, discorrendo com poder de síntese e demonstração de domínio do conteúdo (só sintetiza bem quem conhece o tema), o candidato deveria seguir na ordem enumerada dos questionamentos, dando-lhes solução de modo objetivo, mas também com segurança e conteúdo.

É muito importante a leitura atenta do enunciado. A expressão "controvérsia doutrinária" constante do enunciado confronta com a expressão "a existência de controvérsia judicial relevante sobre a aplicação da disposição objeto da ação declaratória" (art. 14, III, Lei 9869/99 – Lei que regula o processo e julgamento objetivo). Ou seja, o enunciado e a Lei estavam à disposição do candidato, bastava ter uma base de leitura sobre o tema para compreender que essa petição inicial não era apta a instaurar a ADC, pois não indicava a controvérsia judicial relevante. O Item 'iv' estaria assim resolvido.

Ademais, quanto aos temas 'i' e 'iii' há a necessidade de o desenvolvimento do parágrafo inicial e geral a que me referi acima, discorrendo sobre a presunção *juris tantum* de constitucionalidade de que gozam as Leis e os atos normativos, objeto da ADC – único aspecto não equiparado à exatidão com a ADI – que compreende apenas as normas federais. Quanto à legitimidade (ii), precisava o candidato discorrer sobre a equiparação, com a EC n. 45, dos legitimados ativos da ADI e ADC (a Lei 9868/99 está desatualizada, no ponto) e a jurisprudência do STF acerca do tema, a qual não admite que o Conselho Federal de Medicina, ainda que com pertinência temática, proponha ação no processo objetivo. Não se pode confundir o "Conselho Federal", o qual a CF não prevê como legitimado (exceto o Conselho Federal da OAB, que é legitimado institucional e universal), com "as confederações".

Abaixo segue uma sugestão de resposta; fica sempre a observação de que se trata de disposição e estilo próprio, que não ousa ser o 'correto', mas apenas dar um norte de organização e disposição. Cada um tem sua forma de expor – e até melhor do que a que se propõe; contudo, há sim uma diretriz mínima da qual não se pode se distanciar. Essa indicação básica diretiva é o nosso objetivo!

Sugestão de resposta

A Ação Declaratória de Constitucionalidade (ADC) foi inserida no Processo Objetivo por meio da Emenda Constitucional n. 3/1993, alargando e enriquecendo ainda mais o sistema de aferição da constitucionalidade das Leis, cuja gênese difusa no Brasil encontra-se na CF de 1891 e concentrada na inserção da ADI interventiva pela CF 1934, consolidando-se por meio da Emenda à CF de 1946, em 1965.

A regulação infraconstitucional das Ações Diretas se deu com a Lei 9.868/99. Diferenciadas quanto ao objeto (atos normativos federais para a ADC e federais ou estaduais, para a ADI), ADC e ADI tiveram seus legitimados ativos equiparados por meio da EC n. 45.

DIREITO PROCESSUAL CONSTITUCIONAL

(i) A finalidade específica da ADC é extirpar controvérsia judiciária quanto à presunção de legitimidade constitucional *juris tantum* de que gozam as Leis e os Atos normativos; assim, diferentemente da ADI, não se ataca a constitucionalidade da Lei, mas, com sinal inverso, pretende-se ver a sua constitucionalidade declarada, afastando-se a dúvida existente. Por gozar de efeitos vinculantes, com a decisão da ADC não mais se poderá cogitar de (in)constitucionalidade – exceto eventual viragem jurisprudencial no seio do próprio STF.

(ii) Como dito, os legitimados ativos para ADI e ADC estão equiparados pela EC n. 45, sendo que o artigo 12 da Lei 9869/99 está desatualizado, no ponto. Contudo, nos incisos do artigo 103 da CF/88 não há a permissão de legitimidade ativa para os Conselhos Federais – exceto o da OAB; apenas podem propor a ADI, as confederações sindicais ou entidades de classe de âmbito nacional – que não se confundem com o Conselho Federal de Medicina. Portanto, não há legitimidade ativa para a propositura da ADC narrada no enunciado.

(iii) O objeto da ADC é a Lei ou Ato normativo Federal (art. 102, I, a, da CF), como dito acima, não sendo possível, quanto a este instrumento do processo objetivo, a veiculação de norma de âmbito estadual, sendo este mais um empecilho ao conhecimento da sobredita ADC.

(iv) De acordo com o artigo 14, III, Lei 9.869/99, há a necessidade de a petição inicial da ADC indicar relevante controvérsia judicial – e não apenas 'doutrinária'. Nesse sentido, carece a inicial da ADC narrada no enunciado de aptidão para o seu conhecimento.

Portanto, três razões indicam pela impossibilidade de recebimento e processamento da ADC ilustrada no enunciado: a ausência de legitimidade, o objeto para o qual não cabe o instrumento e a inépcia da inicial ante a ausência de indicação de relevante controvérsia judicial.

(MPF/Procurador_da_República/2012) *Ação direta de inconstitucionalidade e ação declaratória de constitucionalidade: (i) distinções; (ii) legitimados e pertinência temática; (iii) quórum para julgamento; (iv) provas.*

Autor: João Paulo Lordelo

Direcionamento da resposta

Mais uma vez, a prova do MPF nos faz deparar com uma questão de processo civil extremamente objetiva e direta, explicitando claramente os pontos

COLEÇÃO PREPARANDO PARA CONCURSOS

que precisam ser abordados. No presente caso, o candidato precisa ter muito cuidado, exercendo um bom poder de síntese, de modo a completar adequadamente as linhas disponíveis.

Sugestão de resposta

Como cediço, tanto a ação direta de inconstitucionalidade (ADI) quanto a ação declaratória de constitucionalidade (ADC) consistem em instrumentos próprios do controle concentrado de constitucionalidade, de competência originária do Supremo Tribunal Federal, por força do art. 102, I, *a*, da Constituição da República (CRFB/1988). Cuidam-se, verdadeiramente, de ações com natureza dúplice – tendo em vista a evidente carga declaratória –, de modo que uma eventual improcedência do pedido, em uma ADI, possui equivalência eficacial com a procedência do pedido em uma ADC.

Ambas as ações são constitucionalmente previstas e regulamentadas pela Lei n. 9.868/1999. A grande distinção consiste no objeto de tais instrumentos. Isso porque, nos termos do citado art. 102, I, *a*, da CRFB/1988, a ADI tem por objeto a verificação da compatibilidade de lei ou ato normativo federal ou estadual diante da CRFB/1988, enquanto a ADC somente pode ter como objeto ato lei ou normativo de natureza federal. Outra distinção reside em um aspecto procedimental, tendo em vista que, na ADI, o Advogado-Geral da União é ouvido, exercendo (via de regra) a defesa do ato impugnado (art. 8° da Lei n. 9.868/1999), ao passo em que na ADC sua participação não é necessária.

No que concerne aos legitimados, o art. 103 da CRFB/1988 estabelece um rol comum para ambas as ações, havendo consenso, na doutrina, no sentido de que a pertinência temática para alguns legitimados seria universal (*v.g.*, Procurador-Geral da República, Presidente da República, Mesa do Senado Federal, Mesa da Câmara dos Deputados, Conselho Federal da Ordem dos Advogados do Brasil e partido político com representação no Congresso Nacional). Os demais legitimados devem demonstrar a pertinência temática como requisito de admissibilidade, ou seja, a relação existente entre o objeto da ação e a finalidade institucional do autor interessado. É o que ocorre com os governadores, mesa de Assembleia Legislativa ou da Câmara Legislativa do Distrito Federal, confederação sindical ou entidade de classe de caráter nacional.

No que diz respeito ao *quórum* para julgamento, dispõe o art. 23 da Lei n. 9.868/1999 que será declarada a constitucionalidade ou a inconstitucionalidade da disposição ou da norma impugnada se num ou noutro sentido se tiverem manifestado pelo menos seis ministros, quer se trate de ação direta de inconstitucionalidade ou de ação declaratória de constitucionalidade.

DIREITO PROCESSUAL CONSTITUCIONAL

Por fim, relativamente às provas em eventual ADI ou ADC, o art. 3º, parágrafo único, da citada Lei informa o dever de a petição inicial vir acompanhada das provas documentais preconstituídas a respeito do objeto da ação, cabendo ao STF, todavia, a possibilidade de flexibilização procedimental, de acordo com as necessidades do caso concreto.

(**MPE/SP/Promotor/2012**) *Em relação ao controle de constitucionalidade brasileiro, responda de maneira fundamentada: (i) A transformação da ação direta de inconstitucionalidade (ADI) e da ação declaratória de constitucionalidade (ADC) em ações dúplices contribuiu para o aumento da eficácia das decisões do Supremo Tribunal Federal? (ii) A natureza dúplice da ADI e ADC também é aplicável em relação às decisões do STF em sede de medida liminar? (iii) Os efeitos repristinatórios se aplicam na ADI e ADC? O que o Supremo Tribunal Federal entende por 'efeitos repristinatórios indesejados'? (iv) Há diferenças entre os efeitos repristinatórios e o instituto jurídico da repristinação?*

Autor: Alexandre Schneider

Direcionamento da resposta

O questionamento exige que o candidato discorra sobre a eficácia do controle concentrado de constitucionalidade, pela via concentrada, demonstrando o tratamento infraconstitucional aplicável à ação direta de inconstitucionalidade e à ação declaratória de constitucionalidade (Lei nº 9.868/99), consideradas ações de "sinal trocado" (caráter dúplice), assim como relativamente à medida liminar, fundamento dos efeitos repristinatórios, culminando por diferenciar este conceito do instituto da repristinação.

Sugestão de resposta

A ação direta de inconstitucionalidade (ADI) e a ação declaratória de constitucionalidade (ADC), previstas no artigo 102, I, 'a', da Constituição Federal, trata-se, ambas, de medidas de controle concentrado de constitucionalidade das normas. A ADI tem por objetivo fulminar norma legal eivada de vício de incompatibilidade vertical com a Lei Maior, declarando a nulidade da norma e afastando a presunção de constitucionalidade da norma e a produção de efeitos jurídicos; por sua vez, a ADC volta-se a patentear a presunção de constitucionalidade do ato normativo, quando existente conflito de interpretações judiciais acerca da constitucionalidade da norma (ou não), com o fito de conferir segurança jurídica nas relações interpessoais.

Assim, quando a ADI é julgada procedente, o Supremo Tribunal Federal declara que a lei ou ato normativo encontra-se eivado de inconstitucionalidade e, sendo nulo, declara que a sua eficácia legal encontra-se igualmente tisnada pela nulidade – resta afastada a presunção de constitucionalidade da norma. Quando a ADC é julgada procedente, o STF reafirma a presunção de legitimidade constitucional do ato normativo e afasta a possibilidade de que outra interpretação, que declare a inconstitucionalidade, seja veiculada por outro órgão do Poder Judiciário.

A natureza dúplice da ADI e da ADC implica dizer que há ambivalência entre as duas modalidades de controle por via de ação, de modo que o resultado do julgamento proferido numa delas será diametralmente oposto ao da outra – noutras palavras, a procedência de uma delas significa a improcedência da outra[1]. São ditas ações de "sinal trocado", de modo que a procedência da ADI (afastando a norma do ordenamento jurídico) significará a improcedência da ADC (será afastada a presunção de constitucionalidade). Pelo outro vértice da mesma questão, a improcedência da ADI terá como efeito a procedência da ADC, ratificando a presunção de constitucionalidade do ato normativo impugnado. Assim, o STF, frente a duas ações de controle concentrado (uma ADI e outra ADC), que estejam a, objetivamente, questionar a constitucionalidade do mesmo ato normativo, irá unificar os processos e proferirá julgamento uniforme para as duas demandas, resultando daí indesmentível aumento da eficácia das decisões proferidas em sede de controle de constitucionalidade, pois, ao mesmo tempo em que reduz o número de feitos semelhantes, propicia que o colegiado da Suprema Corte profira decisão uniforme em casos similares, que tratem da constitucionalidade do mesmo ato normativo.

Entretanto, essa natureza dúplice da ADI e da ADC não se aplica em relação às decisões proferidas pelo STF em medida cautelar (ou liminar), justamente porque a disciplina legal prevista para as duas ações – a despeito da ambivalência – traz contornos diversos em relação a cada uma delas. Na ADI, o artigo 11, § 1º, da Lei nº 9.868/99 prevê que a medida cautelar, dotada de eficácia contra todos, será concedida com efeito *ex nunc*, salvo se o Tribunal entender que deva-lhe conceder eficácia retroativa. Já para a ADC, a previsão de medida liminar no art. 21 da Lei nº 9.868/99 refere que "O Supremo Tribunal Federal, por decisão da maioria absoluta de seus membros, poderá deferir pedido de medida cautelar na ação declaratória de constitucionalidade, consistente na determinação de que os juízes e os Tribunais suspendam o julgamento dos processos

---

1. O caráter dúplice das ações decorre da intelecção do art. 24 da Lei nº 9.868/99: "Proclamada a constitucionalidade, julgar-se-á improcedente a ação direta ou procedente eventual ação declaratória; e, proclamada a inconstitucionalidade, julgar-se-á procedente a ação direta ou improcedente eventual ação declaratória".

DIREITO PROCESSUAL CONSTITUCIONAL

que envolvam a aplicação da lei ou do ato normativo objeto da ação até seu julgamento definitivo". A distinção entre as duas é compreensível, na medida em que a concessão de liminar na ADC nada agregaria, uma vez que a lei ou ato normativo já é dotado de presunção de constitucionalidade – eis a razão do *discrimen* legislativo.

Indo além, a decisão do STF que declarar, em decisão final, a inconstitucionalidade da lei ou ato normativo possui eficácia declaratória da nulidade da norma, por vício de incompatibilidade vertical do ato infralegal em face do Texto Constitucional. Declarada a impossibilidade de eficácia legal da norma declarada nula, por conseguinte estará sendo declarada a (acessória) eficácia revogatória da lei em relação ao ato infralegal anteriormente vigente à lei declarada inconstitucional. Assim, os efeitos repristinatórios[2] significam que a norma declarada inconstitucional não foi apta para revogar validamente a lei anterior que tratava do mesmo assunto, tendo havido uma mera expectativa da lei declarada inconstitucional de revogar a norma anterior. Dessa forma, para que o resultado da decisão declaratória de inconstitucionalidade não traga consigo um vácuo normativo na matéria legal, o STF admite que se restaurem os efeitos legais da norma anterior, aparentemente revogada pela lei inconstitucional.

Os efeitos repristinatórios se aplicam tanto na ADI como na ADC; nesta, contudo, com supedâneo no princípio da nulidade, orientador da questão afeta aos efeitos repristinatórios, somente serão verificados na hipótese de improcedência da ação, pois aí residirá, efetivamente, a declaração de inconstitucionalidade da lei ou ato normativo. Entretanto, situações haverá em que os efeitos repristinatórios são ditos "indesejados", ou seja, quando, verificada a possibilidade de reestabelecimento da eficácia da norma revogada pela lei declarada inconstitucional, constatar-se que a norma revogada também padece do vício de inconstitucionalidade – nesta hipótese, o STF, ao declarar a inconstitucionalidade da lei ou ato normativo objeto de ADI ou ADC, verificando que a norma cuja eficácia legal seria restabelecida (lei revogada) também não guarda relação de compatibilidade vertical com a Lei Maior, irá declarar, sucessivamente, a inaplicabilidade da norma revogada. Em síntese, o efeito repristinatório não deve ser aplicado nas hipóteses em que a norma revogada pela lei declarada inconstitucional também é inválida, sendo aplicável à hipótese o instituto da modulação ou restrição dos efeitos da decisão que declara a inconstitucionalidade (Daniel Sarmento, in Hermenêutica e jurisdição constitucional).

---

2.   Embora expressamente consagrado na Lei nº 9.868/99 (art. 11, § 2º) apenas em relação ao deferimento da cautelar, a mesma regra é aplicável às decisões de mérito nas ações de controle abstrato, já que decorrente da nulidade do ato inconstitucional.

COLEÇÃO PREPARANDO PARA CONCURSOS

Por fim, há diferenças entre os efeitos repristinatórios e o instituto da repristinação. O efeito repristinatório consiste na reentrada em vigor da norma **aparentemente revogada**. Já a *repristinação* consubstancia a reentrada em vigor da norma **efetivamente revogada** em função da revogação (mas não anulação) da norma revogadora. A repristinação, contudo, somente é permitida caso exista previsão legislativa expressa, por conta da regra geral que a veda (Lei de Introdução às Normas do Direito Brasileiro, art. 2º, § 3º). A repristinação cuida-se de fenômeno legislativo, ao passo que o efeito repristinatório é decorrência da declaração de nulidade de um ato normativo, que não revogou validamente outro, envolvendo duas leis e uma decisão judicial.

(Esaf/PFN/Procurador/2003) A Emenda Constitucional n. 3, de 17 de março de 1993, criou novo instrumento de direito processual constitucional: a ação declaratória de constitucionalidade. No julgamento da primeira ação declaratória (ADC 1), o Supremo Tribunal Federal seguiu orientação do relator, Ministro Moreira Alves, também no tocante ao procedimento e julgamento da nova espécie no âmbito do controle concentrado de constitucionalidade. Do voto do relator, extraímos a seguinte passagem: "A Emenda Constitucional n. 3, de 1993, ao instituir a ação declaratória de constitucionalidade, já estabeleceu quais são os legitimados para propô-la e quais são os efeitos de sua decisão definitiva de mérito. Silenciou, porém, quanto aos demais aspectos processuais a serem observados com referência a essa ação." Tendo em conta as observações acima – que têm caráter meramente motivador –, o ordenamento jurídico nacional e a jurisprudência do STF acerca da matéria, discorra sobre a ação declaratória de constitucionalidade. Aborde os seguintes aspectos: (i) finalidade; (ii) legitimidade; (iii) objeto; (iv) procedimento e julgamento; e (v) efeitos da decisão.

Autores: **Rodolfo Soares Ribeiro Lopes e João Paulo Lawall Valle**

Direcionamento da resposta

A questão proposta requer do candidato o conhecimento do texto de lei e de algum conhecimento jurisprudencial e doutrinário sobre a ADC. Deve-se destacar, portanto, que a finalidade da referida ação é tornar absoluta a presunção de constitucionalidade da lei questionada, que, em regra, é relativa. No que se refere à legitimidade, é a mesma da ADI (art. 103, da CF/88). Seu objeto somente poderá ser lei ou ato normativo federal (art. 13, da Lei n. 9.868/99). Seu procedimento encontra-se previsto nos arts. 14 a 20, da Lei n. 9.868/99, e o julgamento segue a lógica dos arts. 22 a 28, da mesma lei.

DIREITO PROCESSUAL CONSTITUCIONAL

Por fim, seus efeitos são, em regra, *ex tunc* e *erga omnes*, mas, excepcionalmente, podem sofrer modulação quando o ação foi julgada improcedente (art. 27, da Lei n. 9.868/99).

Sugestão de resposta

a ação declaratória de constitucionalidade (ADC) consiste em instrumento de controle concentrado de constitucionalidade criado por meio da EC nº 3/1993 e cuja finalidade é a de sanar controvérsia constitucional porventura existente em relação a uma lei ou um ato normativo federal (art. 13, da Lei nº 9.868/99), de modo a transformar em absoluta (*jure et de jure*) a presunção de constitucionalidade da norma, que, em regra, é relativa (*juris tantum*) e, assim, fazer cessar o estado de incerteza e insegurança jurídica no ordenamento.[3]

Nos termos do que dispõe o art. 103, da CF/88, alterado pela EC nº 45/2004, a legitimidade ativa para intentar uma ADC perante o STF é a mesma atribuída à ADI. O procedimento, por sua vez, observa o quanto disposto a partir do art. 14, da Lei nº 9.868/99. Assim, devem ser indicados, na petição inicial, o dispositivo da lei ou do ato normativo questionado, os fundamentos jurídicos do pedido, o pedido de declaração de constitucionalidade e a controvérsia judicial relevante em relação à aplicação do dispositivo em controvérsia. Estando em termos a inicial, seguirá a ADC para o Procurador-Geral da República, para pronunciamento em 15 dias, tendo em vista ser dispensada a participação do Advogado-Geral da União nesta ação. Por fim, o Ministro-relator pedirá a inclusão do feito na pauta de julgamento.

O julgamento da ADC somente pode ocorrer, conforme os arts. 22 e 23, da Lei nº 9.868/99, se presentes ao menos 8 Ministros (2/3) na sessão e pela decisão de, no mínimo, 6 deles (maioria absoluta). Tal decisão, em regra, terá efeitos *ex tunc* e *erga omnes*, exceto na hipótese em que a ADC for julgada improcedente, caso em que será possível, de acordo com a previsão do art. 27, da Lei nº 9.868/99, realizar a modulação dos efeitos para que a decisão somente tenha eficácia a partir do trânsito em julgado ou de outro momento a ser fixado pelos Ministros.

(DPE/RJ/Defensor/1999) Pode um Estado-membro criar controle de constitucionalidade de lei ou ato normativo estadual em face de sua constituição, na modalidade de ação declaratória de constitucionalidade? Justifique e indique a fundamentação legal pertinente.

Autores: Angelita Maria Maders e Rafael Vinheiro Monteiro Barbosa

---

3.   FERNANDES, Bernardo Gonçalves. Curso de direito constitucional. 4. ed. Salvador: Juspodivm, 2012, p. 1182.

COLEÇÃO PREPARANDO PARA CONCURSOS

Direcionamento da resposta

O(a) candidato(a) deverá responder afirmativamente justificando sua resposta no princípio do federalismo e no disposto nos arts. 125, § 2º, 25, § 1º e 24, XI, todos da CF.

Sugestão de resposta

De acordo com a norma do art. 125, § 2º, da CF, os Estados podem instituir a representação de inconstitucionalidade de leis ou atos normativos estaduais ou municipais em face da Constituição Federal, sem, contudo, poder atribuir a legitimação para agir a um único órgão, embora não tenha indicado quem seriam os legitimados. Esse dispositivo, em sintonia com o princípio do federalismo, é corolário da auto-organização conferida aos Estados-membros e autoriza uma verdadeira jurisdição constitucional estadual, inclusive na representação de inconstitucionalidade, desde que se trate de leis ou atos normativos municipais ou estaduais contrários à Constituição do respectivo Estado.

Considerando que o referido artigo da Constituição Federal refere-se "representação de inconstitucionalidade", alguns autores entendem que somente a ADI poderia ser exercida também no âmbito estadual, enquanto outros entendem que tanto a ADI como a ADC podem ser exercidas na esfera estadual, haja vista a ambivalência de ambas (ações com sinais trocados).

Além disso, o art. 102, § 2º, CF refere que o objeto da Ação Direta de Constitucionalidade é lei o ato normativo federal, excluindo, portanto, a lei o ou ato normativo estadual, que está prevista somente para a ADI genérica. Assim sendo, haverá pedido juridicamente impossível quando se pretender a declaração de constitucionalidade de lei ou ato normativo estadual ou municipal perante o STF

Contudo, de acordo com Bulos (*in* Curso de direito constitucional), desde que exista norma expressa nas cartas estaduais prevendo a possibilidade de ação declaratória de constitucionalidade de leis e atos normativos estaduais em face da Constituição Estadual e que seja observado o modelo federal inserido na Constituição Federal, estes também poderiam ser objeto de declaratória de constitucionalidade. De acordo com o autor, o constituinte reformador estadual, por emenda constitucional estadual, pode instituir a ação declaratória de constitucionalidade de lei ou ato normativo estadual em face da Constituição Estadual, a ser ajuizada perante o Tribunal de Justiça local, já que, no exercício de sua competência remanescente, pode o Estado-membro implantar tal modalidade de controle.

Não se pode deixar de mencionar que os favoráveis à possibilidade de criação de controle de constitucionalidade de lei ou ato normativo estadual em

DIREITO PROCESSUAL CONSTITUCIONAL

face de sua constituição na modalidade de ação declaratória de constitucionalidade entendem que ela encontra justificativa na competência residual conferia aos Estados-membros pelo art. 25, § 1º, da CF, e também porque eles estão autorizados a legislar supletivamente sobre procedimentos de interesse estadual, nos moldes do art. 24, inciso XI, da Constituição da República.

1.1.2. Ação Direta de Inconstitucionalidade

(TJ/DFT/Juiz/2014) *Em relação ao tema do controle de constitucionalidade, responda justificadamente aos seguintes quesitos: (a) A quem compete julgar Ação Declaratória de Inconstitucionalidade contra lei do Distrito Federal que viola a Constituição Federal? (b) Qual a natureza jurídica do "amicus curiae"? (c) Qual a distinção entre o instituto da interpretação conforme a Constituição e a declaração de inconstitucionalidade sem redução de texto?*

Autora: Carla Patricia Frade Nogueira Lopes

Direcionamento da resposta

A resposta deveria ser dada por itens e, não, em forma de dissertação ou texto único. Isso porque, embora todos os itens estejam relacionados ao controle de constitucionalidade, são independentes. O examinador esperava que as respostas fossem dadas em separado.

Para o item a), a resposta deveria ser bem direta e objetiva, uma vez que a pergunta refere-se à competência para o julgamento da ação mencionada; o candidato deveria apontar o órgão competente e apresentar fundamentação sucinta, baseada na Constituição. Há nesse item um peguinha: fala-se na questão em ação declaratória de inconstitucionalidade, mas o correto é ação declaratória de constitucionalidade. Seja como for, a resposta deveria apontar a competência do STF, já que o parâmetro para o controle é a Constituição Federal, mencionando-se as hipóteses de lei de caráter estadual ou municipal.

Quanto ao item b), deveria ser mencionada a posição majoritária da doutrina e pacificada no STF de que o "amicus curiae" é um terceiro que intervém no processo.

Por fim, no item c), o candidato deveria demonstrar que a interpretação conforme é uma técnica em que não se reconhece qualquer tipo de inconstitucionalidade, mas o órgão julgador define um sentido para a lei ou ato normativo que seja compatível com a Constituição; na declaração de inconstitucionalidade se redução de texto, diferentemente, há o reconhecimento da inconstitucionalidade de parte da lei ou do ato normativo, mas se preserva o texto na sua integralidade. A diferença é que uma técnica (interpretação conforme) está relacionada ao campo da interpretação da lei, enquanto a outra (inconstitucionalidade sem redução) está afeta ao campo da aplicação da lei.

Sugestão de resposta

Item a.

Se a lei do Distrito Federal tiver sido editada no exercício da competência estadual, cabe ao STF julgar a ação de inconstitucionalidade, uma vez que o parâmetro de controle da constitucionalidade é a Constituição Federal, o que atrai a norma do art. 102, inciso I, alínea "a", da Constituição Federal. Contudo, se o ato sob controle tiver "status" de norma municipal, incabível a ação direta de inconstitucionalidade; o controle concentrado, nessas hipóteses, só pode ser feito por meio de ADPF. A competência do TJDFT para o controle de constitucionalidade restringe-se às hipóteses em que a inconstitucionalidade arguida é em face da Lei Orgânica do Distrito Federal, quando este diploma serve de parâmetro do controle.

Item b.

A natureza jurídica do "amicus curiae", segundo majoritária doutrina e sedimentada jurisprud6encia do STF[4]. É de um terceiro que intervém no processo para auxiliar a Corte nos julgamentos de questões mais complexas. Há correntes doutrinarias, porém, que negam a condição de terceiro interveniente do "amicus curiae", ao argumento de que se cuida de um auxiliar do juízo. Entre os que aceitam a tese da intervenção de terceiro, há estudiosos que tentam aproximar a figura do assistente, e outros que sugerem uma intervenção de terceiros "sui generis".

Item c.

A distinção entre a interpretação conforme a Constituição e a declaração de inconstitucionalidade sem redução de texto é que a primeira técnica de controle de constitucionalidade de leis ou atos normativos refere-se ao campo da interpretação da norma, enquanto a segunda técnica está relacionada ao domínio da aplicação da lei. Assim é que o órgão de controle abstrato da constitucionalidade das leis, ao fazer a compatibilização de uma lei ou ato normativo em face da Constituição, pode emitir uma interpretação específica, que deverá ser a única aceita, no sentido de harmonizar a lei ou ato normativo ao texto e

---

4.   STF: ADI 2130, MS 26835, ADI 3045 e ADI 2831, dentre outros julgados.

DIREITO PROCESSUAL CONSTITUCIONAL

ao espírito da Constituição. Contudo, no uso da técnica da declaração de inconstitucionalidade sem redução de texto, o órgão de controle extirpará do ordenamento parcela da lei ou do ato normativo, sem, entretanto, mudar o texto da norma. O STF, por vezes, equipara as duas técnicas, mas teoricamente há distinções apontadas pelos doutrinadores.

(Vunesp/PGM/São_Paulo/Procurador/2014) Qual o posicionamento prevalente no STF a respeito da inconstitucionalidade superveniente em sede de ação direta de inconstitucionalidade?

Autor: Marcelo Veiga Franco

Direcionamento da resposta

A questão proposta requer que o candidato demonstre conhecimento acerca do chamado direito intertemporal, especificamente no que se refere à relação entre normas infraconstitucionais editadas na vigência de Constituição anterior em face do advento de uma nova ordem constitucional. Espera-se que o candidato tenha ciência do posicionamento prevalente do Supremo Tribunal Federal no sentido da inadmissão da teoria da inconstitucionalidade superveniente e da adoção dos institutos da recepção e da revogação por ocasião do conflito entre o ato normativo anterior diante da nova Constituição. Com isso, ao final, deseja-se que o candidato conclua respondendo que é incabível a propositura de ação direta de inconstitucionalidade para questionar a constitucionalidade de lei ou ato normativo anterior à nova Constituição, sendo possível, contudo, o manejo da arguição de descumprimento de preceito fundamental.

Sugestão de resposta

Para o fim de resolver o conflito de direito intertemporal entre normas infraconstitucionais editadas na vigência de Constituição anterior em face do advento de nova ordem constitucional, o STF não adota a teoria da inconstitucionalidade superveniente. Para os adeptos dessa teoria, a inconstitucionalidade superveniente ocorre quando o ato normativo é elaborado em conformidade com a Constituição anterior, porém, em virtude de alteração superveniente do parâmetro constitucional, ele se torna incompatível com a nova ordem constitucional que passa a vigorar. Todavia, de acordo com o entendimento do STF consolidado na ADI 7, a lei ou ato normativo infraconstitucional editado na vigência da Constituição anterior será recepcionado pela nova ordem constitucional (caso seja compatível) ou revogado por ausência de recepção (caso seja

COLEÇÃO PREPARANDO PARA CONCURSOS

incompatível). Dessa forma, a incompatibilidade de lei ou ato normativo infra-constitucional editado na vigência da Constituição anterior em face da nova ordem constitucional não gera situação de inconstitucionalidade, mas, sim, de revogação por inexistência de recepção. Por via de consequência, não é cabível a propositura de ação direta de inconstitucionalidade (ADI) para questionar a constitucionalidade de lei ou ato normativo infraconstitucional editado anteriormente à nova Constituição, uma vez que somente podem ser objeto de ADI as leis ou atos normativos infraconstitucionais editados já na vigência da nova Constituição (relação de contemporaneidade)[5]. No entanto, ressalte-se que é possível a propositura de arguição de descumprimento de preceito fundamental (ADPF) a fim de analisar a existência de recepção ou de revogação do ato normativo infraconstitucional anterior diante da nova Constituição[6].

(Publiconsult/PGM/Itararé/Procurador/2013) Tendo em vista o argumento de relevante interesse da população e dos inúmeros crimes atrozes praticados por adolescentes, amplamente noticiados pela mídia nos últimos meses, o Presidente da República, inconformado com a situação e alegando patente relevância e urgência, concluindo assim preenchidos os requisitos previstos no caput, do art. 62, da Constituição Federal, decidiu editar Medida Provisória reduzindo a maioridade penal de dezoito para dezesseis anos. Diante do quadro exposto, bem como considerando os preceitos e a doutrina acerca do controle de constitucionalidade, pondere acerca da adoção da medida supra descrita, primeiramente discorrendo sobre a legalidade da mesma face às limitações previstas na Constituição Federal; bem como a respeito da eventual necessidade de adoção de medida de controle de constitucionalidade no caso relatado, identificando, se cabível, o procedimento a ser adotado, qual espécie de controle, se cabível, deverá

---

5. Ressalte-se que a impossibilidade de propositura de ADI, ante a inaplicabilidade da teoria da inconstitucionalidade superveniente, também se estende à hipótese em que a compatibilidade do ato normativo anterior é confrontada em face de Constituição alterada posteriormente através de emenda constitucional, conforme entendimento jurisprudencial do STF: "(...) 1. É da jurisprudência do Supremo Tribunal (...) que a antinomia entre norma ordinária anterior e a Constituição superveniente se resolve em mera revogação da primeira, a cuja declaração não se presta a ação direta. 2. O mesmo raciocínio é aplicado quando, por força de emenda à Constituição, a lei ordinária ou complementar anterior se torna incompatível com o texto constitucional modificado. (...)". (ADI 3569, DJ 10.5.2007).

6. Ratificando esse entendimento jurisprudencial, o STF declarou, por meio da ADPF 130, a não--recepção em bloco de todo o conjunto de dispositivos da Lei Federal 5.250/67 (conhecida como Lei de Imprensa) pela nova ordem constitucional. Portanto, nesse caso, a ADPF foi o instrumento jurídico-processual adequado para confrontar a compatibilidade de ato normativo anterior (Lei n. 5.250/1967), editado com base em parâmetro constitucional anterior (CF/1967), em face do advento de nova ordem constitucional de 1988.

24

DIREITO PROCESSUAL CONSTITUCIONAL

ser exercido, e a qual Poder da União este incumbirá, argumentando sobre a hipótese de se tratar de caso de regra ou de exceção acerca da legitimação para o seu exercício, justificando e fundamentando a sua resposta.

Autor: Marcelo Veiga Franco

Direcionamento da resposta

A questão proposta demanda que o candidato, primeiramente, discorra sobre a existência de limites à edição de medidas provisórias pelo Presidente da República, sobretudo em matéria penal (no caso, em face da redução da maioridade penal). Posteriormente, cabe ao candidato se posicionar acerca da possibilidade de exercício de controle de constitucionalidade em face de medida provisória, expondo sobre aspectos como procedimento, legitimidade, competência e espécie de controle.

Sugestão de resposta

De acordo com o art. 62, caput, da Constituição Federal, é possível a edição de medidas provisórias pelo Presidente da República, com força de lei, no caso de relevância e urgência, mediante submissão imediata ao Congresso Nacional. Contudo, em virtude de sua excepcionalidade, a edição de medidas provisórias está sujeita a limitações constitucionais de natureza material.

Uma dessas restrições é justamente a proibição de edição de medida provisória que verse sobre matéria de direito penal, conforme art. 62, § 1º, I, b, da Constituição Federal, com a redação dada pela Emenda Constitucional n. 32/01. Assim sendo, como no caso proposto a medida provisória versa sobre a redução da maioridade penal, é evidente que o ato editado pelo Presidente da República é ilegítimo e padece de vício de inconstitucionalidade material.

Com objetivo de sanar o defeito mencionado, é possível a realização de controle de constitucionalidade concentrado e abstrato, via ação direta de inconstitucionalidade conforme o procedimento previsto no art. 103 da Constituição Federal e na Lei Federal n. 9.868/99, a ser exercido pelo Poder Judiciário através do STF. O cabimento do controle de constitucionalidade é verificado exatamente porque a medida provisória tem "força de lei" (art. 62, caput, da Constituição Federal) e, portanto, consiste em ato estatal normativo e com plena vigência e eficácia.

Quanto à legitimação para a propositura da ação direta de inconstitucionalidade, trata-se de caso de regra (legitimidade neutra ou universal), tendo em vista a desnecessidade de comprovação da pertinência temática entre a matéria discutida na ação e a finalidade institucional do legitimado (legitimidade específica ou especial).

COLEÇÃO PREPARANDO PARA CONCURSOS

(TCE/RS/Auditor_Substituto/2013) Em processo de ação direta de inconstitucionalidade (ADIn), o Supremo Tribunal Federal declarou a inconstitucionalidade do ato normativo atacado, sem se manifestar sobre eventual modulação
dos efeitos da declaração. Considerando que a modulação desses efeitos não havia sido requerida anteriormente pelo autor da ADIn, é cabível requerê-la em sede de embargos de declaração? Por quê?

Autor: Daniel Falcão e Diego Prandino

Direcionamento da resposta

O candidato deveria apontar a evolução da jurisprudência do STF sobre
o tema, que, inicialmente, não admitia o cabimento de embargos nesses casos,
diante da inexistência de omissão na sentença recorrida. Contudo, o STF reviu
seu antigo posicionamento, passando a admitir os embargos de declaração nesses casos, ante a inexistência de instrumento processual mais adequado para
requerer a modulação de efeitos. Ademais, presentes os requisitos legalmente
estabelecidos, seria dever do STF proceder à modulação de efeitos, com o fim
de preservar a segurança jurídica e de resguardar o relevante interesse social
envolvido. Nesse sentido, vide a ADI 3601 e o RE 500171.

Sugestão de resposta

A modulação de efeitos em sede de ação direta de inconstitucionalidade
tem por objetivo preservar a segurança jurídica de relações já estabelecidas,
bem como a salvaguarda de relevante interesse social. Tal instituto consiste em
restringir os efeitos da decisão ou fixar o momento a partir do qual ela terá
eficácia.

Historicamente, o Supremo Tribunal Federal não admitia a oposição de
embargos de declaração requerendo modulação de efeitos se o pedido de modulação não houvesse sido anteriormente requerido. Tal posição da Suprema
Corte tinha por fundamento o fato de que o acórdão proferido não estaria eivado de omissão, não sendo cabíveis, portanto, os embargos.

Contudo, a jurisprudência do STF evoluiu, passando a admitir a oposição
de embargos nesses casos, ainda que não haja pedido anterior requerendo a
modulação. Isso porque, primeiramente, não há instrumento processual mais adequado para o fim almejado. Ademais, uma vez presentes os requisitos legais, seria dever do STF proceder à modulação de efeitos. Nesses casos, não ocorrendo
a modulação, restaria caracterizada a omissão por parte da Suprema Corte, en-
sejando a oposição de embargos.

DIREITO PROCESSUAL CONSTITUCIONAL

(FCC/TCE/AM/Analista/2013) Suponha que um deputado estadual tenha apresentado projeto de lei determinando que a substituição da frota de veículos para uso oficial seria permitida desde que os bens adquiridos fossem produzidos naquele Estado. Em 2012, o projeto foi aprovado pela Assembleia Legislativa, mas vetado pelo Governador, tendo o veto sido derrubado pelo Poder Legislativo estadual. Desde então, as empresas que comercializam veículos produzidos em outros Estados têm impetrado mandados de segurança para que possam participar dos procedimentos licitatórios para compra de veículos oficiais, mas a jurisprudência ainda não se firmou a respeito da questão. Considerando essa situação, responda: (i) Que argumentos jurídicos podem ser invocados, à luz da CF, em favor das empresas que comercializam veículos produzidos em outros Estados, para que a lei referida deixe de lhes ser aplicada? (ii) O Governador do Estado em questão tem legitimidade para propor, perante o STF, ação direta de inconstitucionalidade contra a referida lei estadual? E ação declaratória de constitucionalidade? Justifique.

Autor: Daniel Falcão e Diego Prandino

Direcionamento da resposta

Como primeiro argumento jurídico, o candidato poderia suscitar a usurpação da competência privativa da União para dispor sobre normas gerais de licitação (art. 22, inciso XXVII, da CF/88). Como segundo argumento, deveria ser apontada afronta ao art. 37, XXI, da CF/88, que, nos processos licitatórios que visem à compra de bens, assegura igualdade de condições a todos os concorrentes. Diante disso, caberia postular a inconstitucionalidade formal e material da lei estadual em comento, para que fosse afastada sua aplicação no caso concreto.

Para propor ação direta de inconstitucionalidade contra a lei estadual, é legitimado o Governador do estado em questão (art. 103, V, da CF/88). Contudo, como a ação declaratória tem por objeto apenas a declaração de constitucionalidade de lei ou ato normativo federal (art. 102, I, "a", da CF/88), o referido Governador não poderia se utilizar desse instrumento de controle concentrado para ver declarada a constitucionalidade da norma estadual.

Sugestão de resposta

Segundo a ordem constitucional vigente, é de competência privativa da União a edição de normas gerais de licitação e contratos para a Administração Pública da União e dos demais entes subnacionais. Nesse sentido, a norma estadual apontada mostra-se formalmente inconstitucional, uma vez que o legislativo estadual usurpou a referida competência da União.

Demais disso, a norma estadual se afigura materialmente inconstitucional, uma vez que fere a disposição da CF/88 que prevê a igualdade de condições a todos os concorrentes que pretendam fornecer bens ou serviços para a Administração Pública dos três níveis da Federação.

Nesse lanço, os interessados em participar do procedimento licitatório para a aquisição de veículos poderiam socorrer-se ao Poder Judiciário para requerer que a referida lei estadual não lhes fosse aplicada no caso concreto, suscitando a inconstitucionalidade formal e material da norma impugnada.

Destaca-se que o Governador do estado em comento é constitucionalmente legitimado para propor ação direta de inconstitucionalidade perante o Supremo Tribunal Federal, questionando a lei estadual apontada. Contudo, não poderá ser proposta ação declaratória de constitucionalidade em favor da referida norma, uma vez que o texto constitucional limita o objeto dessa ação de controle concentrado apenas às leis a atos normativos federais.

(UEG/PC/GO/Delegado/2013) A violação de normas constitucionais pelo poder público pode ocorrer por omissão. A Constituição Federal prevê instrumentos para garantir a própria supremacia, na ocorrência desses casos. Esses instrumentos, apesar de aparentemente semelhantes, possuem características distintas. A partir de uma análise comparativa desses instrumentos, apresente-os, identificando as diferenças entre eles quanto ao objeto, à legitimidade de partes e aos efeitos da decisão.

Autor: Carlos Afonso Gonçalves da Silva

Direcionamento da resposta

O tema da omissão constitucional está diretamente ligado ao da eficácia das normas constitucionais. Buscando essa efetividade das normas, a própria Constituição Federal remeteu para a legislação infraconstitucional a obrigatoriedade de dar vida aos institutos por ela trazidos ao sistema legal do país, ao apontar que normas, ordinárias ou complementares, irão regulamentar seus institutos.

Quando essa norma não é editada (omissão total) ou quando é editada e exclui de seu cerne de abrangência um grupo ou grupos de pessoas (omissão parcial), a norma constitucional não tem o condão de ser imediatamente

DIREITO PROCESSUAL CONSTITUCIONAL

aplicada e está-se diante da omissão constitucional. Para sanear essa omissão, o sistema dispõe de dois institutos, a saber, a Ação Declaratória de Inconstitucionalidade por omissão e o Mandado de Injunção.

A partir da identificação dos institutos, a própria questão direciona a resposta ao solicitar a diferença entre esses institutos, cotejando objeto, legitimidade e efeitos da decisão.

Sugestão de resposta

A inconstitucionalidade por omissão se caracteriza pela ausência de norma que venha a vivificar, ou seja, a tornar imediatamente aplicável, instituto constitucional, por ausência de norma infraconstitucional. Esta omissão pode ser total (ante a ausência da norma) ou parcial (quando existe a norma, mas esta acaba por excluir grupo ou grupos do exercício do direito previsto constitucionalmente). Para atender essa omissão, a Constituição da República prevê dois mecanismos, a saber, o mandado de injunção, em forma de remédio constitucional e a ação direta de inconstitucionalidade por omissão.

No primeiro instituto, temos um remédio constitucional cujo legitimidade ativa repousa em qualquer pessoa física ou jurídica, bem como as coletividades. E na legitimidade passiva, temos competência do Supremo Tribunal Federal, regulada no artigo 102, I, 'q' e do Superior Tribunal de Justiça, no artigo 105, além de outros tribunais.

Tem por definição e objeto a tutela de direito individual quando a norma regulamentadora estiver a impedir alguém de exercer direito ou liberdade constitucional, ou, ainda, alguma prerrogativa inerente à nacionalidade, à soberania e à cidadania. Quanto aos efeitos da decisão do mandado de injunção, verificamos três momentos (ou fases do MI): a primeira, denominada concretista, em que o papel do judiciário, nesse tipo de ação, limitava-se a declarar a inconstitucionalidade da omissão, dando ciência ao órgão responsável pela produção da norma omissa, para que ele adotasse as providências necessárias. Na segunda, denominada não concretista, o STF passou a fixar um prazo para que a norma fosse editada, garantindo, também, o direito do impetrante de ajuizar, com fundamento no direito comum, ação de reparação de natureza econômica instituída em seu favor. Entretanto, desde o fim do ano de 2006 e, com maior vigor no ano de 2007, o STF passou a rever sua posição quanto aos efeitos da decisão no mandado de injunção. A partir de 2007, com o julgamento do MI 721 o STF retoma a fase concretista, quando julgou o direito de greve do servidor público e passou a imprimir efeitos concretos ao admitir a aplicação supletiva da Lei de Greve.

COLEÇÃO PREPARANDO PARA CONCURSOS

Quanto à ação declaratória de inconstitucionalidade por omissão, essa é, por definição constitucional, um processo objeto, em que são legitimados o Presidente da República, a Mesa do Senado Federal, a Mesa da Câmara dos Deputados, o Governador de Estado ou do Distrito Federal, a Mesa de Assembleia Legislativa do Estado ou a Mesa da Câmara Legislativa do Distrito Federal, o Procurador-Geral da República, o Conselho Federal da Ordem dos Advogados do Brasil, ainda partido político com representação no Congresso Nacional e confederação sindical e entidade de classe de âmbito nacional, conforme rol taxativo do art. 103 da Constituição. O art. 103, § 2º traz como objeto da ADO "omissão de medida para tornar efetiva norma constitucional".

O fato de a própria Constituição Federal, ao definir o objeto da ADO não se referir a Norma ou Lei abre possibilidade que ela seja proposta também contra omissão do Poder Executivo. Como efeito de suas decisões, a ADO, o § 2º do art. 103 da Constituição informa que da decisão que declarar a inconstitucionalidade por omissão, será dada ciência ao poder competente para a adoção das providências necessárias e, em se tratando de órgão administrativo, para suprir a omissão no prazo de trinta dias. Como se vê, o dispositivo constitucional fala somente em cientificação do órgão omisso, não vislumbrando uma ação mais efetiva e interventiva por parte do Poder Judiciário na concretização da decisão.

Contudo, existe uma controvérsia doutrinária no tocante aos efeitos da decisão da ADO. Isso porque se existe uma corrente que defende a interpretação literal do dispositivo (a corrente não concretista), em sentido adverso existe a corrente concretista, que entende que o texto constitucional disse menos do que queria dizer, pois se interpretarmos o § 2º do art. 103 conjuntamente com outros preceitos da constituição chegaremos ao entendimento de que o Poder judiciário pode ter uma ação mais ativa para concretizar a sua decisão.

(Cespe/AGU/Advogado/2012) O Conselho Federal da Ordem dos Advogados do Brasil ajuizou ação direta de inconstitucionalidade, perante o Supremo Tribunal Federal, contra artigo de constituição estadual segundo o qual seria da competência privativa da assembleia legislativa do respectivo estado processar e julgar o governador do estado nos crimes de responsabilidade. O ministro relator abriu vista dos autos ao advogado-geral da União, para manifestar-se quanto à ação, nos termos do disposto no art. 103, § 3º, da Constituição Federal de 1988 (CF). Com base na situação hipotética apresentada e no entendimento jurisprudencial do STF, apresente argumentos para subsidiar a manifestação da Advocacia-Geral da União (AGU) pela inconstitucionalidade formal da norma impugnada. Em sua resposta, aborde, necessariamente, os seguintes aspectos: (i) Ofensa da

DIREITO PROCESSUAL CONSTITUCIONAL

constituição estadual à competência legislativa privativa da União fixada na CF. (ii) Possibilidade de a AGU manifestar-se pela inconstitucionalidade de dispositivos impugnados em ações diretas de inconstitucionalidade e, consequentemente, pela procedência dessas ações.

Autores: Rodolfo Soares Ribeiro Lopes e João Paulo Lawall Valle

Direcionamento da resposta

O candidato deve abordar, em sua resposta, que artigo de Constituição estadual que inove em matéria de crimes de responsabilidade invade a competência privativa da União para legislar sobre direito processual (art. 22, I, da CF/88), contrariando, ainda, a Enunciado nº 722, da Súmula do STF. Deve, além disso, frisar que o AGU não necessariamente terá que defender a constitucionalidade da norma impugnada por meio da ação direta de inconstitucionalidade, visto que, em situações excepcionais (quando o STF já houver se pronunciado acerca da inconstitucionalidade da norma ou quando o texto impugnado contrariar os interesses da União), pode requerer a procedência dessas ações.

Sugestão de resposta

O artigo de Constituição estadual que atribua à assembleia legislativa do Estado a competência privativa para processar e julgar o Governador, nos casos em que pratique crime de responsabilidade, é formalmente inconstitucional. Isto porque, nos termos do entendimento jurisprudencial do STF, legislar sobre matéria de direito processual é da competência privativa da União (art. 22, I, da CF/88). Nesse sentido, o próprio STF já editou o Enunciado nº 722, da Súmula de jurisprudência dominante, nos termos do qual a definição dos crimes de responsabilidade e o estabelecimento de suas normas de processo e julgamento cabe privativamente à União Federal.[7]

Por sua vez, cumpre destacar que o AGU, em regra, deve intervir nas ADIs com o objetivo de defender a constitucionalidade do ato impugnado. Todavia, a jurisprudência mais recente do STF, valendo-se de interpretação do art. 103, § 3º, da CF/88, entende existir, na realidade, um "direito de manifestação", exigência do contraditório, e não um imperativo de defesa incondicional do texto impugnado. A razão para tanto é que não se pode constranger o AGU a defender atos normativos flagrantemente inconstitucionais ou sobre cuja inconstitucionalidade já tenha o STF se pronunciado. Por conseguinte, pode-se concluir que somente nas hipóteses em que o STF já houver se pronunciado acerca da

---

7. Vide a ADI 341.

COLEÇÃO PREPARANDO PARA CONCURSOS

inconstitucionalidade da norma ou quando o texto impugnado contrariar os interesses da União é que não existe a obrigatoriedade de defesa da constitucionalidade do ato pelo AGU.[8]

(FCC/PGE/SP/Procurador/2012) Projeto de lei estadual de origem parlamentar que criou um programa social, no âmbito da administração estadual, não foi vetado pelo anterior governador do Estado e assim se converteu em lei. Com base nessa premissa, responda de forma fundamentada: (i) Essa lei é constitucional? (ii) Pode o atual governador do Estado propor ação direta de inconstitucionalidade perante o Supremo Tribunal Federal ou há impedimento, nos termos da Súmula 5 do Supremo Tribunal Federal?*

Autor: Eron Freire dos Santos

Direcionamento da resposta

O candidato deve analisar a constitucionalidade da lei em destaque, no que concerne ao aspecto formal, concluindo subsistir, no caso, inconstitucionalidade por vício de iniciativa[9], uma vez que, à luz do princípio da simetria, o **modelo legislativo federal se aplica ao plano estadual**[10]. Ademais, citar a jurisprudência atual do Supremo Tribunal Federal no sentido de que a **sanção não convalida o vício de iniciativa**, estando superado, desse modo, o enunciado nº 5 da Súmula do Pretório Excelso[11].

Sugestão de resposta

O projeto de lei de origem parlamentar, ao criar programa social, no âmbito da administração estadual, invadiu competência legislativa reservada ao Chefe

---

8. A ADI 1616 trata bem dessa questão.

9. A propósito: "(...) 1. Iniciativa privativa do Chefe do Poder Executivo Estadual para legislar sobre organização administrativa no âmbito do Estado. 2. Lei de iniciativa parlamentar que afronta o art. 61, § 1º, inc. II, alínea e, da Constituição da República, ao alterar atribuição da Secretaria de Educação do Estado de Alagoas. Princípio da simetria federativa de competências. (...)." (STF, ADI 2329, DJ 25.6.2010).

10. Nesse sentido: "(...) Processo legislativo dos Estados-membros: absorção compulsória das linhas básicas do modelo constitucional federal – entre elas, as decorrentes das normas de reserva de iniciativa das leis –, dada a implicação com o princípio fundamental da separação e independência dos Poderes: jurisprudência consolidada do Supremo Tribunal Federal. (...)" (STF, ADI 637, DJ 1.10.2004).

11. Sobre o tema: "(...) A ulterior aquiescência do Chefe do Poder Executivo, mediante sanção do projeto de lei, ainda que dele seja a prerrogativa usurpada, não tem o condão de sanar o vício radical da inconstitucionalidade. Insubsistência da Súmula 5/STF (...)" (STF, ADI 2867, DJ 9.2.2007).

DIREITO PROCESSUAL CONSTITUCIONAL

do Poder Executivo, nos termos do art. 61, § 1º, II, "e", da Constituição Federal, aplicável por analogia aos Estados-membros, por força da simetria do modelo legislativo federal, conforme jurisprudência iterativa do Supremo Tribunal Federal. Portanto, a lei é formalmente inconstitucional por vício de iniciativa. O fato de a lei não ter sido, oportunamente, vetada pelo Governador do Estado não constitui óbice à proposição de ação direta de inconstitucionalidade perante o Supremo Tribunal Federal, visto que, segundo a orientação pretoriana desta Corte Suprema, o vício de iniciativa não é convalidado pela sanção governamental. O enunciado nº 5 da Súmula do Supremo Tribunal Federal, hoje, encontra-se superado.

(FCC/PGE/SP/Procurador/2012) Havendo na Constituição Federal, possibilidade de instituição de tributo de competência da União, que ainda não tenha sido criado por omissão do Congresso Nacional (o Poder Legislativo Federal não elabora lei federal instituindo o tributo, muito embora seja esse o desejo do Executivo Federal), a Presidente da República ajuíza ação direta de inconstitucionalidade por omissão. Julgada procedente a ação, mantida a omissão legislativa, tem o Poder Judiciário (STF) o poder de, por ativismo judicial, com apoio na doutrina da "troca do sujeito", dar efeitos concretos a decisão e instituir o tributo? Responda de forma fundamentada, citando a legislação pertinente.

Autor: Eron Freire dos Santos

Direcionamento da resposta

O candidato deve abordar, de saída, os contornos da doutrina da "troca de sujeito", segundo a qual **o não exercício de uma competência de um ente ou órgão acarretaria a possibilidade de outro exercê-la**. Como normas pertinentes, citar o disposto no art. 24, § 3º, e no art. 109, § 5º, ambos da Constituição Federal. Expor que, para além da controvérsia no âmbito doutrinário, a jurisprudência não acolhe tranquilamente a tese.

No caso específico, o candidato pode mencionar ainda duas dificuldades: a legalidade estrita (art. 150, I, da Constituição Federal) e a inexistência de parâmetro legislativo que possa ser "copiado" pelo Judiciário.

Sugestão de resposta

A doutrina da *"troca de sujeito"*, afastando-se da linha tradicional acerca de partilha de competências, que preconiza a imprescritibilidade destas, sugere que o não exercício de uma competência por um ente ou órgão acarretaria a

COLEÇÃO PREPARANDO PARA CONCURSOS

possibilidade de outro exercê-la em seu lugar. A ideia dessa teoria encontra apoio em algumas normas do ordenamento jurídico, dentre as quais é possível mencionar o disposto no art. 24, § 3º, e no art. 109, § 5º, ambos da Constituição Federal.

Para além da controvérsia doutrinária, certo é que a jurisprudência não tem acolhido, de modo tranquilo, a tese. Embora existam decisões noutro sentido (STF, MI 943, DJ 30.4.2013), o Supremo Tribunal Federal, por exemplo, no caso do aviso prévio proporcional, mesmo julgando procedente alguns mandados de injunção, não chegou a prescrever quais os delineamentos normativos da matéria – ele aplicou os critérios da lei federal superveniente. No caso concreto, a par da ausência de parâmetro normativo semelhante que possa ser "copiado", existe outra dificuldade: a legalidade estrita (art. 150, I, da Constituição Federal), a impor a necessidade de lei em sentido estrito. Assim, malgrado lições doutrinárias sugiram a possibilidade, não é hoje possível o Supremo criar o tributo citado, mercê a omissão do legislador.

(Cespe/AGU/Advogado/2012) Uma associação representativa de determinada categoria profissional, organizada em sete estados da Federação, ajuizou ação direta de inconstitucionalidade (ADI) no Supremo Tribunal Federal contra decreto que dispõe sobre medidas para a continuidade de atividades e serviços públicos dos órgãos e entidades da administração pública federal durante as greves. Entre outros argumentos, a associação sustentou a inconstitucionalidade do decreto, por criar condições para o exercício do direito de greve que não estariam previstas em lei. Considerando a situação hipotética apresentada, responda, de forma justificada, com fundamento no entendimento jurisprudencial do STF, às indagações que se seguem. (i) Demonstrada a pertinência temática, a referida associação possui legitimidade ativa para ajuizar a ADI? (ii) Os decretos expedidos pelo Poder Executivo podem ser objeto de ADI?

Autores: Rodolfo Soares Ribeiro Lopes e João Paulo Lawall Valle

Direcionamento da resposta

É necessário que se pontue, nesta questão, que a jurisprudência do STF se consolidou no sentido de que as associações somente têm legitimidade ativa para ajuizar ADI caso se façam presentes em, pelo menos, nove Estados da Federação. Ademais, os decretos expedidos pelo Poder Executivo, conforme entendimento do mesmo Tribunal, somente podem sofrer fiscalização abstrata de sua constitucionalidade na hipótese de se constituírem em ato normativo autônomo, geral e abstrato.

DIREITO PROCESSUAL CONSTITUCIONAL

Sugestão de resposta

No caso concreto, tendo em vista que a associação representativa apenas se faz presente em sete Estados da Federação, mesmo que demonstrada a pertinência temática, não terá legitimidade ativa para ajuizar ADI. Isto porque, nos termos da jurisprudência consolidada do STF, com base em analogia aos critérios previstos para registro de partidos políticos junto ao TSE (art. 7º, § 1º, da Lei nº 9.096/95), a associação, para ser dotada de caráter nacional, deve se fazer presente em, no mínimo, nove Estados[12].

Vale destacar, ademais, que o STF entende que o decreto expedido pelo Poder Executivo somente poderá ser objeto de ADI na hipótese em que se configure em ato normativo autônomo, geral e abstrato, isto é, que não se restrinja a regulamentar texto de lei anterior. É o que a doutrina tem chamado de "decreto autônomo".[13]

(FCC/PGE/RO/Procurador/2011) Uma lei municipal proibiu que os jornais locais veiculassem, na primeira página, notícias e fotos que incitassem a violência e discriminação, como medida de proteção à infância e à adolescência. O partido político "A" com representação no Congresso Nacional ajuizou ADI no STF contra a referida lei. Fale sobre o aspecto material dessa lei e sobre a viabilidade da ação.

Autor: Eron Freire dos Santos

Direcionamento da resposta

O candidato dever analisar a constitucionalidade material da lei municipal, em especial o conflito entre a proteção da infância e juventude (art. 227 da Constituição Federal) e o direito à liberdade de imprensa (arts. 5º, *caput*, IV, IX, XIII, XIV, e 220, da Constituição Federal), apreciando-o à luz da ponderação de interesses.

A par disso, cabe registrar a inviabilidade da ação direta de inconstitucionalidade, haja vista o objeto atacado – lei municipal (ressalvada a hipótese de aplicação de fungibilidade[14]).

---

12. Ver, sobre o assunto, a ADI 3617-AgR e a ADI 108-QO.
13. Ver, sobre o assunto, a ADI 3985 e a ADI 4040.
14. Acerca da possibilidade de conhecer da ADI como ADPF, vide: STF, ADI 4180-MC-REF, DJ 15.04.2010.

COLEÇÃO PREPARANDO PARA CONCURSOS

Sugestão de resposta

A Constituição Federal consagra, de um lado, a proteção com absoluta prioridade da infância e juventude (art. 227) e, de outro, o direito à liberdade de imprensa (arts. 5°, *caput*, IV, IX, XIII, XIV, e 220). Diante do conflito, cabe ao intérprete, à luz das circunstâncias concretas, com base no princípio da ponderação, sopesar qual dos direitos prevalece. Na espécie, conquanto não seja equivocada outra solução, sob o ponto de vista material, a legislação municipal é constitucional, vez que, ao mesmo tempo em que assegura ao jornal municipal o direito de veicular suas notícias noutras páginas que não a primeira, a lei municipal tutela, com maior rigor, a proteção que a criança e o jovem merecem. Asseguram-se, assim, ambos os direitos.

No que atine à ação ajuizada, embora o partido político possua legitimidade (art. 103, VIII, da Constituição Federal), o objeto normativo impugnado, lei municipal, não pode ser questionado em ação direta (art. 102, I, "a", da Constituição Federal), ressalvada a hipótese de aplicação de fungibilidade para conhecer da ação direta como arguição de descumprimento de preceito fundamental.

(FCC/DPE/RS/Defensor/2011) A Emenda Constitucional n. 45/2004 fixou a possibilidade de o Supremo Tribunal Federal, de ofício ou por provocação, mediante decisão de 2/3 (dois terços) dos seus membros, após reiteradas decisões sobre matéria constitucional, aprovar súmula, que, a partir de sua publicação na imprensa oficial, terá efeito vinculante em relação aos demais órgãos do Poder Judiciário e à Administração Pública direta e indireta, nas esferas federal, estadual e municipal (art. 103-A, CF). Questiona-se: podem as súmulas vinculantes ser objeto de ação direta de inconstitucionalidade? Fundamente sua resposta indicando, inclusive, a base legal.

Autores: Angelita Maria Maders e Rafael Vinheiro Monteiro Barbosa

Direcionamento da resposta

O candidato deve analisar o objeto da ação de inconstitucionalidade, apontar os meios legais de controle da súmula vinculante, oferecer a base legal e trazer as divergências de posicionamento acerca do assunto.

Sugestão de resposta

Primeiramente, de se ter presente que somente podem ser objeto de controle de constitucionalidade perante o STF leis e atos normativos federais ou

DIREITO PROCESSUAL CONSTITUCIONAL

estaduais. Com relação às súmulas de jurisprudência, embora se possa admitir possuírem certo grau de normatividade, não possuem grau de normatividade qualificado, de modo que, não poderiam ser questionadas perante o órgão máximo do Judiciário através do controle concentrado.

Nesse sentido, de se esclarecer que, dentre as espécies normativas, podem ser citadas aquelas dispostas no artigo 59 da CF. São considerados atos normativos, segundo Alexandre de Moraes, as resoluções administrativas dos tribunais, os atos estatais de conteúdo meramente derrogatório, como as resoluções administrativas, desde que incidam sobre atos de caráter normativo.

Além disso, o § 2º do art. 103-A CF estabelece a possibilidade de, sem prejuízo do que vier a ser estabelecido em lei, proceder-se à aprovação, revisão ou cancelamento de súmula, mediante provocação daqueles que podem propor a ação direta de inconstitucionalidade, razão pela qual pode-se afirmar que a própria lei estabelece mecanismos de controle da súmula vinculante, que não a ADI.

Outrossim, tendo em vista o fato de a súmula vinculante não ser marcada pela generalidade e abstração, diferentemente do que acontece com as leis ou atos normativos, não se pode aceitar a técnica do controle de constitucionalidade de súmula, o que é defendido por Lenza (2009, p. 192), mesmo no caso de ela ser vinculante.

O que existe é um procedimento próprio de revisão pelo qual se pode cancelar a súmula vinculante. O cancelamento significa a não mais aplicação do entendimento que vigorava. Nesse caso, naturalmente, essa nova posição produzirá as suas consequências a partir do novo entendimento, vinculando os demais órgãos do Judiciário e a Administração Pública direta e indireta, nas esferas federal, estadual e municipal. O procedimento de aprovação, revisão ou cancelamento de súmula vinculante está disciplinado na Lei 11.417/2006.

Ainda, em 5.12.2008, o Presidente do STF editou a Res. 388, disciplinando o processamento de proposta de edição, revisão e cancelamento de súmulas, isto é, por procedimento próprio e distinto da ADI.

Assim sendo, a resposta à Questão formulada somente pode ser negativa. Todavia, não se pode deixar de mencionar que há entendimentos contrários a essa tese no próprio STF, como é o caso da ex-Min. Ellen Gracie, que entende ser a ADI um mecanismo para rever súmula vinculante.

(TJ/MT/Juiz/2010) Comente sobre a possibilidade de ser declarada pelo Supremo Tribunal Federal, em ADI, a inconstitucionalidade de lei revogada.

Autor: Pedro Siqueira de Pretto

COLEÇÃO PREPARANDO PARA CONCURSOS

Direcionamento da resposta

Para responder a questão, o candidato deve tecer comentário acerca do controle de constitucionalidade e debater a questão a respeito da possibilidade ou não de lei revogada ser objeto de ação direta de inconstitucionalidade.

Sugestão de resposta

Controle de constitucionalidade é a análise de harmonia de uma lei ou ato normativo em face da Constituição da República. Tal exame pode ser realizado pelo Poder Judiciário ou pelos demais poderes. Além disso, essa apuração pode ser realizada sob um projeto de lei (controle preventivo) ou sobre uma lei já editada (controle repressivo). No Brasil, em regra, o controle de constitucionalidade repressivo é realizado pelo Poder Judiciário. Todavia, os demais poderes também podem exercê-lo.

Quanto ao controle concentrado perante o Supremo Tribunal, entende-se por objeto a lei ou ato normativo que se mostrarem incompatíveis com o sistema. Dentre eles, discute-se se a lei revogada pode ou não ser objeto de ação direta de inconstitucionalidade.

Em princípio, o Supremo Tribunal Federal não admite o ajuizamento de ação direta de inconstitucionalidade para combater lei ou ato normativo revogado ou de eficácia exaurida. Isso porque referida Corte pondera que não é possível considerar a existência de um paradigma dotado de valor meramente histórico. Nesse sentido, ADIs 2980 e 2549.

Ademais, caso uma ação em controle concentrado esteja em andamento e sobrevenha a sua revogação, em regra, haverá a prejudicialidade da demanda (ADI 246 e ADI 2010). É que, neste caso, o Supremo Tribunal Federal entende que a revogação transformaria a ação direta em instrumento de proteção de situações jurídicas pessoais e concretas.

Todavia, em determinados casos, mencionado tribunal tem admitido a análise da constitucionalidade, em virtude de situações peculiares.

Nessa senda, em casos como o de fraude processual, em que a lei ou ato normativo é revogado apenas para frustrar o julgamento, notadamente quando já há pauta para julgamento da demanda, o Supremo Tribunal Federal tem afastado a tese da prejudicialidade (ADI 3232 e ADI 3306).

Ademais, há precedente da Suprema Corte em que também houve o afastamento da questão de prejudicialidade, tendo em vista que houve a inclusão em pauta para julgamento antes do exaurimento da eficácia de lei temporária, com possibilidade de existência de efeitos em curso (ADI 4426).

DIREITO PROCESSUAL CONSTITUCIONAL

Assim, em regra, não é possível analisar lei revogada em ação direta de inconstitucionalidade. Porém, o Supremo Tribunal Federal, em mais de uma vez, diante de fraudes ou situações peculiares, reconhece a possibilidade do exame.

1.1.3. Arguição de Descumprimento de Preceito Fundamental

(Fundatec/PGE/RS/Procurador/2015) *Perante o STF, é ajuizada a arguição de descumprimento de preceito fundamental decorrente da Constituição, sobre o argumento de que a lei de anistia, de 1979, é incompatível com os princípios fundamentais da Constituição. Indaga-se: (a) nesse caso seria também cabível o ajuizamento de ação direta de inconstitucionalidade? Justifique. (b) como diferenciar a arguição de descumprimento de preceito fundamental decorrente da Constituição e a ação direta de inconstitucionalidade, considerando o objeto e os efeitos da decisão? (c) qual seria o instituto jurídico cabível se houver afronta às decisões definitivas de mérito proferidas pelo STF nestas ações?*

Autor: Eron Freire dos Santos

Direcionamento da resposta

O candidato deve expor as diferenças e as semelhanças existentes entre a ação de descumprimento de preceito fundamental e a ação direta de inconstitucionalidade, notadamente em relação ao objeto, aos efeitos da decisão e aos mecanismos de preservação da autoridade das decisões proferidas pelo STF nessas ações.

Sugestão de resposta

Na hipótese não seria cabível o ajuizamento de ação direta de inconstitucionalidade, uma vez que o ato normativo questionado (Lei de Anistia de 1979) é anterior à CF/88. Em tais casos, não se admite o cabimento de ação direta de inconstitucionalidade, porque nesta ação o ato normativo impugnado deve ser posterior ao parâmetro constitucional que se entende violado. Com previsão expressa na Lei nº 9.882/99, o instrumento jurídico cabível é mesmo a ação de descumprimento de preceito fundamental.

Apesar dessa diferença, os efeitos da decisão de mérito proferida em tais ações são os mesmos: eficácia erga omnes e vinculante[15]. Nas decisões limina-

---

15. Art. 28, parágrafo único, da Lei nº 9.868/99 e art. 10, parágrafo único, da Lei nº 9.882/99.

COLEÇÃO PREPARANDO PARA CONCURSOS

res proferidas em tais ações, os efeitos conforme as disposições legais não são os mesmos: enquanto a decisão liminar em ação direta torna aplicável a legislação anterior, a mesma decisão em arguição pode consistir na determinação de que juízes e tribunais suspendam o andamento de processo ou os efeitos de decisões judiciais, ou de qualquer outra medida que apresente relação com a matéria objeto da arguição, salvo se decorrentes da coisa julgada[16].

Havendo afronta às decisões definitivas de mérito proferidas pelo STF nessas ações, será viável o manejo de reclamação constitucional para preservação da autoridade da decisão judicial[17].

(Fafipa/CM/Campina_Grande_do_Sul/Advogado/2014) O controle de constitucionalidade no ordenamento jurídico brasileiro pode ser exercido por meio do controle difuso e por meio do controle concentrado de constitucionalidade. Por sua vez, o controle de constitucionalidade concentrado pode ser exercido por meio da ação de inconstitucionalidade, da ação de inconstitucionalidade por omissão, ação declaratória de constitucionalidade e pela arguição de descumprimento de preceito fundamental. Desta forma, quando uma lei ou ato normativo municipal contrariar a Constituição Federal, haverá possibilidade de controle concentrado por meio da ação de inconstitucionalidade junto ao Supremo Tribunal Federal? E em se tratando de arguição de descumprimento de preceito fundamental, há possibilidade de interpô-lo junto ao Supremo Tribunal Federal, quando uma lei ou ato normativo municipal contrariar a Constituição Federal?

Autor: **Rodrigo Medeiros de Lima**

Direcionamento da resposta

O candidato deve expor que a ADI junto ao STF, prevista no art. 102, I, "a", da CF, não admite lei ou ato normativo municipal como objeto de controle, por expressa disposição constitucional, que limita o cabimento da ação à arguição da inconstitucionalidade de lei ou ato normativo federal ou estadual.

Ao mesmo tempo, deve esclarecer que a representação de inconstitucionalidade do art. 125, § 2º, da CF, apesar de admitir lei ou ato normativo municipal como objeto de controle, é da competência dos Tribunais de Justiça dos Estados e do Distrito Federal, além de ter por parâmetro de controle a Constituição Estadual, e não a Constituição Federal.

---

16. Art. 11, § 2º, da Lei nº 9.868/99 e art. 5º, § 3º, da Lei nº 9.882/99.
17. Art. 102, I, l, da CF/88.

DIREITO PROCESSUAL CONSTITUCIONAL

Assim, expostas as razões acima, a resposta à primeira pergunta deve ser negativa.

A respeito da ADPF, deve o candidato expor que tal ação é sim instrumento adequado para o controle de constitucionalidade abstrato perante o STF de lei ou ato normativo municipal, nos termos da sua regulamentação legal, de modo que a resposta à segunda pergunta deve ser positiva. Contudo, o candidato deve destacar que o cabimento da ADPF depende da caracterização do dispositivo constitucional ofendido como "preceito fundamental".

Sugestão de resposta

A ADI dirigida ao STF, tendo por parâmetro de controle a Constituição Federal, tem seu objeto de controle restrito às leis e atos normativos federais e estaduais, conforme consta do art. 102, I, "a", da CF, não sendo possível, portanto, o controle concentrado de constitucionalidade de lei municipal perante o STF por meio de tal ação.

A representação de constitucionalidade prevista no art. 125, § 2º, da CF, por sua vez, apesar de admitir a lei e o ato normativo municipal como objeto de controle, não é apta a suscitar possível ofensa à Constituição Federal, por ter por parâmetro de controle as Constituições dos Estados ou a Lei Orgânica do Distrito Federal. Além disso, tal ação é da competência dos Tribunais de Justiça dos Estados e do Distrito Federal, e não do STF.

Por outro lado, a ADPF, cuja previsão constitucional remete a sua conformação à regulamentação legal (CF, art. 102, § 1º), admite o controle de constitucionalidade de lei ou ato normativo municipal, nos termos do art. 1º, parágrafo único, I, da Lei Federal 9.882/1999, que regulamenta tal instrumento de controle de constitucionalidade.

Contudo, em se tratando de ADPF, não será toda controvérsia constitucional relativa a lei ou ato normativo municipal que ensejará o cabimento da referida ação de controle concentrado de constitucionalidade, dependendo, ainda, da caracterização da norma constitucional ofendida como preceito fundamental.

Isso porque o parâmetro de controle da ADPF é mais restrito que o das demais ações de controle concentrado, não abrangendo toda a Constituição Federal, mas apenas suas disposições que se enquadram como "preceitos fundamentais", conforme definidas no âmbito da jurisprudência do STF.

Desse modo, é possível, em princípio, o ajuizamento de ADPF perante o STF, quando lei ou ato normativo municipal contrariar norma da Constituição Federal, desde que se trate de preceito fundamental.

COLEÇÃO PREPARANDO PARA CONCURSOS

(Cespe/Bacen/Procurador/2013) À luz da chamada cláusula de reserva de plenário, prevista no art. 97 da Constituição Federal, bem como da legislação que rege o processo e julgamento da ação direta de inconstitucionalidade (ADI), da ação declaratória de constitucionalidade (ADC) e da arguição de descumprimento de preceito fundamental (ADPF), responda, de forma justificada, à seguinte indagação. Ao julgar o mérito de ADPF proposta em face de controvérsia judicial relevante sobre a constitucionalidade de determinada lei, o plenário do Supremo Tribunal Federal poderia declará-la inconstitucional por cinco votos contra quatro, ausentes justificadamente dois ministros?

Autores: Rodolfo Soares Ribeiro Lopes e João Paulo Lawall Valle

Direcionamento da resposta

Na questão em análise, é necessário que o candidato aborde, brevemente, em que consiste a cláusula de reserva de plenário, tratando do conteúdo do art. 97, da CF/88. Em seguida, ao conjugar o texto dos arts. 8°, da Lei n° 9.882/99, 22 e 23, da Lei n° 9.868/99, deve concluir que não é possível ao STF declarar a inconstitucionalidade da lei pelo voto de cinco Ministros, mesmo que ausentes justificadamente do Plenário outros dois Ministros.

Sugestão de resposta

A CF/88, em seu art. 97, prevê que a declaração de inconstitucionalidade de lei ou ato normativo do Poder Público somente será possível pelo voto da maioria absoluta dos membros do órgão especial ou plenário dos tribunais. A razão para tanto encontra fundamento na presunção relativa de constitucionalidade das leis, de modo que o ônus argumentativo necessário a afastá-la deve ser considerável e, portanto, somente a maioria absoluta dos membros do órgão especial ou do plenário de um tribunal podem fazê-lo.

No que se refere ao caso concreto posto sob apreciação, é importante frisar que tanto o art. 8°, da Lei n° 9.882/99, quanto o art. 22, da Lei n° 9.868/99, dispõem que é necessária a presença de, pelo menos, oito Ministros para que se possa decidir acerca da constitucionalidade ou não de uma norma. Além disso, conforme o art. 23, *caput*, da Lei n° 9.868/99, desse mínimo de oito Ministros, ao menos seis deles devem se manifestar pela constitucionalidade ou não da norma controversa, caso contrário, o julgamento deve ser suspenso para aguardar o comparecimento dos Ministros ausentes (art. 23, p. ún.).

Em assim sendo, no caso concreto, não é possível a declaração de inconstitucionalidade de determinada lei pelo voto de cinco contra quatro Ministros,

DIREITO PROCESSUAL CONSTITUCIONAL

mesmo que ausentes justificadamente outros dois. Nessa hipótese, deve ser adotada a solução prevista no art. 23, p. ún., acima mencionado.

(Cespe/AGU/Advogado/2012) Considere que tenha sido proposta, perante o Supremo Tribunal Federal, arguição de descumprimento de preceito fundamental (ADPF) contra resolução administrativa por meio da qual determinada universidade pública estadual tenha instituído sistema de cotas como meio de ingresso em cursos de nível superior. Considere, ainda, que, entre os argumentos apresentados na ADPF, conste o de violação do princípio constitucional da isonomia. Com base nessa situação hipotética e na jurisprudência do STF acerca do tema, responda, de forma justificada, às indagações que se seguem. (i) As resoluções administrativas podem ser objeto de ADPF? (ii) Como se posiciona o STF quanto à constitucionalidade da instituição do sistema de cotas em universidades públicas, em face do princípio da isonomia?

Autores: Rodolfo Soares Ribeiro Lopes e João Paulo Lawall Valle

Direcionamento da resposta

O candidato deve mencionar que as resoluções administrativas podem, sim, ser objeto de ADPF, tendo em vista não existir qualquer outro meio apto a sanar a lesão alegadamente causada por tal ato infralegal a preceito fundamental (princípio da subsidiariedade, art. 4º, § 1º, da Lei nº 9.882/99). Deve, ainda, frisar que o STF entende plenamente constitucional o sistema de cotas em universidade públicas, por se tratar de realização do princípio da igualdade material (ADPF 186).

Sugestão de resposta

A arguição de descumprimento de preceito fundamental (ADPF) tem, como um de seus requisitos, a demonstração do caráter subsidiário do meio processual em relação às outras ações de controle concentrado de constitucionalidade, de modo que, nos termos do art. 4º, § 1º, da Lei nº 9.882/99, somente será admitida ADPF quando não houver qualquer outro meio capaz de sanar a lesividade a preceito fundamental. Sendo assim, considerando que contra resolução administrativa (ato infralegal) não cabe ADI ou ADC, resta configurado o requisito da subsidiariedade e, portanto, o cabimento da ADPF.

Nesse ponto, é importante destacar que o STF, ao julgar a ADPF 186, entendeu, por unanimidade, que a adoção do sistema de cotas por universidade

COLEÇÃO PREPARANDO PARA CONCURSOS

públicas é constitucional. Isto porque, no art. 5°, da CF/88, foi previsto expressamente o princípio da isonomia e a ele deve ser dada máxima concreção, de modo a abranger não somente o plano formal, mas também o plano substancial/material. Portanto, para possibilitar que a igualdade material entre as pessoas possa ser levada a cabo, o Estado pode se utilizar das chamadas "ações afirmativas", cuja finalidade é a de atribuir vantagens a certos grupos sociais, de maneira pontual e por tempo limitado, com vistas a lhes permitir a superação de desigualdades sociais históricas. Trata-se, ademais, de medida que consagra a "justiça distributiva", isto é, uma atuação estatal no sentido de viabilizar a superação de desigualdades fáticas mediante a realocação de bens e oportunidades existentes na sociedade em benefício da coletividade.

(Cespe/TRF/2R/Juiz/2009) Considerando as normas constitucionais e legais, bem como a jurisprudência do Supremo Tribunal Federal, queira indicar e comentar as diferenças e o regime jurídico aplicável à ação direta de inconstitucionalidade e à arguição de descumprimento de preceito fundamental, tendo em vista o seu objeto e requisitos de admissibilidade.

Autor: Rafael Vasconcelos Porto

Direcionamento da resposta

O examinador pretende que o candidato estabeleça a diferenciação entre o regime jurídico aplicável à ADI e o concernente à ADPF, com enfoque no objeto e requisitos de admissibilidade.

Sugestão de resposta

A ação direta de inconstitucionalidade genérica (ADI) tem por objeto o controle de constitucionalidade de lei ou ato normativo federal ou estadual (art. 102, I, a, CRFB). Almeja, assim, que, em controle realizado abstratamente (em tese), seja declarada a nulidade da norma por violação, formal ou material, à CRFB. Entende-se por "lei" todas as espécies normativas previstas no art. 59 da CRFB: emendas à Constituição; leis complementares, ordinárias e delegadas; medidas provisórias; decretos legislativos; e resoluções. Quanto aos atos normativos, entende-se que são passíveis de controle aqueles editados por órgãos públicos e que tenham caráter autônomo e não meramente acessório, estando aí incluídos, por exemplo, os regimentos internos de Tribunais e de Casas Legislativas. Ressalta-se, ainda, que podem ser objeto de controle apenas as normas que

DIREITO PROCESSUAL CONSTITUCIONAL

tenham entrado em vigor, e ainda estejam, após o advento da nova ordem constitucional.

Acerca dos requisitos de admissibilidade, tem-se a legitimidade restrita para a propositura da ação, estabelecida pelo art. 103 da CRFB: o Presidente da República; a Mesa do Senado Federal; a Mesa da Câmara dos Deputados; a Mesa de Assembleia Legislativa ou da Câmara Legislativa do Distrito Federal; o Governador de Estado ou do Distrito Federal; o Procurador-Geral da República; o Conselho Federal da Ordem dos Advogados do Brasil; partido político com representação no Congresso Nacional; confederação sindical ou entidade de classe de âmbito nacional. Entende o STF que a Mesa de Assembleia Legislativa ou da Câmara Legislativa do Distrito Federal, o Governador de Estado ou do Distrito Federal e a confederação sindical ou entidade de classe de âmbito nacional deverão demonstrar a pertinência temática, ou seja, a existência de interesse correlato com sua finalidade institucional para que seja admitida a ação. Os demais são legitimados universais.

O procedimento da ADI é previsto nos §§ 1º a 3º do art. 103 da CRFB, na Lei n. 9.868/99 e no Regimento Interno do STF. Segundo o art. 14, III, da Lei n. 9.868/99, o requerente deverá indicar, na petição inicial, "a existência de controvérsia judicial relevante sobre a aplicação da disposição objeto da ação declaratória".

No que tange à arguição de descumprimento de preceito fundamental (ADPF), a CRFB prevê apenas sua existência (§ 1º do art. 102), remetendo à legislação infraconstitucional o tratamento do instituto. A Lei n. 9.882/99 regulamenta o instituto.

A ADPF tem por objeto evitar ou reparar lesão a preceito fundamental, resultante de ato do Poder Público ou quando for relevante o fundamento da controvérsia constitucional sobre lei ou ato normativo federal, estadual ou municipal, incluídos os anteriores à Constituição. Destarte, a ADPF possui, em certa medida, um caráter subsidiário em relação à ADI, pois é cabível quanto a lei ou ato normativo anterior à nova ordem constitucional assim como quanto ao municipal, hipóteses não cobertas pela ADI. Ademais, é requisito para o recebimento da ADPF a demonstração de que não há outro meio processual capaz de sanar a lesividade de modo eficaz.

A doutrina salienta que a ADPF poderá ser "autônoma" (ou direta) – o que se dá quando a questão é levada ao STF para controle principal da constitucionalidade e tem por objeto a lesão resultante de ato do Poder Público – ou "incidental" – o que se dá quando a questão é levada ao STF para controle concentrado incidental, em razão de controvérsia surgida no bojo de um processo

45

COLEÇÃO PREPARANDO PARA CONCURSOS

judicial em curso perante uma instância inferior, relativamente à constitucionalidade de determinada norma.

A ADPF pode ser proposta pelas mesmas figuras legitimadas para a propositura da ADI (art. 2º da Lei n. 9.882/99), cabendo ainda a eventual interessado, mediante representação, solicitar a propositura ao Procurador-Geral da República, que, examinando os fundamentos jurídicos do pedido, decidirá do cabimento do seu ingresso em juízo. A petição inicial deverá conter (art. 3º da Lei n. 9.882/99): a indicação do preceito fundamental que se considera violado; a indicação do ato questionado; a prova da violação do preceito fundamental; o pedido, com suas especificações; e, se for o caso, a comprovação da existência de controvérsia judicial relevante sobre a aplicação do preceito fundamental que se considera violado.

(TRF/2R/Juiz/2007) Aplicam-se os princípios da adstrição, e do "iura novit curia", no controle de constitucionalidade das regras jurídicas no âmbito da ação de descumprimento de preceito fundamental?

Autor: Jorge Ferraz de Oliveira Júnior

Direcionamento da resposta

A abordagem da resposta deve observar os seguintes pontos: (1) compreensão do significado de princípios da adstrição e do *iura novit curia* ou *dabo mihi factum dabo tibi ius*; (2) a necessidade de indicação do preceito fundamental violado, para fins de conhecimento da ADPF (artigo 3º, I, da Lei nº 9.882/99); e (3) o entendimento dominante do STF a respeito do tema.

Sugestão de resposta

Via de regra, aplicam-se os princípios da adstrição (ou congruência) e o da *iura novit curia* (ou *dabo mihi factum dabo tibi ius*) à ADPF; todavia, os referidos princípios sofrem certos temperamentos quanto à referida ação constitucional, em razão de sua natureza jurídica (processo objeto), no que se refere ao princípio da congruência, e por decorrência de expressa previsão legal (artigo 3º, I, da Lei nº 9.882/99), no que se refere ao princípio da *iura novit curia*.

Explica-se.

O princípio da adstrição ou da congruência se refere à adstrição da sentença ao pedido autoral na petição inicial. Tem previsão expressa no artigo 492

DIREITO PROCESSUAL CONSTITUCIONAL

do NCPC, que veda ao juiz decidir fora ou além do que pedido pelas partes: vedação de sentenças *ultra* ou *extra petita*.

Conforme iterativo entendimento jurisprudencial, o referido princípio é atenuado nas ações constitucionais de índole objetiva (controle abstrato de constitucionalidade), permitindo-se à Suprema Corte, mediante a técnica de arrastamento, declarar a inconstitucionalidade de dispositivos que não tenham sido expressamente requeridos pela parte, mas que, em virtude de conexão com os dispositivos impugnados, padecem do mesmo vício de inconstitucionalidade. A referida técnica foi utilizada na ADPF que apreciou a compatibilidade da Lei de Imprensa à Constituição de 1988 (ADPF nº 130), em que, nada obstante requerida a declaração de incompatibilidade apenas de alguns dispositivos da Lei nº 5.250/1967, a Suprema Corte resolveu declarar a inconstitucionalidade (ou não recepção) da referida lei como um todo.[18]

Assim, concernentemente à primeira parte da pergunta, responde-se que, via de regra, a resposta é positiva, porém, com temperamentos. Evidentemente, o acórdão prolatado em ADPF deve estar adstrito ao pedido da parte autora, já que não cabe ao STF, no bojo de determinada ação, declarar a inconstitucionalidade de determinado dispositivo que não tenha qualquer relação com o pedido do demandante. Todavia, o referido princípio é atenuado em razão da técnica de inconstitucionalidade por arrastamento.

O princípio da *iura novit curia* significa, literalmente, o juiz conhece o direito. Sua essência encontra-se melhor explicitada em outro brocardo jurídico, a saber: *dabo mihi factum dabo tibi ius* ou "dá-me os fatos e dar-te-ei o direito". O referido princípio significa que o demandante deve indicar, na sua petição

---

18. (...) 10. Não recepção em bloco da Lei 5.250 pela nova ordem constitucional. (...) 10.2. Incompatibilidade material insuperável entre a Lei nº 5.250/67 e a Constituição de 1988. Impossibilidade de conciliação que, sobre ser do tipo material ou de substância (vertical), contamina toda a Lei de Imprensa: a) quanto ao seu entrelace de comandos, a serviço da prestidigitadora lógica de que para cada regra geral afirmativa da liberdade é aberto um leque de exceções que praticamente tudo desfaz; b) quanto ao seu inescondível efeito prático de ir além de um simples projeto de governo para alcançar a realização de um projeto de poder, nele se eternizar no tempo e a sufocar todo pensamento crítico no País. (...). Caso-limite de interpretação necessariamente conglobante ou por arrastamento teleológico, a pré-excluir do intérprete/aplicador do Direito qualquer possibilidade da declaração de inconstitucionalidade apenas de determinados dispositivos da lei sindicada, mas permanecendo incólume uma parte sobejante que já não tem significado autônomo. Não se muda, a golpes de interpretação, nem a inextrincabilidade de comandos nem as finalidades da norma interpretada. Impossibilidade de se preservar, após artificiosa hermenêutica de depuração, a coerência ou o equilíbrio interno de uma lei (a Lei federal nº 5.250/67) que foi ideologicamente concebida e normativamente apetrechada para operar em bloco ou como um todo 'pro indiviso'. (...) (ADPF 130, Rel. Min. Carlos Britto, Pleno, DJe 6.11.2009)

inicial, precisamente os fatos; todavia, quanto à adequação dos fatos ao direito, o magistrado não está limitado às normas jurídicas invocadas pela parte.[19]

Tal princípio é atenuado, em certa medida, em relação à ADPF. Isso porque a referida ação constitucional prevê que a parte deve indicar, na petição inicial, o preceito fundamental que reputa violado (artigo 3º, I, da Lei nº 9.882/98). Como sabido, nem todo dispositivo constitucional é considerado preceito fundamental,[20]

---

19. "(...). Anulação de multa com base em fundamentos jurídicos diversos dos suscitados na petição inicial. Julgamento extra petita. Inexistência. Brocardos 'mihi factum dabo tibi ius'. 'Iuria novit curia'. Interpretação lógico-sistemática da causa de pedir e pedido. Possibilidade. 1. A sentença extra petita é aquela que examina causa diversa da que foi proposta na inicial, sendo desconexa com a situação litigiosa descrita pelo autor, bem como com a providência jurisdicional que dela logicamente se extrai. 2. Não há provimento extra petita quando a pretensão é deferida nos moldes em que requerida judicialmente, ainda que com base em argumentação jurídica diversa daquela suscitada na petição inicial. É sabido que o magistrado não está adstrito à fundamentação jurídica apresentada pelas partes, cumprindo-lhe aplicar o direito à espécie, consoante os brocardos latinos 'mihi factum dabo tibi ius' e 'iuria novit curia'. 3. De acordo com a jurisprudência do STJ, não há ofensa ao princípio da congruência ou da adstrição quando o juiz promove uma interpretação lógico-sistemática dos pedidos deduzidos, mesmo que não expressamente formulados pela parte autora. (...). (AgRg no REsp 1530191/GO, Rel. Min. Og Fernandes, DJe 12.8.2015)

20. Quanto aos parâmetros de controle, no âmbito jurisprudencial, vale a pena mencionar dois julgados (ADPF nº 1, Rel. Min. Néri da Silveira; e parte do voto do Min. Gilmar Mendes na ADPF nº 33, Relator Min. Gilmar Ferreira Mendes): "2. Compete ao Supremo Tribunal Federal o juízo acerca do que se há de compreender, no sistema constitucional brasileiro, como preceito fundamental. 3. Cabimento da arguição de descumprimento de preceito fundamental. Necessidade de o requerente apontar a lesão ou ameaça de ofensa a preceito fundamental, e este, efetivamente, ser reconhecido como tal, pelo Supremo Tribunal Federal". (...). (ADPF 1 QO, Rel. Min. Néri da Silveira, Pleno, DJ 7.11.2003). "Parâmetro de controle. É muito difícil indicar, a priori, os preceitos fundamentais da Constituição passíveis de lesão tão grave que justifique o processo e o julgamento da arguição de descumprimento. Não há dúvida de que alguns desses preceitos estão enunciados, de forma explícita, no texto constitucional. Assim, ninguém poderá negar a qualidade de preceitos fundamentais na ordem constitucional aos direitos e garantias individuais (art. 5º, dentre outros). Da mesma forma, não se poderá deixar de atribuir essa qualificação aos demais princípios protegidos pela cláusula pétrea do art. 60, § 4º, da Constituição, quais sejam, a forma federativa de Estado, a separação de poderes e o voto direto, secreto, universal e periódico. Por outro lado, a própria Constituição explicita os "princípios sensíveis", cuja violação pode dar ensejo à decretação de intervenção federal dos Estados-membros (art. 34, VII)". (Voto do Min. Rel. Gilmar Mendes na ADPF nº 33, Pleno, DJ 27.10.2006). Quanto à parametricidade, na doutrina, vale a pena transcreve a seguinte lição de Dirley Cunha: "Há, contudo, um certo consenso em identificar como preceitos fundamentais: a) os princípios fundamentais do título I da Constituição Federal, que fixam as estruturas básicas de configuração política do Estado (arts. 1º ao 4º); b) os direitos e garantias fundamentais, que limitam a atuação dos poderes em favor da dignidade da pessoa humana (sejam os declarados no catálogo expressado no título II ou não, ante a abertura material proporcionada pelo § 2º do art. 5º e, agora, pelo § 3º do mesmo artigo); c) os princípios constitucionais sensíveis, cuja inobservância pelos Estados autoriza até a intervenção federal (art. 34, VII); e d) as cláusulas pétreas, que funcionam como limitações materiais ou substanciais ao poder de reforma constitucional, compreendendo as explícitas (art. 60, § 4º, incisos I a IV) e as implícitas (ou inerentes, que são aquelas limitações não previstas expressamente no texto constitucional, mas que, sem embargo, são inerentes ao sistema consagrado na Constituição, como, por exemplo, a vedação de modificar o próprio

DIREITO PROCESSUAL CONSTITUCIONAL

razão pela qual não raro tem sido indeferida monocraticamente petições iniciais de ADPFs em que o autor não indica, de forma precisa, o preceito fundamental que ensejaria a nulificação do ato impugnado.[21] Nada obstante a referida previsão legal, nada impede que, em prestígio ao princípio do *iura novit curia* e da força normativa da Constituição, a Corte Suprema utilize, para fins de procedência do pedido, preceito fundamental não indicado pelas partes na petição inicial.

Dessarte, semelhantemente à primeira parte da pergunta, responde-se afirmativamente a indagação – via de regra, é possível aplicar o princípio da *iura novit curia* na ADPF –, todavia, tal aplicação deve ser feita com temperamentos, já que cabe à parte autora, na petição inicial, indicar precisamente o preceito fundamental que reputa violado.

1.1.4. Controle Concentrado de Constitucionalidade Estadual

(MPE/RJ/Promotor/2014) A Câmara de Vereadores do Município de Nova Friburgo aprovou lei ordinária, cujo projeto foi de iniciativa de vereador, que instituiu a gratuidade no transporte coletivo para acompanhantes de idosos, sem indicar a fonte de custeio para o referido benefício. O mencionado diploma legal restou sancionado pelo Chefe do poder Executivo local. As concessionárias municipais do transporte público, que já prestavam o serviço, em razão de regular contrato administrativo firmado anteriormente à edição da citada lei, por entenderem que a mesma padecia de vícios de inconstitucionalidade, não estavam permitindo o ingresso gratuito dos acompanhantes de idosos. Simultaneamente, por meio de sindicato estadual, instituído há seis anos, ingressaram com representação de inconstitucionalidade perante o Tribunal de Justiça do Estado do Rio de Janeiro, objetivando fosse reconhecida a regularidade da conduta que vedava a entrada dos acompanhantes sem o pagamento da tarifa. Sob a ótica constitucional, existem vícios na referida lei municipal? A medida judicial adotada encontra-se juridicamente correta?

Autora: Vania Cirne

---

titular do Poder Constituinte Originário e do Poder Reformador, bem assim a impossibilidade de alterar o processo constitucional de emenda). Acrescentaríamos, outrossim, as normas de organização política do Estado (título III) e de organização dos próprios Poderes (título IV), porquanto constituem o ponto nuclear do sistema federativo brasileiro e do equilíbrio entre os poderes do Estado". (Curso de direito constitucional. 8. ed. Salvador: JusPodivm, p. 355 e 356.)

21. Nesse sentido, confiram-se os seguintes excertos da seguinte decisão monocrática, prolatada na ADPF nº 125, Rel. Min. Luiz Fux, DJ 29.6.2015: "Ausência de indicação expressa e fundamentada de qual seria o preceito fundamental tido por violado. (...). Em outra linha, anoto que os autores não apontaram especificamente quais seriam, quanto ao ponto, os preceitos fundamentais violados pelo ato impugnado. É sabido que somente se admite o instrumento processual da ADPF para os casos em que se vislumbrar efetiva violação não ao texto constitucional por completo, mas apenas aos seus preceitos fundamentais".

COLEÇÃO PREPARANDO PARA CONCURSOS

Sugestão de resposta

A lei municipal em questão padece de vícios de inconstitucionalidade, seja formal, por afronta ao artigo 61, § 1°, inciso II, alínea "b", da CRFB (norma de observância simétrica e reprodução obrigatória nos Estados), e material, por contrariedade ao artigo 112,§ 2°, da CERJ. A representação de inconstitucionalidade encontra amparo no artigo 162 da CERJ.

Todavia, o sindicato carece de legitimidade ativa, ante expressa disposição do referido dispositivo, que confere legitimidade às federações sindicais, que, consoante artigo 534 da CLT, são formadas por, no mínimo, cinco sindicatos. De outro giro, em que pesem os preditos vícios, a norma goza de eficácia e deve ser observada, até que sobrevenha a declaração inconstitucionalidade, não podendo o particular furtar-se ao cumprimento, ao abrigo de sua invalidade.

Comentários

1 – Observe-se que a questão aborda temas como: a) a inconstitucionalidade material (vício de conteúdo) e formal (por vício de iniciativa); b) a possibilidade ou não de a sanção do Chefe do Poder Executivo corrigir a mácula da inconstitucionalidade pelo vício de iniciativa; c) o cabimento da representação de inconstitucionalidade perante o Tribunal de Justiça do Estado do Rio de Janeiro; d) a legitimidade para a aludida RI; e) da vigência, validade e eficácia da lei.

Passemos a tratar de cada um dos temas, a fim de aclarar a resposta acima.

a.1) Da inconstitucionalidade material (vício de conteúdo ou substancial)

A lei ou ato normativo que vier a contrariar preceito ou princípio constitucional (que se encontra no ápice de nosso ordenamento jurídico) será inquinada de inconstitucionalidade material.

Consoante Luiz Roberto Barroso," a inconstitucionalidade material expressa uma incompatibilidade de conteúdo, substantiva entre a lei ou o ato normativo e a Constituição".

Vale informar que a doutrina também confere a pecha de inconstitucionalidade material à norma infraconstitucional que: excede do poder legislativo, tendo por objeto finalidade diversa daquela contida na Constituição (nesse sentido, conferir Caio Tácito, in "Desvio do Poder Legislativo", in Revista Trimestral de Direito Público, n° 01, 1993, p. 62; Guilherme Peña de Moraes, in "Curso de

DIREITO PROCESSUAL CONSTITUCIONAL

Direito Constitucional", Ed. Atlas, 4. ed., 2012, p. 142); viola o princípio da proporcionalidade, havendo na norma correspondência à finalidade da Constituição, contudo de forma desproporcional (vide Gilmar Ferreira Mendes, in "A Proporcionalidade na Jurisdição do Supremo Tribunal Federal, in Revista IOB, n° 23, 1994, p. 469, e ob. Cit., p. 143).

A inconstitucionalidade material também é denominada pela doutrina como "nomoestática" (v. L. A. D. Araújo e V. S. Nunes Jr., in "Curso de Direito Constitucional, p. 24, e Pedro Lenza, in "Direito Constitucional Esquematizado", Saraiva, 16. ed., p. 254).

In casu, a discussão gira em torno de possível vício de inconstitucionalidade material da lei que institui a gratuidade no transporte coletivo (para acompanhantes de idosos ou outras pessoas), sem indicar a fonte de custeio para o referido benefício, face à vedação inserta no artigo 112, § 2°, da Constituição do Estado do Rio de Janeiro ("Não será objeto de deliberação proposta que vise conceder gratuidade em serviço público prestado de forma indireta, sem a corresponde fonte de custeio").

A respeito do predito dispositivo, cumpre consignar que foi ajuizada ação direta de inconstitucionalidade, no STF, sob o n° 3225, ao argumento de que tal norma configuraria afronta ao princípio constitucional da dignidade da pessoa humana, bem como o princípio federativo e a separação de poderes. A predita ADI foi julgada improcedente, em 17.9.2007, consoante aresto abaixo colacionado:

Inconstitucionalidade. Ação direta. Art. 112, § 2°, da Constituição do Estado do Rio de Janeiro. Serviço público. Prestação indireta. Contratos de concessão e permissão. Proposta legislativa de outorga de gratuidade, sem indicação da correspondente fonte de custeio. Vedação de deliberação. Admissibilidade. Inexistência de ofensa a qualquer cláusula constitucional. Autolimitação legítima do Poder Legislativo estadual. Norma dirigida ao regime de execução dos contratos em curso. Ação julgada improcedente. Voto vencido. É constitucional o disposto no art. 112, § 2°, da Constituição do Estado do Rio de Janeiro.

Nesse viés, julgada improcedente a ADI, o artigo 112,§ 2°, CERJ foi declarado constitucional, merecendo a devida observância pelas normas que lhes são subalternas, como a lei municipal em comento. Destarte, a norma padece do vício de inconstitucionalidade, por afrontar o referido dispositivo constitucional estadual.

Vale ressaltar que o STF, pela primeira turma, em sede de controle difuso de constitucionalidade , afastou a exigência de fonte de custeio, quando se tratar de transporte capaz de viabilizar a concretização da dignidade da pessoa humana e de seu bem-estar, evocando com precedente decisão proferida pelo Tribunal Pleno (ADI 3768, DJ 20.10.2007).

Em que pese o entendimento supra, a norma inserta no artigo 112, § 2°, CERJ, foi considerada constitucional e, como explanado acima, merece observância.

a.2) Da inconstitucionalidade formal subjetiva. Do vício de iniciativa.

Consoante artigo 61, § 1°, inciso II, alínea "b", da CRFB (norma de observância simétrica e reprodução obrigatória nos Estados), são de iniciativa privativa do Chefe do Poder Executivo as leis que disponham sobre serviços públicos.

A lei municipal em tela dispôs acerca de serviços públicos, ao garantir uma espécie de gratuidade. Como o processo legislativo foi deflagrado por vereador, e não pelo chefe do Poder Executivo (no caso, prefeito), restou patente a inconstitucionalidade formal subjetiva, vale dizer, por vício de iniciativa.

Insta observar que a inconstitucionalidade formal é denominada nomodinânima.

Pode a sanção a projeto de lei sanar a inconstitucionalidade formal subjetiva?

Conforme entendimento do Pretório Excelso (v. ADI 1070, Relator Ministro Celso de Melo, DJU 15.09.95), a sanção do chefe do Poder Executivo não possui o condão de sanar o vício de inconstitucionalidade formal, eis que a vontade daquele não tem aptidão jurídica para convalidar defeito oriundo do descumprimento da Constituição da República.

Desta feita, a lei municipal em comento é inconstitucional, em que pese a sanção pelo chefe do Poder Executivo, que teve sua iniciativa usurpada.

c) Do cabimento da representação de inconstitucionalidade perante o Tribunal de Justiça do Estado do Rio de Janeiro.

A representação de inconstitucionalidade de leis ou atos normativos estaduais ou municipais em face da Constituição do Estado do Rio de Janeiro encontra guarida no artigo 162 da referida.

d) Da legitimidade

Extrai-se do artigo 162 da CERJ que a legitimidade para a representação de inconstitucionalidade é conferida a federações sindicais, e não a sindicatos.

Ora, federação sindical, prevista no artigo 534 da CLT, é composta por, no mínimo, cinco sindicatos de atividades idênticas, similares ou conexas, representantes da maioria absoluta dos sindicatos do correspondente grupo, no âmbito estadual.

DIREITO PROCESSUAL CONSTITUCIONAL

Nesse sentido, carece da legitimidade ativa o sindicato, isoladamente, para a propositura da RI em comento.

e) Da vigência, validade e eficácia da lei. Planos distintos.

Vigência consiste na existência jurídica da norma, estando atrelada ao seu tempo de duração, diferentemente com vigor, que se encontra relacionado à sua força vinculante.

Não se confunde vigência com validade da norma, concernente à qualidade da norma produzida em consonância com o ordenamento jurídico.

Plano diverso é da eficácia da norma, que consiste em sua aptidão para a produção de efeitos. Vale mencionar a existência da eficácia imediata, diferida, suspensa, retroeficácia e ultraeficácia.

Destarte, a norma pode ser inválida, por contrariedade à norma constitucional (de superior hierarquia, onde é buscado seu fundamento de validade), mas gozar de eficácia, ou seja, produzir efeitos, até que seja declarada sua inconstitucionalidade.

No tocante à natureza do ato inconstitucional e da decisão de inconstitucionalidade, paira divergência doutrinária. Segundo uma corrente de pensamento, o ato inconstitucional é nulo, inválido, sem aptidão para produzir efeitos jurídicos. A natureza da decisão de inconstitucionalidade seria, portanto, declaratória, por apenas declarar a nulidade do ato. Tal entendimento é esposado pelo Supremo Tribunal Federal. Todavia, a modulação dos efeitos da decisão declaratória de inconstitucionalidade permite a existência de atos nulos com a produção de efeitos válidos.

Conforme outra corrente (austríaca, capitaneada por Hans Kelsen), o ato inconstitucional seria anulável, de sorte que produz efeitos até o momento de sua anulação. A decisão declaratória, destarte, possui natureza constitutiva negativa.

No caso em questão, muito embora a norma sofra de vício de inconstitucionalidade, há de ser observada pelos destinatários, por se encontrar em vigor. Caso sobrevenha a declaração de inconstitucionalidade, a decisão pode, inclusive, ter seus efeitos modulados, tendo eficácia ex nunc, ou seja, não retroativos.

(Cespe/PGE/BA/Procurador/2013) De acordo com a jurisprudência do STF relativa ao processamento de ADIs federal e estadual em face de uma mesma lei estadual e considerando que o parâmetro de controle estadual seja de observância obrigatória, pelo princípio da simetria, analise, de forma fundamentada, os seguintes aspectos: (i) possibilidade de processamento simultâneo das ADIs federal e estadual em face da mesma norma estadual; (ii) possibilidade de

*processamento de ADI estadual superveniente, impugnando a constitucionali-
dade da norma estadual, caso esta venha a ser declarada inconstitucional pelo
STF, ao julgar procedente ADI federal em decisão transitada em julgado.*

Autor: *Eron Freire dos Santos*

Direcionamento da resposta

Cabe ao candidato expor conhecimento a respeito da coexistência de sistema de controle de constitucionalidade no plano federal e estadual. A par disso, deve demonstrar a jurisprudência do Supremo Tribunal Federal[22] acerca do fenômeno da **"simultaneidade de ações diretas de inconstitucionalidade"**, onde o ajuizamento de ação direta de inconstitucionalidade, perante a Corte Suprema, contra ato normativo estadual, questionado em face da Constituição Federal, é **causa de suspensão prejudicial** da ação direta de inconstitucionalidade estadual contra o mesmo ato normativo.

Sugestão de resposta

A Constituição Federal, além de prever o sistema de controle de constitucionalidade de atos normativos no plano federal, admite igualmente tal controle no plano estadual (artigo 125, § 2°, da CF), sendo certo que a competência para processar e julgar tais ações será do Tribunal de Justiça local, cujo parâmetro é a Constituição do Estado[23]. É possível, assim, conceber a coexistência de ações diretas de inconstitucionalidade contra o mesmo ato normativo estadual: uma ajuizada no Supremo Tribunal Federal, questionando o ato à luz da Constituição Federal; outra ajuizada no Tribunal de Justiça, questionando o ato em face da Constituição Estadual.

Quando a hipótese se concretizar, entende-se que a ação direta de inconstitucionalidade, em curso no Tribunal de Justiça, deverá ser suspensa até a decisão final da ação direta de inconstitucionalidade no Supremo. Com efeito, nos termos da jurisprudência, a existência de ação direta de inconstitucionalidade federal, questionando ato normativo estadual já contestado em sede de ação

---

22. A propósito, dentre outros (STF, ADI 3482), confira-se: "(...) Rejeição das preliminares de litispendência e de continência, porquanto, quando tramitam paralelamente duas ações diretas de inconstitucionalidade, uma no Tribunal de Justiça local e outra no Supremo Tribunal Federal, contra a mesma lei estadual impugnada em face de princípios constitucionais estaduais que são reprodução obrigatória de princípios da Constituição Federal, suspende-se o curso da ação direta proposta perante o Tribunal estadual até o julgamento final da ação direta proposta perante o Supremo Tribunal Federal (...)" (STF, ADI 1423-MC, DJ 22.11.1996).

23. No caso do Distrito Federal, o parâmetro é a Lei Orgânica do Distrito Federal.

DIREITO PROCESSUAL CONSTITUCIONAL

direta de inconstitucionalidade estadual, é causa de suspensão prejudicial desta. Sobrevindo o julgamento de procedência da ação direta de inconstitucionalidade federal, o ato normativo impugnado será excluído do ordenamento jurídico, fazendo extinguir o objeto da ação direta de inconstitucionalidade estadual, a impor a extinção do feito sem resolução do mérito.

(PGE/GO/Procurador/2013) *Uma lei estadual afronta materialmente um dispositivo da Constituição do Estado de Goiás. Sobre o tema: (i) identifique o sistema de controle de inconstitucionalidade da norma em tese e explique sua origem histórica e o efeito da decisão no plano da validade da norma; (ii) aponte o instrumento processual para a declaração de inconstitucionalidade da lei no âmbito do Estado; (iii) disserte sobre ser possível o controle de constitucionalidade simultâneo perante o Supremo Tribunal Federal e o Tribunal de Justiça do Estado de Goiás; (iv) aponte qual a influência da decisão do Supremo Tribunal Federal no controle de constitucionalidade da norma no âmbito do Tribunal de Justiça; (v) discorra sobre a possibilidade de legitimação do Procurador Geral do Estado para utilização do instrumento de controle de constitucionalidade no âmbito do Estado.*

Autor: Eron Freire dos Santos

Direcionamento da resposta

O candidato deve identificar o sistema de controle de inconstitucionalidade da norma em tese (o abstrato), explicando sua origem histórica (Áustria) e o efeito da decisão proferida no plano de validade da norma (exclusão da norma do ordenamento). Ademais, apontar como instrumento processual a ação direta de inconstitucionalidade, permitida no âmbito estadual por força do artigo 125, § 2°, da Constituição Federal, e afirmar a possibilidade de controle de constitucionalidade simultâneo da norma, explicando o efeito da decisão do Supremo Tribunal Federal.

Por fim, dizer da possibilidade de legitimidade ativa do Procurador-Geral do Estado para ajuizar ação direta.

Sugestão de resposta

O sistema de controle abstrato de constitucionalidade, originário da Áustria, é o que verifica a inconstitucionalidade das normas em tese, através de ações próprias, a exemplo da ação direta de inconstitucionalidade, a qual, objetivando

COLEÇÃO PREPARANDO PARA CONCURSOS

a proteção da integridade do ordenamento, tem como pedido uma declaração de nulidade da norma. Essa ação é também permitida no âmbito estadual (art. 125, § 2º, da CF). Acaso a lei estadual afronte, a um só tempo, a Constituição Estadual e a Federal, é possível o questionamento simultâneo dela no âmbito estadual e federal. No primeiro caso, a apreciação da inconstitucionalidade ocorrerá em face da Constituição do Estado pelo Tribunal de Justiça. Seguindo a jurisprudência do Supremo Tribunal Federal, na hipótese de simultaneidade de ações diretas, a que tramita na esfera estadual deve ficar suspensa até a solução definitiva no plano federal. Se este Tribunal julgar a norma compatível com a Constituição Federal, o Tribunal de Justiça poderá apreciar a mesma norma à luz da Constituição Estadual. Contudo, havendo declaração de inconstitucionalidade, a norma será excluída do ordenamento, ocasionado a perda do objeto da ação direta estadual.

Por fim, conforme o art. 125, § 2º, a Constituição Federal apenas veda a atribuição de legitimidade a um único órgão, de sorte que é possível a legitimação do Procurador-Geral do Estado para ajuizar ação direta, como costuma ocorrer em diversos Estados.

(MPE/RJ/Promotor/2012) A Comissão Permanente de Assuntos Municipais e de Desenvolvimento Regional da ALERJ ajuíza Representação por Inconstitucionalidade, perante o Órgão Especial do TJRJ, alegando que determinada norma do Regimento Interno da Câmara de Vereadores de cidade integrante da região metropolitana viola os artigos 234, inciso III, e 236, da Constituição do Estado. O preceito impugnado na citada Representação por Inconstitucionalidade faculta ao Plenário da Câmara de Vereadores, por maioria simples de votos dos seus membros, a dispensa de realização de audiência pública em processos legislativos que tenham por objetivo adaptação dos planos urbanísticos às novas realidades da urbe. A Câmara de Vereadores, intimada para se manifestar sobre os termos da Representação, aduz, preliminarmente, que a referida comissão não deteria legitimidade para instaurar processo de controle concentrado de constitucionalidade, em razão do dever de simetria ao rol dos legitimados contido no artigo 103 da CF, razão pela qual o citado processo deveria ser extinto, sem julgamento de mérito, por ilegitimidade ativa. Quanto ao mérito, assentou que a norma do Regimento Interno da Câmara veicula matéria interna corporis, insuscetível de controle judicial, sob pena de violação ao princípio da separação de poderes. No mais, argumentou que as normas da Constituição do Estado, ao dispor sobre o processo legislativo dos Municípios, invadiram a esfera de competência própria dos entes municipais, o que implicaria na sua inconstitucionalidade, por violação ao artigo 18 da CF, devendo o Órgão Especial,

DIREITO PROCESSUAL CONSTITUCIONAL

de forma incidental, reconhecer a citada inconstitucionalidade. Alternativamente, pugnou por uma interpretação conforme a Constituição, para permitir que a Casa Legislativa de cada Município decida em cada caso concreto acerca da necessidade ou não de realização de audiência pública. A Procuradoria-Geral do Estado, intimada para se pronunciar na forma do artigo 162, § 3º, da Constituição do Estado, manifestou-se pela rejeição da preliminar processual, uma vez que a Constituição do Estado deteria competência para atribuir legitimidade ativa na Representação para outros órgãos, mesmo que não guardem relação com os legitimados da Ação Direta de Inconstitucionalidade. No mérito, aduziu que o Órgão Especial do Tribunal de Justiça, no âmbito do processo objetivo da Representação por Inconstitucionalidade, não pode realizar controle de constitucionalidade tendo como paradigma a Constituição Federal, pugnando pela declaração de inconstitucionalidade do preceito do Regimento Interno, com efeitos temporários ex nunc, uma vez que diversas licenças de construções já foram editadas com base em leis urbanísticas aprovadas sob o rito estabelecido no Regimento Interno, o que poderia causar lesão ao interesse público e ao direito de terceiros de boa-fé. O processo é, então, remetido ao Procurador-Geral de Justiça para manifestação. Elabore manifestação jurídica (dispensada a forma de parecer), abordando todos os aspectos suscitados.

Autor: Uriel Fonseca

Sugestão de resposta

A questão propõe uma análise sobre diversos assuntos envolvendo o tema controle de constitucionalidade no âmbito estadual, norteada pelas mais variadas alegações apresentadas pelos órgãos instados a se manifestar. É importante que o candidato associe a análise da normativa aplicável, dos ensinamentos doutrinários e das decisões paradigmáticas proferidas pelo Supremo Tribunal Federal sobre os temas, oferecendo, assim, ao examinador uma visão ampla do instituto em tela. Neste sentido, devem ser abordados e desenvolvidos os seguintes pontos:

a) Legitimidade ativa (v. ADI 558, Rel. Min. Sepúlveda Pertence, DJ 26.3.1993). A única regra da Constituição da República a esse respeito está contida no art. 125, § 2º, e veda, tão somente, que a atribuição de legitimação seja outorgada a um único órgão. Ainda assim, segundo a jurisprudência do Supremo Tribunal Federal, não poderia o ente federativo prever rol de legitimados inferior àquele contemplado, em âmbito federal, no art. 103 da Constituição da República, sendo este o único parâmetro de simetria estabelecido. Em outros termos, nada impede a ampliação da iniciativa a outros órgãos públicos ou entidades.

COLEÇÃO PREPARANDO PARA CONCURSOS

b) Possibilidade de controle de constitucionalidade sobre regimento interno de Casa Legislativa. A jurisprudência do STF tem admitido o controle judicial sobre normas de regimento interno de Casas Legislativas, ainda que, a rigor, constituam matéria interna corporis, sempre que tendentes a violar regra essencial do processo legislativo veiculado na Constituição da República (v. STF, MS 26441, DJe 18.12.2009). Por simetria, o mesmo se pode dizer em relação ao controle estadual, tomando por paradigma o processo legislativo disciplinado na Constituição do Estado.

c) Declaração de inconstitucionalidade incidental da norma paradigma frente a Constituição da República. Como qualquer juiz de primeiro grau, considerando-se que o modelo de controle de constitucionalidade, no Brasil, assume caráter misto, o Órgão Especial do Tribunal de Justiça não só pode, como deve exercer o controle incidental no caso, já que não pode aplicar norma que repute inconstitucional. Então, como questão prejudicial à análise do objeto da Representação de Inconstitucionalidade, o Órgão Especial avaliará, incidentalmente, a constitucionalidade da norma da Constituição Estadual frente à Constituição da República. A controvérsia, neste particular, é meramente processual, caso reconhecida a inconstitucionalidade da previsão da Constituição Estadual: se seria hipótese de improcedência ou de inadequação da ação, com extinção do processo sem julgamento do mérito neste último caso. Prevalece, em doutrina, o segundo entendimento apresentado, eis que a improcedência, no caso, traduziria um juízo de constitucionalidade em abstrato, em usurpação à competência do Supremo Tribunal Federal, único foro competente para controlar, em abstrato, a inconstitucionalidade de norma da Constituição estadual, por meio de ADIn.

d) Modulação dos efeitos da decisão no controle de constitucionalidade em âmbito estadual. Nada impede que, havendo relevante razão de direito, lastreada na tutela da segurança jurídica ou de interesse social, se modifiquem os efeitos temporais da decisão em sede de Representação de Inconstitucionalidade, tomada, por analogia, a regra do art. 27 da Lei n. 9.868/99. No caso específico do Rio de Janeiro, o Regimento Interno do Tribunal de Justiça, no seu art. 108, § 2º, contempla dispositivo análogo ao da citada lei federal.

e) Mérito. A Constituição Estadual, em seus arts. 234, inciso III, e 236, paradigmas da Representação de Inconstitucionalidade em questão, não estabelece a forma pela qual a sociedade civil participará da elaboração dos planos urbanísticos, pois, do contrário, invadiria a esfera de

DIREITO PROCESSUAL CONSTITUCIONAL

atribuição dos Municípios no planejamento local. Ao revés, apenas garante, de maneira genérica, a participação ativa das entidades representativas na ordenação municipal, razão pela qual, a priori, não há que se reconhecer, incidentalmente, qualquer inconstitucionalidade nas normas paradigmas. Quanto ao objeto do controle, também não se verifica qualquer vício, eis que não afasta, por completo, a participação democrática na elaboração da regulamentação urbanística do Município em referência. Cria, tão somente, mecanismo de dispensa da realização da audiência pública em casos excepcionais, sem que se estabeleça, vale dizer, qualquer vedação apriorística a outros métodos de integração popular no processo legislativo.

Comentário

Ainda que não se exija conhecimento aprofundado da legislação estadual, a questão revela ser necessário ter consigo, no momento da realização do exame, os principais diplomas normativos estaduais, notadamente a Constituição do Estado. Também é interessante pontuar que, muito embora os tópicos comentados devam constar da resposta do candidato, o acréscimo de considerações periféricas, que demonstrem o conhecimento acerca do controle de constitucionalidade em âmbito estadual, é fundamental à obtenção da pontuação integral. Trata-se de apresentar diferencial em relação aos demais candidatos, certamente levado em consideração pelo examinador. Com relação à análise do mérito da Representação de Inconstitucionalidade em questão, não há gabarito fechado, cabendo ao candidato a elaboração de resposta fundamentada, com argumentos lógicos e coerentes.

(PGM/CM/Rio_de_Janeiro/Procurador/2011) Em ação direta de inconstitucionalidade proposta pelo Prefeito, tendo por objeto lei municipal maculada pelo vício de iniciativa em matéria reservada à competência privativa da Chefia do Executivo, o Órgão Especial do Tribunal, por maioria, julga improcedente o pedido. (i) Qual(is) o(s) recurso(s) cabível(is) contra a referida decisão colegiada e o(s) respectivo(s) prazo(s) de interposição? (ii) Tem o Município legitimidade para recorrer da decisão em apreço? (iii) Em se tratando de ação de controle concentrado de constitucionalidade, cuja decisão de mérito produz efeito erga omnes, caberá desenvolver em capítulo próprio de eventual recurso extraordinário a repercussão geral da matéria envolvida? (iv) A decisão da Presidência do Tribunal de Justiça que inadmite recurso extraordinário contra o aludido acórdão de improcedência do pedido em apreço, com base em acórdão paradigma do

COLEÇÃO PREPARANDO PARA CONCURSOS

Supremo Tribunal Federal proferido em sede de repercussão geral, desafia recurso? Qual (ais)? (v) Cabe à Presidência do Tribunal de Justiça negar seguimento a recurso extraordinário sob o fundamento de inexistência de repercussão geral da matéria envolvida? Que meio(s) de impugnação tem a parte interessada contra essa eventual decisão presidencial?

Autor: Rodrigo Medeiros de Lima

Direcionamento da resposta

O candidato deve responder a questão em face da legislação processual e, sobretudo, da jurisprudência do STF, na medida em que as perguntas formuladas, em geral, encontram resposta em entendimentos firmados no âmbito daquele Tribunal.

Quanto aos recursos cabíveis na situação narrada, deve o candidato indicar os embargos de declaração, cabíveis de qualquer decisão judicial, e o recurso extraordinário, uma vez que a norma da Constituição Estadual cuja ofensa se alega constitui norma de reprodução obrigatória, por versar sobre a iniciativa legislativa privativa do chefe do Poder Executivo, conforme entendimento do STF.

Deve, ainda, indicar os prazos legais dos referidos recursos, nos termos dos arts. 508 e 536 do CPC-1973 (NCPC, art. 1.003, § 5º e art. 1.023).

Importante, ainda, mencionar que, nos termos da jurisprudência do STF, a prerrogativa de prazo em dobro da Fazenda Pública e do Ministério Público não tem aplicação em sede de processo objetivo.

O candidato deve igualmente responder, em conformidade com a jurisprudência do STF, que o Município não detém legitimidade recursal na hipótese, mas sim o seu Prefeito, por constar este, e não o Município, dentre os legitimados para a representação de constitucionalidade perante o Tribunal de Justiça do Estado do Rio de Janeiro, nos termos da Constituição daquele Estado.

O candidato deve apontar, também, a obrigatoriedade do desenvolvimento de capítulo próprio a respeito da repercussão geral da matéria envolvida, por se tratar de requisito formal de admissibilidade do recurso extraordinário, nos termos do art. 543-A, § 2º, do CPC-1973 (NCPC, art. 1.035, § 2º), conforme reconhecido pelo STF, que não o dispensa mesmo nas hipóteses em que a repercussão geral da matéria já haja sido reconhecida pela Corte ou seja presumida na forma do art. 543-A, § 3º, do CPC-1973 (NCPC, art. 1.035, § 3º).

Quanto a decisão da Presidência do Tribunal de Justiça que inadmita o recurso extraordinário com base em acórdão paradigma do STF proferido em sede de repercussão geral, deve o candidato apontar o agravo interno como único

DIREITO PROCESSUAL CONSTITUCIONAL

recurso cabível, por ser este o entendimento do STF, a respeito do qual convém discorrer um pouco mais.

Apesar de a questão perguntar apenas a respeito de possíveis recursos, convém mencionar também o descabimento da reclamação constitucional, conforme entendimento do STF.

Quanto à possibilidade de a Presidência do Tribunal de Justiça negar seguimento ao recurso extraordinário sob o fundamento de inexistência de repercussão geral, o candidato deve responder positivamente, ressalvando que tal decisão somente é possível caso já tenha o STF se pronunciado pela ausência de repercussão geral quanto à matéria envolvida, pois, do contrário, haverá usurpação da competência deste Tribunal, já que somente ao STF compete decidir a respeito da existência ou não de repercussão geral.

Caso a decisão da Presidência do Tribunal de Justiça tenha sido proferida validamente, ou seja, com base em decisão anterior do STF, deverá o candidato indicar que eventual impugnação restringir-se-á ao agravo interno, no âmbito do próprio Tribunal de Justiça.

Caso a decisão de inadmissibilidade seja, de fato, tomada em usurpação da competência do STF para pronunciar-se a respeito da existência ou não de repercussão geral, o recurso cabível será o agravo do art. 544 do CPC-1973 (NCPC, art. 1.042), com o objetivo de que dar seguimento ao recurso extraordinário.

Sugestão de resposta

Em face do acórdão do Tribunal de Justiça que julgou improcedente a representação de inconstitucionalidade, são cabíveis os embargos de declaração, cujo prazo legal é de 5 (cinco) dias (CPC-1973, art. 536; NCPC, art. 1.023), por se tratar de recurso cabível de qualquer decisão judicial, sempre que necessário o saneamento de omissão, contradição ou obscuridade.

Será cabível, igualmente, o recurso extraordinário, cujo prazo legal é de 15 (quinze) dias (CPC-1973, art. 536; NCPC, art. 1.003, § 5º), na medida em que a norma da Constituição Estadual cuja ofensa se alegou constitui norma de reprodução obrigatória, por tratar da iniciativa legislativa privativa do chefe do Poder Executivo, em relação ao que as Constituições Estaduais devem guardar simetria com o modelo constitucional federal, conforme entendimento do STF (*v. g.* STF, ADI 1440).

Assim, a ofensa a regra de iniciativa em âmbito estadual enseja, em tese, ofensa à regra de iniciativa prevista na Constituição Federal com a qual aquela guarda simetria, justificando o manejo do recurso extraordinário. O cabimento do recurso extraordinário em sede de decisão proferida em controle de constitucionalidade estadual, quando o paradigma invocado constitui norma de reprodução obrigatória, é pacífico na jurisprudência do STF (STF, Rcl 383).

Impõe-se consignar, ainda, que não haverá prazo em dobro para a Fazenda Pública e o Ministério Público, pois, conforme entendimento do STF, não há prazo em dobro no processo objetivo de controle de constitucionalidade, na medida em que a prerrogativa inscrita no art. 188 do CPC-1973 (NCPC, art. 183) tem incidência restrita aos processos subjetivos (STF, ADI 2.130-AgR).

O Município não tem legitimidade para recorrer da decisão, conforme jurisprudência do STF, mas sim o seu Prefeito, por ser este o legitimado para a ação de controle concentrado em âmbito estadual, nos termos do art. 162 da Constituição do Estado do Rio de Janeiro, e, por consequência, legitimado também para os recursos pertinentes, inclusive o recurso extraordinário (STF, RE 831936 AgR).

Ainda que se trate de processo objetivo de controle de constitucionalidade estadual, onde tanto a decisão recorrida quanto eventual decisão substitutiva do STF têm eficácia *erga omnes*, ainda assim se impõe a demonstração, em capítulo autônomo, da repercussão geral da matéria, conforme exigência contida no art. 543-A, § 2º, do CPC-1973 (NCPC, art. 1.035, § 2º) e no Regimento Interno do STF (RISTF, art. 327), a qual não é afastada nem mesmo nas hipóteses em que a repercussão geral da matéria já tenha sido reconhecida pelo STF ou seja presumida na forma do art. 543-A, § 3º, do CPC-1973 (NCPC, art. 1.035, § 3º) (STF, ARE 896313 AgR).

Da decisão do Presidente do Tribunal de Justiça que venha a inadmitir o referido recurso extraordinário (julgá-lo prejudicado, nos termos do art. 543-B, § 3º, do CPC/73 – NCPC, art. 1.039 e art. 1.040, I), em vista da adequação do acórdão impugnado a entendimento firmado pelo STF em sede de repercussão geral, cabe, apenas, o agravo interno ou regimental, no âmbito do próprio Tribunal de Justiça, conforme jurisprudência do STF (STF, Rcl 7547).

A legislação processual pertinente à sistemática da repercussão geral somente prevê a jurisdição do STF em caso de manutenção, pelo Tribunal de origem, de decisão contrária ao entendimento firmado em sede de repercussão geral, nos termos do art. 543-B, § 4º, do CPC/73 (NCPC, art. 1.041).

Assim, caso as partes entendam equivocada a aplicação ao caso, pelo Tribunal de origem, da orientação firmada em sede de repercussão geral, lhes será possível, tão somente, o manejo de agravo interno, no âmbito do próprio Tribunal de origem.

O mesmo ocorre caso a Presidência do Tribunal de Justiça negue seguimento ao recurso extraordinário sob o fundamento da inexistência de repercussão geral da matéria envolvida, desde que tal inexistência tenha sido estabelecida pelo STF, já que ao Tribunal de origem não é dado decidir a respeito da existência ou não de repercussão geral.

DIREITO PROCESSUAL CONSTITUCIONAL

Caso a Presidência do Tribunal de origem tenha concluído por si pela inexistência de repercussão geral para negar seguimento ao recurso extraordinário, sem que haja decisão do STF em tal sentido, estará configurada a indevida inadmissão do recurso extraordinário na origem, sendo cabível, da decisão de inadmissibilidade, o recurso de agravo do art. 544 do CPC-1973 (NCPC, art. 1.042).

Apesar de estar presente, na hipótese, usurpação de competência do STF, a quem cabe decidir sobre a existência ou não de repercussão geral, em princípio, não será o caso do ajuizamento de reclamação constitucional, ante a existência de recurso próprio, sendo entendimento do STF que a reclamação constitucional não pode ser utilizada como sucedâneo de recurso.

(UEG/ALE/GO/Procurador/2006) Considere a seguinte hipótese: uma lei estadual goiana contraria disposições da Constituição do Estado de Goiás, as quais seguiram o modelo traçado na Constituição Federal e estabeleceram a composição e a forma de provimento dos cargos de Conselheiro do Tribunal de Contas do Estado. Responda, analisando essa hipótese, a qual ou a quais controles concentrados de constitucionalidade essa lei estadual está sujeita, segundo a recente jurisprudência do Supremo Tribunal Federal. Explique.

Autor: **Rodrigo Medeiros de Lima**

Direcionamento da resposta

O candidato deve apontar que a lei estadual em questão está sujeita aos controles concentrados de constitucionalidade estadual e federal, fazendo referência à jurisprudência do STF pelo cabimento do controle estadual, mesmo que a norma estadual ofendida apenas repita norma da Constituição Federal de reprodução obrigatória.

Convém mencionar, ainda, o entendimento do STF a respeito das consequências do ajuizamento simultâneo das ações de controle concentrado nos âmbitos estadual e federal, ainda que tal aspecto não tenha sido requerido pelo enunciado, a fim de demonstrar um entendimento mais abrangente sobre a matéria (STF, Rcl 425).

Sugestão de resposta

É ponto pacífico na jurisprudência do STF, que lei estadual que contrarie norma estadual de reprodução obrigatória e, por conseguinte, o correspondente preceito da Constituição Federal, é passível de controle concentrado de constitucionalidade estadual, perante o Tribunal de Justiça, tendo como parâmetro de controle a norma da Constituição Estadual de reprodução obrigatória, mas também se sujeita ao controle concentrado de constitucionalidade federal, perante o STF, tendo como parâmetro a norma da Constituição Federal reproduzida.

Não há que se falar na hipótese de usurpação da competência de controle concentrado do STF, por parte do Tribunal de Justiça, por se valer de norma estadual que se limita a reproduzir norma da Constituição Federal, em se tratando de norma de reprodução obrigatória (STF, RE 840423 AgR).

O cabimento do controle concentrado de constitucionalidade estadual, por sua vez, não impede o controle de constitucionalidade federal, podendo se cogitar, inclusive, da provocação concomitante de ambas as esferas de controle, hipótese em que se dará a suspensão da representação de inconstitucionalidade no âmbito estadual, ao aguardo da decisão final do STF, já que "a interpretação pelo STF da norma constitucional federal reproduzida na carta estadual vincula 'erga omnes'", podendo, inclusive, resultar prejudicada a representação de inconstitucionalidade no âmbito do Tribunal de Justiça, caso venha a ser reconhecida a inconstitucionalidade da norma pelo STF (STF, Rcl 425).

Por outro lado, se, na hipótese acima, o STF julgar improcedente a arguição de inconstitucionalidade, concluindo pela ausência de ofensa à norma constitucional federal reproduzida na Constituição Estadual, ao Tribunal de Justiça restará, apenas, conhecer da representação de inconstitucionalidade em face de possível ofensa a outras normas da Constituição Estadual que não aquela de reprodução obrigatória, pois a respeito desta última, haverá pronunciamento do STF dotado de eficácia *erga omnes* e efeito vinculante, ao qual se vincula a Corte Estadual de Justiça (STF, Rcl 425).

1.2. Controle Difuso de Constitucionalidade

(Vunesp/TJ/SP/Juiz/2014) *Considere o disposto no art. 475-L, inciso II e parágrafo 1º do CPC e responda: (I) Para que seja possível sua aplicação, é necessário que a decisão do STF, a que alude o parágrafo 1º, tenha sido proferida em controle concentrado ou o referido dispositivo logra obter aplicação também no caso de a decisão do STF ter sido proferida em sede de controle difuso de constitucionalidade? No caso de se responder que o dispositivo é aplicável em caso de controle difuso, pergunta-se: (II) É preciso que tenha sido editada Resolução do Senado nos termos do art. 52, inciso X, da CF/88? (III) É cabível a aplicação do dispositivo, se a decisão do STF, a que alude o parágrafo primeiro do art. 475, L, do CPC, for posterior ao trânsito em julgado da decisão exequenda?*

Autor: Davi Márcio Prado Silva

DIREITO PROCESSUAL CONSTITUCIONAL

Direcionamento da resposta

O candidato deve observar o artigo correspondente no Novo Código de Processo Civil, analisando a eficácia da decisão proferida em sede de controle difuso de constitucionalidade e formas possíveis de ampliação destes efeitos, considerando os aspectos da coisa julgada inconstitucional.

Sugestão de resposta

I – O dispositivo em referência versa sobre uma das matérias passíveis de serem alegadas em impugnação ao cumprimento definitiva de sentença que reconhece a exigibilidade da obrigação de pagar quantia certa. O artigo mencionado no enunciado atualmente corresponde ao art. 525, § 12, do Novo Código de Processo Civil, cuja redação expressamente admite sua incidência quando reconhecida a inconstitucionalidade de lei ou ato normativo, tanto no controle concentrado, por via de ação direta, quanto por meio do controle difuso, por via de exceção.

II – No caso do reconhecimento da inconstitucionalidade ter ocorrido em controle difuso, a Resolução do Senado é necessária para que a decisão ganhe efeitos "erga omnes", e possa ser oposta ao credor-exequente que não fez parte da ação inicial onde se declarou a inconstitucionalidade no caso concreto. O STJ (REsp 1103584) tem firmado orientação de que a declaração de inconstitucionalidade afeta os efeitos da sentença a partir da Resolução do Senado que suspende a execução da lei, universalizando a eficácia do acórdão do STF.

III – Tem se entendido que para que a sentença, cujo cumprimento se objetiva, possa ser considerada inexigível, é preciso que o reconhecimento da inconstitucionalidade seja anterior ao trânsito em julgado desta. Nessa hipótese, como a lei inconstitucional é irremediavelmente nula, também a sentença formalmente transitada em julgado não tem força para se manter, quando proferida com violação à Constituição Federal. Se a declaração de inconstitucionalidade for posterior ao trânsito em julgado da sentença, caberá ação rescisória, a contar do trânsito em julgado da decisão proferida em sede de controle de constitucionalidade. No entanto, há necessidade de que o reconhecimento da inconstitucionalidade tenha sido feito por meio de controle abstrato ou, sendo difuso, tenha sido editada Resolução do Senado, nos termos do art. 52, X, da Constituição Federal ou, ainda, Súmula vinculante pelo Supremo Tribunal Federal, para que a decisão tenha sido dotada de eficácia *erga omnes* e possa ser oposta ao credor--exequente que não tenha feito parte da ação em que se reconheceu a inconstitucionalidade.

COLEÇÃO PREPARANDO PARA CONCURSOS

(ESPP/Desenbahia/Advogado/2014) *O que se entende por controle difuso de constitucionalidade? Quais os efeitos da decisão proferida através do controle difuso?*

Autor: Leonardo Gil Douek

Direcionamento da resposta

– "Do ponto de vista subjetivo ou orgânico, o controle judicial de constitucionalidade poderá ser, em primeiro lugar, difuso. Diz-se que o controle é difuso quando se permite a todo e qualquer juiz ou tribunal o reconhecimento da inconstitucionalidade de uma norma e, consequentemente, sua não aplicação ao caso concreto levado ao conhecimento da corte. A origem do controle difuso é a mesma do controle judicial em geral: o caso *Marbury vs. Madison*, julgado pela Suprema Corte Americana, em 1803" (Luís Roberto Barroso, *in* Controle de constitucionalidade no direito brasileiro).

Sugestão de resposta

O controle difuso, diferentemente do concentrado, pode ser realizado por qualquer juiz ou tribunal, integrantes do Poder Judiciário. Em regra, somente órgãos do Poder Judiciário podem declarar a nulidade de determinada legislação ou ato normativo, diante da violação de preceitos constitucionais, pois tribunais administrativos não possuem tal prerrogativa, restringindo-se à verificação dos atos impugnados sob o prisma da legalidade e da própria regulamentação normativa do respectivo órgão.

No controle difuso, necessariamente a análise se dará no âmbito de um caso concreto, em que a avaliação judicial ocorrerá de forma incidental, de maneira prejudicial ao exame do mérito.

Como exemplo, em matéria tributária, o autor/contribuinte pede anulação de débito tributário por entender que a lei que instituiu determinado tributo seria inconstitucional, ou seja, tal questão é a causa de pedir processual.

Quanto aos efeitos, no controle difuso, em regra, estes se verificam apenas entre as partes que litigam no processo, bem como os efeitos da sentença são *ex tunc*.

Há que se ressaltar, no entanto, que o STF já se manifestou no sentido de que a decisão somente deveria produzir efeitos *ex nunc* ou *pro futuro*, como no caso em que o Excelso Pretório entendeu que a decisão relativa à redução de vereadores no Município de Mira Estrela somente deveria produzir efeitos para a legislatura seguinte (RE 197917). Vale ressaltar que essa manipulação de efeitos é uma medida excepcional.

Importante lembrar, também, que o art. 52, X, da Constituição Federal, previu um mecanismo para dar eficácia *erga omnes* a uma decisão judicial do STF, transitada em julgado, por meio de controle difuso, pois o Senado Federal poderá editar resolução para suspender a execução, no todo ou em parte, de lei declarada inconstitucional por decisão definitiva do STF.

Ocorre que cada vez mais vem ganhando espaço a tese sobre a abstrativização (ou objetivação) do controle difuso, segundo a qual a suspensão de execução da lei pelo Senado Federal possui um simples efeito de publicidade, restando superado o sistema idealizado pelo constituinte para o art. 52, X, da Lei Maior. Assim, sob o argumento de mutação constitucional, a decisão do STF no controle difuso é suficiente para suspender a execução de lei declarada inconstitucional. O grande idealizador e defensor da abstrativização do controle difuso no STF é o Min. Gilmar Mendes.

(Quadrix/EBC/Advogado/2013) Disserte a respeito do controle de constitucionalidade e defina: controle concentrado (espécies e objeto); controle difuso (efeitos genéricos da decisão); cláusula de reserva de plenário.

Autor: Leonardo Gil Douek

Direcionamento da resposta

– Vide arts. 103, CF/88.

– Vide Lei n. 9.868/99.

– Vide Lei n. 9.882/99.

– "O Ordenamento jurídico é um sistema. Um sistema pressupõe ordem e unidade, devendo suas partes conviver de maneira harmoniosa. A quebra dessa harmonia deverá deflagrar mecanismos de correção destinados a restabelecê-la. O controle de constitucionalidade é um desses mecanismos, provavelmente o mais importante, consistindo na verificação da compatibilidade entre uma lei ou qualquer ato normativo infraconstitucional e a Constituição. Caracterizado o contraste, o sistema provê um conjunto de medidas que visam a sua superação, restaurando a unidade ameaçada. A declaração de inconstitucionalidade consiste no reconhecimento da invalidade de uma norma e tem por fim paralisar sua eficácia" (Luís Roberto Barroso, *in* Controle de constitucionalidade no direito brasileiro).

COLEÇÃO PREPARANDO PARA CONCURSOS

Sugestão de resposta

O controle de constitucionalidade foi concebido para que a ordem constitucional prevaleça em detrimento de atos emanados por qualquer membro integrante dos três Poderes da República.

Significa dizer que atos que não estejam em conformidade com a ordem constitucional devem ser considerados nulos pelo Poder Judiciário, que não pode ser complacente com alguma violação ao diploma legal hierarquicamente superior às demais normas vigentes no ordenamento jurídico pátrio.

No que se refere à natureza do órgão judicial que exerce o controle de constitucionalidade, duas são as modalidades: o controle concentrado e o difuso, conforme se demonstrará.

O controle concentrado é aquele exercido por um único órgão jurisdicional, ou por uma quantidade limitada, em que o caso concreto julgado vincula os demais órgãos, produzindo assim efeitos *erga omnes*.

No Sistema Jurídico brasileiro, há previsão de 5 espécies processuais de controle concentrado, com o objetivo de salvaguardar a ordem constitucional:

a) ação direta de inconstitucionalidade – ADI, prevista no art. 102, I, a, da Constituição Federal.

b) arguição de descumprimento de preceito fundamental – ADPF, prevista no art. 102, § 1º, da Constituição Federal.

c) ação direta de inconstitucionalidade por omissão, prevista no art. 103, § 2º, da Constituição Federal.

d) ADI interventiva, prevista no art. 36, III, c/c art. 34, VII, da Constituição Federal; e

e) ação declaratória de constitucionalidade – ADC, prevista no art. 102, I, a, da Constituição Federal.

Já o controle difuso é aquele em que qualquer juízo ou tribunal, integrante do Poder Judiciário, pode analisar o pedido de declaração de inconstitucionalidade, de maneira incidental e diante de um caso concreto, sendo tal alegação a causa de pedir e o pedido principal será a declaração de nulidade de algum ato emanado pelo Poder Público, por exemplo. Em outras palavras, o pedido principal não será a declaração de determinada norma como inconstitucional, mas sim que o Poder Público aja ou deixe de agir de determinada maneira.

DIREITO PROCESSUAL CONSTITUCIONAL

Em regra, o controle difuso produz efeitos *inter partes* e *ex tunc*, ou seja, a decisão não surte efeitos contra terceiros e retroage de maneira a deixar claro que o ato tido como inconstitucional jamais deveria ter surtido efeitos concretos.

Há que se ressaltar, no entanto, que o STF já se manifestou no sentido de que a decisão pode produzir efeitos *ex nunc* ou *pro futuro*, como no caso em que o Excelso Pretório entendeu que a decisão relativa à redução de vereadores no Município de Mira Estrela somente deveria produzir efeitos para a legislatura seguinte (RE 197917). Vale ressaltar que essa manipulação de efeitos é uma medida excepcional.

Importante lembrar, também, que o art. 52, X, da Constituição Federal, previu um mecanismo para dar eficácia *erga omnes* a uma decisão judicial do STF, transitada em julgado, por meio de controle difuso, pois o Senado Federal poderá editar resolução para suspender a execução, no todo ou em parte, de lei declarada inconstitucional por decisão definitiva do STF. Ocorre que cada vez mais vem ganhando espaço a tese sobre a abstrativização (ou objetivação) do controle difuso, segundo a qual a suspensão de execução da lei pelo Senado Federal possui um simples efeito de publicidade, restando superado o sistema idealizado pelo constituinte para o art. 52, X, da Lei Maior. Assim, sob o argumento de mutação constitucional, a decisão do STF no controle difuso é suficiente para suspender a execução de lei declarada inconstitucional. O grande idealizador e defensor da abstrativização do controle difuso no STF é o Min. Gilmar Mendes.

Por fim, a cláusula de reserva de plenário é aquela prevista no art. 97, da Constituição Federal, em que se estabelece que as leis ou atos normativos emanados pelo Poder Público somente poderão ter a sua inconstitucionalidade declarada pelos Tribunais pelo voto da maioria absoluta de seus membros ou dos membros do respectivo órgão especial, tendo a Súmula Vinculante n. 10/STF afirmado ser a cláusula de reserva de plenário uma condição de eficácia jurídica da declaração de inconstitucionalidade dos atos do Poder Público.

(Cesgranrio/BNDES/Advogado/2013) Um juiz de direito, ao julgar procedente uma ação ordinária ajuizada pela empresa AA & BB contra a empresa CC & DD, declarou, "incidenter tantum", a inconstitucionalidade da lei estadual X, que, todavia, não havia sido suscitada pelas partes, nem pelo representante do Ministério Público. A empresa CC & DD interpôs recurso contra a sentença, sustentando a constitucionalidade da lei e alegando, ainda, que (i) o juiz

COLEÇÃO PREPARANDO PARA CONCURSOS

não poderia ter declarado a inconstitucionalidade de ofício e que, ainda que fosse possível, (ii) não poderia ter declarado a inconstitucionalidade daquela lei X, porque o STF já havia reconhecido a constitucionalidade de lei de conteúdo idêntico, embora de outro Estado. Em segunda instância, a 1ª Câmara Cível do Tribunal de Justiça, em cumprimento à regra do art. 97, CF/88, encaminhou a questão constitucional ao órgão especial, que, por maioria (absoluta), decidiu pela inconstitucionalidade da lei X. Em relação ao caso apresentado, explique se: (i) o juiz poderia ter declarado de ofício a inconstitucionalidade de uma lei. (ii) o juiz poderia ter declarado a inconstitucionalidade da lei X, considerando-se a jurisprudência do STF informada pela empresa ré. (iii) o órgão fracionário deveria ter levado a questão ao órgão especial. (iv) cabe opor embargos infringentes da decisão do órgão especial. (iv) cabe interpor Recurso Extraordinário da decisão do órgão especial.

Autor: Leonardo Gil Douek

Direcionamento da resposta

– Vide STJ, AI 145589-AgR: "Não se contesta que, no sistema difuso de controle de constitucionalidade, o STJ, a exemplo de todos os demais órgãos jurisdicionais de qualquer instância, tenha o poder de declarar incidentemente a inconstitucionalidade da lei, mesmo de oficio; o que não e dado aquela Corte, em recurso especial, e rever a decisão da mesma questão constitucional do tribunal inferior; se o faz, de duas uma: ou usurpa a competência do STF, se interposto paralelamente o extraordinário ou, caso contrário, ressuscita matéria preclusa".

– Vide Súmula 293 do STF: "São inadmissíveis embargos infringentes contra decisão em matéria constitucional submetida ao plenário dos tribunais".

– Vide Súmula 513 do STF: "A decisão que enseja o recurso ordinário ou extraordinário não é a do plenário, que resolve o incidente de inconstitucionalidade, mas a do órgão (câmaras, grupos ou turma) que completa o julgamento do feito".

Sugestão de resposta

(i) O entendimento do Supremo Tribunal Federal é o de que é possível declaração de inconstitucionalidade *incidenter tantum*, de ofício, desde que tal questão seja preponderante para o deslinde da matéria controvertida.

DIREITO PROCESSUAL CONSTITUCIONAL

(ii) Primeiramente, não há informação suficiente em relação à modalidade de controle de constitucionalidade eventualmente exercido pelo Supremo Tribunal Federal, seja ele difuso ou concentrado. Contudo, ainda que a decisão mencionada pela empresa ré tivesse sido julgada mediante controle concentrado, em que há eficácia *erga omnes*, não teria o condão de impedir a declaração de inconstitucionalidade da lei X, uma vez que a norma que teria sido declarada constitucional é de outro Estado da Federação, ou seja, não se trata da mesma norma constante dos autos. Logo, como o Supremo Tribunal Federal já não utiliza mais a teoria dos princípios determinantes, não há óbice para que a lei x seja declarada inconstitucional.

(iii) Correto, pois a cláusula de reserva de plenário, prevista no art. 97, da Constituição Federal, estabelece que as leis ou atos normativos emanados pelo Poder Público somente poderão ter a sua inconstitucionalidade declarada pelos Tribunais pelo voto da maioria absoluta de seus membros ou dos membros do respectivo órgão especial, tendo a Súmula Vinculante n. 10/STF afirmado ser a cláusula de reserva de plenário uma condição de eficácia jurídica da declaração de inconstitucionalidade dos atos do Poder Público.

(iv) Não cabem embargos infringentes contra decisão de plenário ou órgão especial, quando tratam exclusivamente de matéria constitucional, em consonância com a Súmula 293, do Supremo Tribunal Federal. O único recurso cabível à espécie seriam os embargos de declaração.

(v) Não cabe Recurso Extraordinário contra decisão de órgão especial, com fundamento na Súmula 513 do STF. O Recurso Extraordinário somente é cabível contra a decisão do órgão fracionário que julga o mérito propriamente dito, ou seja, o caso concreto discutido nos autos e não a questão incidental que é a matéria constitucional julgada pelo órgão especial.

(UEG/PC/GO/Delegado/2013) O art. 52, X, da Constituição Federal, dispõe que compete privativamente ao Senado Federal suspender a execução no todo ou em parte de lei declarada inconstitucional por decisão definitiva do Supremo Tribunal Federal. Assim, em que forma de controle se exerce a atribuição de controle de constitucionalidade do Senado e qual o alcance dos efeitos da decisão do STF neste caso? Tem o Senado discricionariedade no cumprimento do disposto no art. 52, X, da Constituição Federal, segundo entendimento doutrinário e jurisprudencial?

Autor: Carlos Afonso Gonçalves da Silva

COLEÇÃO PREPARANDO PARA CONCURSOS

Direcionamento da resposta

Esta questão aborda as formas de controle de constitucionalidade de leis e atos normativos. A exemplo da questão anterior, temos que o controle judicial da constitucionalidade pode ser efetivado de duas maneiras: por via de exceção ou defesa, por qualquer juiz ou tribunal, diante da questão prejudicial (arguição de inconstitucionalidade incidental), pode haver controle de constitucionalidade; e por via de ação no chamado controle concentrado: só o Supremo Tribunal Federal pode fazer o controle de constitucionalidade.

Proferida a decisão no controle difuso, os efeitos da declaração de inconstitucionalidade acompanham os da coisa julgada e operam-se imediatamente *inter pars* e seus efeitos retroagem *ex tunc*. A situação não se altera quando o controle incidental for realizado pelo Supremo, que pode fazê-lo no julgamento de recursos ou nas ações de sua competência originária.

Se houver reconhecimento da inconstitucionalidade, deve o STF comunicar o teor da decisão do Senado Federal, que poderá, em prol da segurança jurídica e da diminuição das controvérsias submetidas ao Poder Judiciário, suspender, no todo ou em parte, a eficácia de lei ou ato normativo. E poderá fazê-lo diante de leis federais, estaduais ou municipais.

Não se trata de revogação da lei, mas de retirada de sua aplicabilidade, suspende a execução da lei tida por inconstitucional. É preciso lembrar que o Senado não está obrigado a suspender a aplicabilidade da norma: isto lhe é facultativo. Se decidir pela suspensão, estará vinculado aos termos da declaração da inconstitucionalidade: os limites da suspensão podem ser mais restritos do que os da decisão do STF, mas não pode ir além desta.

Sugestão de resposta

O Senado da República, em sede de controle de constitucionalidade das leis é o representante do Poder Legislativo que, recebendo a notificação do Supremo Tribunal Federal de que uma lei federal fora julgada inconstitucional, no controle difuso, poderá editar Resolução para suspender, no todo ou em parte lei declarada inconstitucional. O Senado da República poderá restringir os limites da inconstitucionalidade apontada, porém, não poderá ir além dos limites fixados na inconstitucionalidade pelo STF.

Como Poder independente, o Senado não está obrigado a suspender a aplicabilidade da norma.

A questão não é pacífica na doutrina. Entendem que a decisão do STF obriga o Senado: Manoel Gonçalves Ferreira Filho, Lúcio Bittencourt e José Afonso

DIREITO PROCESSUAL CONSTITUCIONAL

da Silva. Entendem pela discricionariedade: Michel Temer, Luiz Alberto David Araújo e Paulo Napoleão Nogueira da Silva. A manifestação jurisprudencial mais emblemática sobre o assunto é de 1966 quando do julgamento do MS 16519, oportunidade em que, por maioria, decidiu que o ato do Senado não é um ato legislativo, mas sim vinculado.

(Funcab/PC/RJ/Delegado/2012) "O controle de constitucionalidade configura-se, portanto, como garantia de supremacia dos direitos e garantias fundamentais previstos na constituição que, além de configurarem limites ao poder do Estado, são também uma parte da legitimação do próprio Estado, determinando seus deveres e tornando possível o processo democrático em um Estado de Direito". (i) O que se entende pela modulação temporal dos efeitos no controle de constitucionalidade? (ii) Qual o posicionamento do STF sobre a possibilidade de sua aplicação no âmbito do controle difuso?

Autor: Carlos Afonso Gonçalves da Silva

Direcionamento da resposta

Novamente estamos diante de uma questão de controle de constitucionalidade que aborda a modulação temporal dos efeitos das decisões do Supremo Tribunal Federal.

O tema em questão teve nascimento no sistema jurisdicional brasileiro em 1999 com a edição da Lei 9.868/99 que, em seu artigo 27, propugnou, tendo em vista razões de segurança jurídica ou de excepcional interesse social que a eficácia da decisão somente se opere depois do trânsito em julgado ou de outro momento que venha a ser fixado pelo próprio STF.

Como a legislação mencionada refere-se ao controle concentrado por parte do STF, foi apenas em 2007 que, em uma decisão do Ministro Ricardo Lewandowsky em sede de Recurso Extraordinário, entendeu possível, também, a modulação temporal da decisão de controle de constitucionalidade em sede de controle difuso.

Sugestão de resposta

Por modulação temporal entende-se a possibilidade de se postergar a eficácia dos efeitos da declaração de inconstitucionalidade a partir de seu trânsito em julgado ou outro momento que venha a ser fixado pelo Supremo Tribunal Federal.

COLEÇÃO PREPARANDO PARA CONCURSOS

A Corte Suprem vem entendendo, desde 2007 que a modulação temporal criada originariamente pela Lei 9.868/99 para ser aplicada no controle concentrado de constitucionalidade, também seja viável no controle difuso, em sede de recurso extraordinário, desde que seu fundamento também guarde correspondência com questões de segurança jurídica ou de excepcional interesse social, nos termos do artigo 27 de mencionado dispositivo legal.

(Cespe/TRF/5R/Juiz/2011) Discorra sobre o fenômeno da objetivação, objetivização ou abstrativização do controle difuso de constitucionalidade pelo Supremo Tribunal Federal. Em seu texto, explicite o conceito desse fenômeno, apresente exemplos, analise as relações do fenômeno com outras modalidades de controle constitucional e com procedimentos decisórios vinculativos, como a súmula vinculante e a repercussão geral, e enfoque, ao final, as consequências de todas essas novidades para a aplicação jurisdicional da Constituição Federal.

Autor: Jorge Ferraz de Oliveira Júnior

Direcionamento da resposta

Os seguintes temas devem ser abordados: (1) comparativo entre os sistemas difuso-concreto e concentrado-abstrato de controle de constitucionalidade; (2) modos de garantia da racionalidade (uniformidade das decisões) nos sistemas do *civil law* e do *common law*; (3) conceituação de abstrativização, objetivação e objetivização do controle difuso de constitucionalidade; (4) a suspensão de eficácia pelo Senado Federal; (5) a súmula vinculante; (6) a repercussão geral; e (7) a teoria da transcendência dos motivos determinantes. Caso a questão fosse cobrada na atualidade, recomenda-se relacionar tais fenômenos com importantes alterações introduzidas pelo novo CPC, no que concerne à obrigatoriedade dos precedentes e hipóteses de cabimento de reclamação para o STF.

Proposta de resposta

1) Breves linhas sobre os sistemas difuso-concreto e concentrado-abstrato de controle de constitucionalidade

O modelo de controle de constitucionalidade no Brasil pode ser considerado como misto, mesclando os sistemas concentrado-abstrato e difuso-concreto.

A dicotomia concentrado/difuso se refere à quantidade de órgãos que podem exercer o controle de constitucionalidade de leis, invalidando diplomas

74

DIREITO PROCESSUAL CONSTITUCIONAL

normativos promulgados pelo parlamento. Se o controle é realizado por um único órgão (e. g., uma Corte Constitucional), diz-se concentrado. Se realizado por mais de um órgão o sistema é difuso.

O controle de constitucionalidade em abstrato, por sua vez, é realizado por intermédio de ação cujo pedido principal é a própria declaração de inconstitucionalidade (ou de constitucionalidade) de determinada lei. O controle de constitucionalidade em concreto não tem por objeto precípuo a declaração de inconstitucionalidade de determinado ato normativo, mas sim a resolução de casos concretos. A declaração de inconstitucionalidade da lei ocorre incidentalmente, na fundamentação do julgado.

O sistema abstrato aproxima-se e praticamente confunde-se com o concentrado, visto que, nos sistemas mais conhecidos de controle de constitucionalidade, o controle abstrato é exercido por um único órgão. O controle difuso, por sua vez, é realizado sempre concretamente; os órgãos do Poder Judiciário que exercem o controle difuso julgam casos concretos, não apreciando pedidos de declaração de inconstitucionalidade de lei em tese.

Os Estados Unidos adotam o sistema difuso-concreto, o qual foi introduzido pela primeira vez no Brasil pela Constituição de 1891, em decorrência da grande influência de Ruy Barbosa, entusiasta do sistema norte-americano. O sistema concentrado-abstrato era defendido por Hans Kelsen, sendo a Áustria o primeiro país a consagrá-lo expressamente em sua Constituição; razão pela qual o sistema concentrado-abstrato é denominado também de "sistema austríaco".

O Brasil, como já dito, adota em sua atual Constituição o sistema misto. Todos os órgãos do Poder Judiciário (à exceção de alguns órgãos fracionários dos Tribunais) podem declarar a inconstitucionalidade de leis. Todavia, reserva-se a competência do Supremo Tribunal Federal para julgamento de determinadas ações, que têm por objeto a apreciação de constitucionalidade de atos normativos em tese (caráter abstrato), quando o parâmetro de controle é a Constituição Federal.

O sistema difuso-concreto tem como principal característica a eficácia apenas *intra* partes; ou seja: a declaração de inconstitucionalidade de lei atinge apenas aqueles que compuseram os pólos da ação. O sistema abstrato-concentrado, por sua vez, tem eficácia *erga omnes*; vale dizer: a decisão que declarou a inconstitucionalidade de lei vale para todos, ainda que não tenham integrado a ação.

Em ambos os sistemas, via de regra, a eficácia temporal da decisão é *ex tunc*; ou seja: retroage para a data de surgimento da norma. Todavia, no Brasil, por expressa previsão legal, admitem-se efeitos *ex nunc* (sobretudo para o caso

75

da decisão liminar nas ações de controle abstrato) e prospectivos – para o futuro – no controle de constitucionalidade concentrado.

Antes do advento do novo CPC, por construção jurisprudencial, admitia-se a modulação de efeitos no controle difuso. Com o novo CPC, a modulação de efeitos no controle difuso passou a ter previsão expressa (cf. artigos 525, § 13°, 535, § 6°, e 927, § 3°, da CF).

2) Os modos de garantia de racionalidade das decisões em cada sistema

Entende-se por racionalidade o modo pelo qual cada sistema evita decisões conflitantes e inibe o prosseguimento de ações ajuizadas contra entendimento firmado pela Corte Suprema.

No modelo concentrado-abstrato, a racionalidade é obtida pela parte dispositiva da decisão. Se declarada a inconstitucionalidade de uma lei, ganha ela o *status* de nula, sendo expurgada do sistema. Segundo tradicional doutrina, a declaração de inconstitucionalidade de lei atinge apenas a norma declarada inconstitucional, não havendo vinculação da declaração de inconstitucionalidade para dispositivos de mesmo teor, previstos em outros diplomas normativos. A obrigatoriedade se refere apenas à parte dispositiva da decisão.

Por sua vez, a racionalidade do sistema concreto-difuso do direito norte-americano é alcançada pelo *stare decisis* e pela transcendência dos motivos determinantes da decisão, ou *ratio decidendi*.

O *stare decisis*, redução da expressão latina *stare decisis et non quieta movere* ("está decidido e não mova aquilo que está quieto"), se refere à obrigatoriedade dos precedentes das cortes superiores. *Stare decisis* em sua acepção vertical é também chamado de *binding effect*, o qual se refere à vinculação das cortes inferiores aos precedentes das cortes superiores. Em sua acepção horizontal, *stare decisis* se refere à obrigatoriedade do precedente no âmbito da mesma corte. Quando um precedente é superado, no âmbito da mesma Corte, ocorre aquilo que, no direito norte-americano, é chamado de *overruling*.

A *ratio decidendi* é a parte da fundamentação que foi determinante para que o Supremo Tribunal adotasse determinada decisão no caso concreto. Nem todo argumento da Suprema Corte é uma *ratio decidendi*, podendo ser, na verdade, um *obiter dictum*, ou argumento dito de passagem, sem caráter vinculativo. A *ratio decidendi* é aquele motivo determinante que, por força do efeito vinculante, transcende do caso concreto analisado.

A diferença de importâncias atribuídas à parte dispositiva da decisão ou à fundamentação, em um e outro sistema, é exatamente a característica mais marcante entre os sistemas de tradição romano-germância (*civil law*) e os países que adotam o sistema do *common law*. No primeiro modelo, a lei é fonte primária do direito, de maneira que, enquanto não expungida do sistema, possui presunção de legitimidade e de constitucionalidade. No sistema de *common law*, por sua vez, a jurisprudência é a principal fonte do direito; razão pela qual a motivação de determinada declaração de inconstitucionalidade transcende o processo subjetivo *inter partes* e pode alcançar diplomas normativos que possuem o mesmo teor, mas que ainda não foram analisados pela Corte Suprema.

No Brasil, instituto similar ao *biding effect* do direito norte-americano, é o efeito vinculante, previsto expressamente em alguns dispositivos da Constituição (ADI e ADCon – art. 102, § 2º - e súmulas vinculantes – art. 103-A, *caput*) e em lei ordinária (ADPF).

Além da previsão de efeito vinculante às ações constitucionais e súmulas vinculantes, o novo CPC introduziu significativa mudança do sistema, impondo a obrigatoriedade, também, às súmulas do STJ em matéria infraconstitucional, às súmulas do STF em matéria constitucional e aos acórdãos prolatados pelos tribunais, em incidente de assunção de competência, incidente de resolução de demandas repetitivas e em julgamentos do plenário ou do conselho especial dos tribunais de segundo grau (cf. artigo 927 do CPC).

3) Conceito de objetivação, objetivização e abstrativização do controle de constitucionalidade difuso pelo Supremo Tribunal Federal

Diante das premissas acima lançadas, infere-se que objetivação, objetivização e abstrativização do controle difuso de constitucionalidade pelo Supremo Tribunal Federal no Brasil são diferentes nomes para se referir a um conjunto de institutos, técnicas, métodos e inclusive teorias que visam conferir um *status* de obrigatoriedade ou de eficácia *ultra partes* aos precedentes prolatados no âmbito da Suprema Corte em sede de matéria constitucional. Tais institutos, métodos, técnicas e teorias trazem mais racionalidade à jurisprudência e ao sistema de controle de constitucionalidade, vinculando as cortes inferiores, inibindo o prosseguimento de ações em que firmadas testes contrárias ao entendimento adotado pelo Supremo Tribunal Federal e atribuindo maior celeridade ao julgamento de casos em que perfilhadas testes adotadas pelo Supremo Tribunal Federal.

Nesse contexto, a doutrina, ainda sob a égide do antigo CPC, mencionava como institutos, técnicas ou teorias que conferem um *status* de abstrativização aos precedentes prolatados pelo Supremo Tribunal Federal no sistema difuso de constitucionalidade: 1) suspensão de eficácia da lei declarada inconstitucional pelo Senado Federal; 2) inexigibilidade de título executivo judicial incompatível com a Constituição; 3) súmulas vinculantes; 4) repercussão geral; 5) teoria da transcendência dos motivos determinantes das decisões em matéria de constitucionalidade.

O novo CPC, por sua vez, não apenas confirmou algumas das reformas introduzidas pela legislação extravagante, mas também ampliou os mecanismos de abstrativização.

A seguir, são mencionados brevemente as referidas técnicas, métodos, institutos e teorias.

3.1) Suspensão de eficácia de lei declarada inconstitucional pelo Senado Federal

A suspensão de eficácia de lei declarada inconstitucional pelo Senado Federal foi introduzida, pela primeira vez, na Constituição de 1934. Como sabido, o ordenamento jurídico brasileiro, desde a Constituição Republicana de 1891, adotava o controle difuso de constitucionalidade de leis. Todavia, em razão da tradição do *civil law*, as decisões do Supremo Tribunal Federal não obrigavam os tribunais inferiores, razão pela qual se criou o instituto de suspensão de eficácia, pelo Senado Federal, da lei declarada inconstitucional pelo STF. O referido instituto possui previsão expressa na atual Constituição (artigo 52, X).

3.2) Inexigibilidade do título executivo judicial conflitante com entendimento firmado pelo STF

A inexigibilidade do título executivo judicial fundado em lei ou ato normativo declarados inconstitucionais pelo STF ou decorrente de aplicação ou interpretação de atos normativos, tidas como incompatíveis com a Constituição, é um dos métodos mais conhecidos de relativização da coisa julgada inconstitucional e, no CPC revogado, tinha previsão nos artigos 475-L, § 1º, e 741, parágrafo único. O tema, atualmente, encontra-se disciplinado nos artigos 525, § 12, e 535, § 5º, do CPC.

A inexigibilidade do título executivo judicial visa assegurar a obrigatoriedade de entendimentos firmados pelo Supremo Tribunal Federal, inclusive em sede de controle difuso, após o trânsito em julgado da coisa julgada firmada em entendimento contrário ao adotado pelo STF, em matéria constitucional.

3.3) Súmulas vinculantes

O instituto da súmula vinculante foi introduzido no ordenamento jurídico brasileiro pela EC nº 45/2004. A edição de súmula vinculante pressupõe a existência de controvérsia jurídica atual entre órgãos judiciários ou entre estes e a Administração Pública, reiteradas decisões do STF em matéria constitucional e aprovação do enunciado por 2/3 dos membros do Tribunal (artigo 103-A

DIREITO PROCESSUAL CONSTITUCIONAL

da CF). Os enunciados consubstanciados em tais súmulas, por expressa previsão legal, têm efeito vinculante não apenas em relação aos demais órgãos do Poder Judiciário, mas também em relação à Administração Pública, direta e indireta, nas esferas federal, estadual e municipal.

O descumprimento da súmula vinculante possibilita o ajuizamento de reclamação perante o Supremo Tribunal Federal (artigo 103-A, § 3°, da Constituição). A reclamação, como sabido, é ação originária prevista na própria Constituição para garantir a autoridade das decisões do Supremo Tribunal Federal (artigo 102, I, "l", da CF). A doutrina mais tradicional associava a possibilidade de ajuizamento de reclamação no STF, sem esgotamento das instâncias ordinárias, nos casos em que a Constituição ou a lei ordinária previsse efeito vinculante. O referido entendimento foi confirmado no novo CPC (cf. artigo 988, inciso III e § 5°, II, do CPC).

3.4) Repercussão geral

O instituto da repercussão geral (artigo 102, § 3°, da CF), introduzido pela EC n° 45/2004, estabelecia significativo grau de objetivação das decisões em controle concentrado, quando, no CPC revogado (cf. artigo 543-B, §§ 3° 4°), permitia aos Tribunais, Turmas de Uniformização e Turmas Recursais a retratação das decisões por eles firmadas, após o julgamento do recurso extraordinário em que reconhecida a repercussão geral; além disso, previa o antigo CPC que, em caso de ausência de retratação, o STF poderia cassar ou reformar "liminarmente", o acórdão contrário à orientação firmada.

Antes do novo CPC, muito se discutiu, no âmbito do STF, se os precedentes firmados em repercussão geral possibilitavam o julgamento de reclamação antes do esgotamento das instâncias ordinárias. Em alguns julgados, o STF admitiu a utilização da reclamação para garantir a observância de entendimentos firmados em sede de repercussão geral.[24] Em outros julgados, todavia, não admitiu a reclamação, alegando que a referida ação somente poderia ser utilizada por aquelas partes que tinham integrado a relação processual no processo paradigma.[25]

---

24. Nesse sentido, confira-se: "Constitucional e processual civil. Recurso extraordinário. Aplicação da sistemática da repercussão geral. Inadmissibilidade. Precedentes. 1. Não se admite reclamação contra decisão que, nos tribunais de origem, aplica a sistemática da repercussão geral, ressalvada a hipótese de negativa de retratação. Precedentes. 2. Agravo regimental a que se nega provimento". (Rcl 21993 AgR, Rel. Min. TEORI ZAVASCKI, DJ 29.10.2015)

25. Confira-se: "(...) A reclamação revela-se incabível, quando invocado, como paradigma, julgamento do Supremo Tribunal Federal proferido em processo de índole subjetiva, cuja relação processual o reclamante não integrou". (Rcl 18099 ED, Rel. Min. Luiz Fux, DJe 19.3.2015)

COLEÇÃO PREPARANDO PARA CONCURSOS

Posteriormente, a questão foi pacificada pelo NCPC, que, disciplinando a matéria, passou a admitir o ajuizamento de reclamação sem esgotamento das instâncias ordinárias apenas nos casos de inobservância de súmulas vinculantes ou entendimentos firmados em sede de controle concentrado (cf. artigo 988, inciso III e § 5º, II, do CPC).

3.5) Transcendência dos motivos determinantes

Antes do novo CPC, boa parte da doutrina defendia a obrigatoriedade da observância dos precedentes firmados pelo Plenário do STF pelas cortes inferiores, mesmo nos casos em que não havia repercussão geral. Os argumentos eram diversos, entre eles, a necessidade de maior racionalidade ao sistema judiciário, os princípios da supremacia da Constituição, segurança jurídica e celeridade processual etc.

Defendiam o referido entendimento Gilmar Ferreira Mendes (confira-se voto do Ministro na Reclamação nº 4.335) e Luiz Guilherme Marinoni.[26] O referido entendimento chegou a ser cogitado no julgamento da Rcl nº 4.335, em que alegado o descumprimento de acórdão prolatado pelo plenário do STF que decidiu no sentido da inconstitucionalidade da vedação à progressão de regime nos crimes hediondos (HC nº 82.959). Na reclamação, o Min. Gilmar Mendes, defendendo a transcendência dos motivos determinantes da decisão, defendeu ter ocorrido uma mutação constitucional do artigo 52, X, da Constituição, que prevê a suspensão de eficácia do Supremo Tribunal Federal. A tese de intranscendência dos motivos determinantes da decisão acabou sendo prejudicada em razão da edição de súmula vinculante a respeito do tema (SV nº 26).

Atualmente, a tese de transcendência dos motivos determinantes encontra-se consagrada, em certa medida, no novo CPC, que fortaleceu, no direito brasileiro, a obrigatoriedade de observância dos precedentes (cf. 927 do CPC). Nada obstante, o disciplinamento da obrigatoriedade de observância dos precedentes não teve o alcance pretendido pelo Ministro Gilmar Mendes no julgamento da Rcl 4.335, de maneira que se encontra afastada, pelo menos por ora, a possibilidade de ajuizamento direto de reclamação no Supremo nos casos de inobservância de precedentes que não disponham de efeito vinculante.

3.6) Fortalecimento da objetivação do controle difuso pelo novo CPC

O novo CPC, como já mencionado, fortaleceu o sistema de obrigatoriedade dos precedentes, como também ampliou os mecanismos de objetivização, prevendo, entre outras alterações relevantes, a improcedência liminar do pedido, no caso de existência de tese firmada em recurso extraordinário repetitivo

---

26. SARLET, Ingo Wolfgang; MARINONI, Luiz Guilherme; e MITIDIERO, Daniel. *Curso de direito constitucional*. 3. ed. São Paulo: Revista dos Tribunais, 2014, p. 1028.

80

DIREITO PROCESSUAL CONSTITUCIONAL

(cf. artigo 332, II); a concessão de tutela de evidência (artigo 311, II); a possibilidade de suspensão de processos que versem sobre matéria submetida à repercussão geral no STF (artigo 1.035, § 5º); e a participação de *amicus curiae* nos recursos extraordinários repetitivos (artigo 138 do CPC).

4) Consequências da abstrativização das decisões firmadas em controle difuso-concreto de constitucionalidade

A consequência mais evidente da objetivação do controle difuso é, sem dúvida, uma maior aproximação do sistema do *civil law*, adotado pelo Brasil, ao *common law*, típico dos Estados Unidos, atribuindo-se mais importância à jurisprudência como fonte de direito. A obrigatoriedade dos precedentes tem a nítida vantagem de trazer maior segurança jurídica e racionalidade ao sistema, inibindo o ajuizamento de ações contrárias ao entendimento firmado pelo Supremo Tribunal Federal. A obrigatoriedade permite também uma maior celeridade no julgamento de ações em que o autor adota entendimento consubstanciado em julgado da Corte Suprema, limitando a utilização de recursos protelatórios e possibilitando, também, a tutela de evidência; ou seja: a obtenção de tutela provisória, independentemente da comprovação de urgência. Como críticas ao efeito vinculante, sobretudo nas súmulas, a doutrina menciona a possibilidade de engessamento em relação a certas teses em matéria constitucional. Críticas que, em certa medida, podem ser afastadas em razão da possibilidade de revisão e cancelamento da súmula (artigo 103-A, § 3º, da Constituição) ou mesmo de seu fundamentado afastamento por cortes inferiores – mediante a utilização das técnicas de distinção ou superação –, com vistas a provocar novo debate no Supremo Tribunal Federal, por intermédio da reclamação.

(FCC/PGE/RO/Procurador/2011) Uma câmara do Tribunal de Justiça considerou inconstitucional dispositivo de lei, afastando a incidência da lei no caso, sem, entretanto, declarar expressamente a sua inconstitucionalidade. Diga se a Câmara agiu em acordo ou desacordo com a medida.

Autores: Cícero Victor Iglesias Melo de Alencar e Paulo Henrique Figueredo de Araújo

Direcionamento da resposta

Esta questão tem abordagem direta e requer argumentação relativamente simples. O cerne da resposta funda-se na citação e breve explanação a respeito da Súmula Vinculante nº 10 do STF[27].

---

27. Sumula Vinculante 10/STF: "Viola a cláusula de reserva de plenário (CF, artigo 97) a decisão de órgão fracionário de tribunal que, embora não declare expressamente a inconstitucionalidade de lei ou ato normativo do Poder Público, afasta sua incidência, no todo ou em parte."

COLEÇÃO PREPARANDO PARA CONCURSOS

Importante citar o art. 97 da Constituição Federal e o art. 949, II do NCPC, explicando sinteticamente o significado da cláusula de reserva de plenário, bem como anotar o caráter vinculatório da Súmula, inclusive quanto ao cabimento de Reclamação Constitucional em hipóteses de desrespeito, com apoio no art. 103-A, § 3º da Constituição Federal.

Desta feita, a resposta deve seguir no caminho da impossibilidade de afastar a aplicação da lei sem declará-la inconstitucional, pena de violação ao teor da Súmula Vinculante nº 10 do Supremo Tribunal Federal.

Sugestão de resposta

De acordo com o disposto no art. 97 da Constituição Federal de 1988, somente pelo voto da maioria absoluta dos membros do Tribunal ou do órgão especial pode-se declarar a inconstitucionalidade de lei ou ato normativo do Poder Público O art. 949, II do novo CPC também é expresso nesse sentido.[28]

A súmula vinculante nº 10 do STF proíbe expressamente que órgão fracionário de tribunal afaste a incidência de lei, sem declará-la inconstitucional, sob pena de se permitir burla à cláusula de reserva de plenário prevista no mencionado art. 97 da CF.

No caso proposto não agiu corretamente o Tribunal de Justiça, posto que o afastamento da incidência da lei ao caso sem a declaração de inconstitucionalidade constituiu burla à cláusula de reserva de plenário e ao disposto na súmula vinculante nº 10 do STF, cujo cumprimento é obrigatório diante do caráter vinculatório da súmula. Anote-se, outrossim, que cabe reclamação constitucional para que seja cassada a decisão, nos termos do art. 103-A, § 3º da CF/1988.

(Vunesp/TJ/SP/Juiz/2008) Com que objetivo e como se dá, no Brasil, o controle difuso-concreto da constitucionalidade de leis? Na hipótese desse controle, quais os efeitos da declaração de inconstitucionalidade de uma lei ou ato normativo do Poder Público? Como é possível a ampliação desses efeitos?

Autor: Davi Márcio Prado Silva

---

28. Sobre o tema, colacionam-se precedentes do STF que trazem particularidades potencialmente cobradas em provas de concurso público: "As Turmas Recursais, órgãos colegiados desses juizados, podem, portanto, sem ofensa ao art. 97 da Constituição e à Súmula Vinculante 10, decidir sobre a constitucionalidade ou não de preceitos normativos." ARE 792562-AgR. "Irretocável a decisão que negou trânsito ao agravo de instrumento, por ausência de requisito formal de cabimento do recurso extraordinário. (...) Dessa forma, o apelo extremo, interposto com fundamento na letra a do permissivo constitucional, deveria ter veiculado afronta ao art. 97 da Constituição Federal, o que não ocorreu.(...)" AI 749030-AgR. "(...) a afronta ao art. 97 da Constituição persiste mesmo que o Tribunal *a quo* tenha, por meio do pleno ou de seu órgão especial, declarado, após a interposição do recurso extraordinário sob julgamento, a inconstitucionalidade do dispositivo afastado" RE 594801-AgR.

DIREITO PROCESSUAL CONSTITUCIONAL

Direcionamento da resposta

O candidato deverá discorrer sobre o controle difuso de constitucionalidade abordando os efeitos e mecanismos de ampliação destes.

Sugestão de resposta

Esse tipo de controle tem raízes na tradição judiciária do País, sendo previsto desde a Constituição de 1891 que instituiu recursos para o Supremo das decisões prolatadas pelas justiças dos Estados em última instância[29]. A finalidade da criação desse instituto no Brasil é possibilitar que a defesa de uma causa levada ao Poder Judiciário não seja obstada quando existe inconstitucionalidade na lei que lhe se quer aplicar.

A ideia desse controle nasceu do famoso caso da Suprema Corte Americana, *Madison versus Marbury (1803),* em que o Juiz Marshall, desenvolveu um sólido e exemplar raciocínio acerca da supremacia da Constituição. Ele afirmou que é próprio da atividade jurisdicional interpretar e aplicar a lei. E ao fazê-lo, em casos de conflito entre a norma e a Constituição, o tribunal deve aplicar a última por ser superior a qualquer lei ordinária do Poder Legislativo (cf. Alexandre de Moraes, Direito Constitucional).

Assim, se, durante um processo, uma das partes levanta, como defesa de sua causa, uma objeção de inconstitucionalidade, deve o Poder Judiciário – já que essa tarefa é a essência de sua atividade – solucionar a pendência, afastando a controvérsia constitucional e deixando e aplicar a norma ao caso concreto caso reconhecida sua inconstitucionalidade. A decisão tem efeitos de eficácia *ex tunc* e apenas em relação ao caso concreto (*inter partes*), salvo se o Tribunal, pela maioria do voto de 2/3 de seus Ministros determine a modulação desses efeitos.

Em relação aos demais a decisão em proferida em sede de controle difuso poderá ter seus efeitos ampliados desde que haja suspensão da vigência da lei ou ato normativo declarado incidentalmente inconstitucional, pelo Senado Federal (CF art. 52, X) ou a edição de Súmula vinculante pelo próprio Supremo Tribula Federal, observada nesta hipótese os demais requisitos do art. 103-A da CF.

---

29. Art. 59, § 1º, "b" da Constituição de 1891: "§ 1º Das sentenças das Justiças dos Estados, em última instância, haverá recurso para o Supremo Tribunal Federal: b) quando se contestar a validade de leis ou de atos dos Governos dos Estados em face da Constituição, ou das leis federais, e a decisão do Tribunal do Estado considerar válidos esses atos, ou essas leis impugnadas."

COLEÇÃO PREPARANDO PARA CONCURSOS

(NCE/PC/DF/Delegado/2007) Proposta de emenda constitucional, sujeita à apreciação do Congresso Nacional, proíbe a invocação de direito que havia sido adquirido por delegados de polícia do Distrito Federal anteriormente à deflagração do processo legislativo. À luz do caso concreto, responda aos seguintes quesitos: (i) É admissível a alegação de direito adquirido em face de normas constitucionais derivadas? (ii) É possível que a referida proposta de emenda à Constituição da República seja objeto de controle de constitucionalidade pelo Poder Judiciário?

Autor: Carlos Afonso Gonçalves da Silva

Direcionamento da resposta

A Emenda à Constituição é a forma de se manter a constituição atual no tempo, através da promoção de alterações em seu texto, desde que essas alterações não descaracterizem o mesmo modifiquem a estrutura principal que deu forma ao Estado por ela criado. Assim, em seu núcleo, a Constituição possui as denominadas cláusulas pétreas que não podem ser excluídas (embora haja a possibilidade de novas cláusulas serem agregadas). São imodificáveis: a forma federativa de Estado; o voto direto, secreto, universal e periódico; a separação dos Poderes e os direitos e garantias individuais.

Por não serem frutos do povo diretamente (constituinte originário) as emendas à constituição, para fins de controle de constitucionalidade, se equiparam a legislação infraconstitucional. No mérito, a questão aponta a existência de um direito adquirido pelos Delegados de Polícia do Distrito Federal, anterior à proposta de Emenda à Constituição e que, pelo novo texto, não mais poderia ser invocado.

Sobre **direito adquirido** a Constituição Federal faz ressalva expressa à sua preservação no artigo 5º inciso XXXVI, apontando que a lei não poderá prejudicá-lo. Se a Emenda à Constituição não tem suas normas equiparadas às demais normas fruto do Poder Constituinte Originário (para as quais, no sistema jurídico brasileiro inexiste norma constitucional inconstitucional) clara está sua equivalência à lei. E como equivalente à lei, não pode prejudicar direito adquirido.

Na segunda parte da questão há a indagação da possibilidade de ser esta proposta de Emenda à Constituição ser objeto de controle de Constitucionalidade pelo Poder Judiciário. Como proposta ainda, ou seja, não se pede a análise da possibilidade de controle da norma já inserida no sistema jurídico, mas apenas da sua proposta, ainda em tramitação em forma de PEC (projeto de Emenda à Constituição).

DIREITO PROCESSUAL CONSTITUCIONAL

Nesse aspecto, forçoso relembrar que os Poderes da República são independentes em suas funções típicas. O que se caberia aqui questionar (e sob esse aspecto sim caberia a intervenção do Poder Judiciário) é se o Processo Legislativo fora corretamente observado. Se houver falha na observância do Processo Legislativo – que no caso da Emenda à Constituição vem previsto no artigo 60 da Constituição Federal, é cabível sim controle de constitucionalidade pelo Poder Judiciário.

Sugestão de resposta

Por primeiro, sim. Há direito adquirido a ser tutelado e preservado pela Constituição Federal face a instituto legal existente antes da edição de Emenda à Constituição, por expressa determinação da Constituição Federal ao prever que a lei não prejudicará o direito adquirido, o ato jurídico perfeito e nem a coisa julgada (CF art. 5°, XXXVI). Aqui, a previsão de tutela frente a lei é capaz de proteção também frente à Emenda Constitucional que, para fins de controle de constitucionalidade, se equipara a lei.

Contudo, a atuação do Poder Judiciário, ainda na fase de PEC (Proposta de Emenda à Constituição) somente se verifica em caso de haver violação ao trâmite do Processo Legislativo que, no caso da Emenda Constitucional, tem sua previsão expressa no artigo 60 da Constituição Federal. Concluindo, a intervenção do Poder Judiciário somente se verificará se houver vício no Processo Legislativo e sua legitimidade, para tanto, fica limitada a parlamentar.

(NCE/PC/DF/Delegado/2007) É admissível que um juízo de direito, ao declarar, "incidenter tantum", a inconstitucionalidade de lei ou ato normativo, e tendo em vista razões de segurança jurídica ou de excepcional interesse social, restrinja os efeitos daquela declaração ou decida que ela só tenha eficácia a partir de seu trânsito em julgado ou de outro momento que venha a ser fixado, à luz do art. 27 da Lei n. 9.868/99?

Autor: Carlos Afonso Gonçalves da Silva

Direcionamento da resposta

A questão aborda o controle judicial da constitucionalidade de lei ou ato normativo. O controle judicial da constitucionalidade pode ser efetivado de duas maneiras:

COLEÇÃO PREPARANDO PARA CONCURSOS

1. Por via de exceção ou defesa: qualquer juiz ou tribunal, diante da questão prejudicial (arguição de inconstitucionalidade incidental), pode fazer controle de constitucionalidade. Esse controle é incidental, ou seja, o objeto do pedido não é a declaração da inconstitucionalidade da norma, mas esta questão prejudicial está ligada à causa de pedir. A forma que o Juiz decidir a prejudicial decidirá o mérito. Esse controle é eminentemente concreto, ou seja, corre dentro de um caso concreto e, por isso, os efeitos são entre as partes. Neste caso, o processo é subjetivo: Há um conflito entre as partes (pretensões e resistências contrapostas) e envolve questão constitucional. Por fim, os efeitos da decisão são "inter partes" e "ex tunc" (retroagem).

2. Por via de ação: é o chamado controle concentrado: Só o Supremo Tribunal Federal pode fazer o controle de constitucionalidade. Esse controle não é incidental: O objeto do pedido é a questão constitucional. Esse controle ainda é abstrato: Não ocorre dentro de um caso concreto, faz-se o controle de lei em tese, para assegurar a supremacia da Constituição. O processo é objetivo: Não há lide. Visa objetivamente assegurar a supremacia da Constituição. Os efeitos dessa decisão são "erga omnes", "ex tunc" (retroagem) e vinculantes: A decisão que reconhece a inconstitucionalidade é declaratória (torna disposição contrária nula desde que nasceu).

Pelo que se depreende do enunciado, houve o reconhecimento por juízo monocrático, em sede de controle difuso, ou seja, incidentalmente, da inconstitucionalidade de lei ou ato normativo. A Lei. 9.868/99 traz a lume o rito a ser observado no controle concentrado de constitucionalidade que ocorre perante o STF, ou seja, apenas afeto aos chamados processos objeto, sem partes. No tocante ao controle difuso, a regra geral é que os efeitos sejam "inter partes" (apenas entre as partes do processo) e "ex tunc" (retroativos), considerando-se a lei nula desde a sua origem (princípio da nulidade).

Todavia, há situações excepcionais, envolvendo razões de segurança jurídica e de relevante interesse social em que o Supremo Tribunal Federal também tem adotado, desde 2007, a modulação de efeitos no controle difuso em recursos extraordinários. Trata-se de casos em que se torna necessário um juízo de ponderação e proporcionalidade, tendo em vista que a declaração de inconstitucionalidade e seus efeitos "ex tunc" seria mais prejudicial à sociedade do que própria manutenção da inconstitucionalidade, ocasionando danos ao próprio sistema jurídico, prejudicando, inclusive, a própria harmonia da ordem constitucional.

Sugestão de resposta

Existe no sistema jurisdicional brasileiro, duas modalidades de controle de constitucionalidade de leis e atos normativos: o controle difuso e o controle concentrado.

DIREITO PROCESSUAL CONSTITUCIONAL

No controle difuso, também conhecido como incidental, qualquer juízo ou tribunal, na análise de questões incidentais pode reconhecer a inconstitucionalidade de lei ou ato normativo.

No controle concentrado, há a declaração de inconstitucionalidade de lei ou ato normativo diante de ação constitucional típica, em curso perante o STF e regulado pela Lei 9.868/99.

A regra aponta que no controle difuso, a eficácia da medida seja imediata, *ex tunc* e *inter pars*. A aplicação da regra de modulação temporal prevista no artigo 27 da Lei 9.868/99, que, levando-se em consideração questões de segurança jurídica ou de excepcional interesse social, o STF por maioria de dois terços de seus membros poderá restringir os efeitos daquela declaração ou decidir que ela só tenha eficácia à partir de seu trânsito em julgado ou de outro momento que venha a ser fixado, à partir de 2007 passou também a ser possível e viável em sede de recurso extraordinário verificado em sede de controle difuso.

De qualquer forma, por se tratar de entendimento que leva em consideração a existência de recurso, não pode atribuir ao juiz de primeira instância a possibilidade de modular sua decisão no tempo.

(UFRJ/Eletrobrás/Advogado/2002) No controle de constitucionalidade das leis e atos normativos, exercido pelo Poder Judiciário, o que se entende por "princípio da reserva de plenário"?

Autor: Leonardo Gil Douek

Direcionamento da resposta

– Vide art. 97 da CF/88.

– Tema também importante relaciona-se à necessidade – ou não – de se observar a regra do art. 97 da Constituição no caso de não aplicação de uma dada norma ou de não adoção de determinada interpretação sem afetar a expressão literal (declaração de inconstitucionalidade sem redução de texto). Entendemos que também nesse caso tem-se inequívoca declaração de inconstitucionalidade e, por isso, obrigatória se afigura a observância do disposto no art. 97 da Constituição Federal.

Sobre esse ponto, o Supremo Tribunal Federal editou a Súmula Vinculante 10, segundo a qual 'viola a cláusula de reserva de plenário (CF, artigo 97) a decisão de órgão fracionário de tribunal que, embora não declare expressamente

COLEÇÃO PREPARANDO PARA CONCURSOS

a inconstitucionalidade de lei ou ato normativo do poder público, afasta sua incidência, no todo ou em parte'.

Outro ponto importante, no que se refere à interpretação do art. 97 da Constituição, tem por base a necessidade, ou não, de se provocar o Plenário ou o órgão especial do Tribunal toda vez que se renovar, em outro caso, discussão sobre a constitucionalidade de lei que já teve sua legitimidade discutida no âmbito do Tribunal.

O Supremo Tribunal Federal tem entendido que, fixada a orientação do Pleno ou do órgão especial, nos termos do art. 97 da Constituição, em um caso qualquer, poderá o órgão fracionário decidir como de direito, devendo guardar observância da decisão adotada sobre a questão constitucional. Em outros termos, um novo procedimento na forma do art. 97 da Constituição somente seria necessário no caso de mudança de orientação por parte do próprio Tribunal" (Gilmar Mendes, *in* Curso de Direito Constitucional).

Sugestão de resposta

O artigo 97, da Constituição Federal, estabeleceu que as leis ou atos normativos emanados pelo Poder Público somente poderão ter a sua inconstitucionalidade declarada pelos Tribunais pelo voto da maioria absoluta de seus membros ou dos membros do respectivo órgão especial, tendo a Súmula Vinculante n. 10/STF afirmado ser a cláusula de reserva de plenário uma condição de eficácia jurídica da declaração de inconstitucionalidade dos atos do Poder Público.

O referido dispositivo constitucional espelha o princípio da presunção de constitucionalidade, de vez que ato normativo somente poderá ser declarado inconstitucional por *quorum* qualificado do Tribunal.

Por meio de tal princípio, nenhum órgão fracionário de qualquer tribunal dispõe de competência para declarar a inconstitucionalidade de uma norma, exceto se já tiver sido reconhecido tal vício por meio do plenário ou do órgão especial da corte, ou, ainda, pelo plenário do Supremo Tribunal Federal.

Na hipótese de ter sido suscitada questão prejudicial relacionada com a inconstitucionalidade de determinada norma, o relator do órgão fracionário deverá submeter a questão à turma ou órgão do tribunal incumbido de julgamento da causa.

Caso o órgão jurisdicional rejeite a questão prejudicial, o recurso seguirá para julgamento pelo próprio órgão fracionário. Caso contrário, será lavrado acórdão e haverá o encaminhamento para o tribunal pleno ou órgão especial, permanecendo o processo suspenso até o julgamento da questão pelo órgão especial.

DIREITO PROCESSUAL CONSTITUCIONAL

(Vunesp/TJ/SP/Juiz/2002) *O Senado Federal poderá negar-se a suspender a vigência de lei ou ato normativo declarado incidentalmente inconstitucional pelo Supremo Tribunal Federal (art. 52, X, CF)?*

Autor: Davi Márcio Prado Silva

Direcionamento da resposta

O candidato deverá abordar a questão sobre o prisma da independência dos Poderes e do papel do Poder Legislativo no controle difuso de constitucionalidade.

Sugestão de resposta

O papel do Senado Federal no controle difuso de constitucionalidade é previsto pela Constituição Federal em seu art. 52, inciso X. Assim, quando o Supremo Tribunal Federal, decidindo o caso concreto, declarar incidentalmente a inconstitucionalidade de uma lei ou ato normativo, oficiará ao Senado Federal para suspender a execução da lei ou ato normativo, conforme previsão do art. 178 do Regimento Interno do Supremo Tribunal Federal[30].

Recebendo a comunicação do Supremo Tribunal Federal o Senado exercerá a competência prevista no art. 52, X, da Constituição Federal, deliberando sobre a comunicação do Supremo com vistas a suspender a execução do todo ou em parte da lei ou ato normativo declarado inconstitucional. Não há unanimidade com relação ao papel a ser desempenhado pelo Senado, se vinculada ou discricionária sua decisão de suspensão.

O entendimento tanto do Supremo Tribunal Federal (MS 16512 e MI 460) quanto do Senado Federal é no sentido de que, por ocasião do recebimento da comunicação do julgamento pelo Supremo, o Senado não está obrigado a dar amplitude dos efeitos da decisão proferida em sede de controle difuso de constitucionalidade. A suspensão da vigência da lei ou ato normativo é ato discricionário do Poder Legislativo, sendo sua deliberação de natureza essencialmente política.

A obrigatoriedade não seria compatível com a independência e a dignidade institucional do Poder Legislativo, que ficaria restrito a tão somente executar as decisões do Supremo. Por outro lado, a decisão proferida pelo STF no

---

30. RISTF. "Art. 178. Declarada, incidentalmente, a inconstitucionalidade, na forma prevista nos arts. 176 e 177, far-se-á comunicação, logo após a decisão, à autoridade ou órgão interessado, bem como, depois do trânsito em julgado, ao Senado Federal, para os efeitos do art. 42, VII, da Constituição" (atual dispositivo da CF/1988: art. 52, X).

COLEÇÃO PREPARANDO PARA CONCURSOS

controle difuso, dada a extensão dos efeitos para o processo (*inter partes* e *ex tunc*), não seria afetada pela não suspensão da norma pelo Senado.

O Senado, portanto, pode e deve analisar os aspectos formais da declaração de inconstitucionalidade e avaliar o momento oportuno, bem como a extensão da ampliação dos efeitos do julgamento proferido pelo Supremo Tribunal Federal.

(DPE/RJ/Defensor/1999) Defina controle de constitucionalidade pela via de exceção. Qual é o seu objetivo? A decisão faz coisa julgada?

Autores: Angelita Maria Maders e Rafael Vinheiro Monteiro Barbosa

Direcionamento da resposta

O(a) candidato(a) deve definir o controle de constitucionalidade pela via da exceção, apresentar seu objetivo e responder se a decisão a ser proferida faz coisa julgada. Entende-se prudente ampliar a resposta da última questão trazer também os efeitos dessa decisão.

Sugestão de resposta

No direito brasileiro, os sistemas de controle judicial de constitucionalidade são o sistema difuso e o concentrado e as vias de controle judicial a via incidental ou de exceção ou pela via principal, em abstrato ou direto.

O que interessa para esta resposta, porém, é o controle pela via da exceção. Essa espécie de controle de constitucionalidade também é chamada de controle aberto, concreto, incidental, difuso ou via de defesa e é realizado por intermédio de qualquer juiz ou tribunal na análise do caso concreto, de acordo com as regras de competência processual, deixando de aplicar uma lei que considerar inconstitucional, de ofício ou por provocação de uma das partes. No caso concreto, o pedido da parte é algo diverso da declaração de inconstitucionalidade, mas que está fundamentado na inconstitucionalidade de uma lei ou ato normativo, de modo que a alegação de inconstitucionalidade é a causa de pedir processual. Assim, no controle de constitucionalidade difuso o objeto é uma questão prejudicial de caráter constitucional no processo; não é o objeto da ação principal, mas um incidente indispensável ao julgamento do mérito da causa.

O objetivo do controle difuso é decretar a inconstitucionalidade da lei ou ato normativo incidentalmente a um processo que tenha, como dito, por objeto uma obrigação qualquer. Este tipo de controle tem por finalidade a garantia de

DIREITO PROCESSUAL CONSTITUCIONAL

direitos subjetivos, liberando alguém do cumprimento de uma lei inconstitucional.

A decisão faz coisa julgada sim, mas seu efeito é "inter partes", já que atinge somente as partes do processo, não extrapolando os limites da lide, e "ex tunc" (pretéritos), embora já tenha o STF admitido efeito "ex nunc" e "pro futuro".

Os efeitos podem ser estendidos a terceiros se a decisão de inconstitucionalidade proferida pelo STF em sede de recurso extraordinário for comunicada ao Senado Federal, que poderá suspender, por meio de resolução, a execução, no todo ou em parte, de lei declarada inconstitucional por decisão definitiva do STF, na forma do que preceitua o art. 52, X, da CF.

(DPE/RJ/Defensor/1999) Câmara cível de tribunal de justiça, julgando recurso de apelação, decreta a inconstitucionalidade de ato normativo em face da constituição estadual. Está correta esta decisão?

Autores: Angelita Maria Maders e Rafael Vinheiro Monteiro Barbosa

Direcionamento da resposta

O(a) candidato(a) deverá responder que a decisão não esta correta por não ter observado o disposto no art. 97 da CF, justificando sua resposta nas regras inerentes ao controle difuso de constitucionalidade de lei ou ato normativo.

Sugestão de resposta

Trata-se de controle difuso de constitucionalidade, ou seja, de declaração de inconstitucionalidade de ato normativo em face da Constituição Estadual de modo incidental em um processo, decisão esta que não está correta, pois, no caso, em tendo o órgão fracionário verificado que havia questionamento acerca da inconstitucionalidade do ato normativo, deveria ter sido suscitada uma questão de ordem e a análise da constitucionalidade ser remetida ao pleno ou ao órgão especial do Tribunal que é competente para resolver a questão, nos termos da regra disposta no art. 97 da CF, ou seja, a chamada cláusula de reserva de plenário.

Nesse sentido, de se considerar que, no âmbito do controle difuso da constitucionalidade, portanto, os tribunais somente podem deixar de aplicar a lei pelo seu plenário ou órgão especial, por maioria absoluta de seus membros ou do respectivo órgão especial, observado o procedimento disposto no art. 480 e seguintes do CPC.

A regra do art. 97 estabelece uma verdadeira condição de eficácia jurídica da própria declaração de inconstitucionalidade dos atos do Poder Público, o que, inclusive, é objeto da Súmula Vinculante 10/STF: "Viola a cláusula de reserva de plenário (CF, artigo 97) a decisão de órgão fracionário de tribunal que, embora não declare expressamente a inconstitucionalidade de lei ou ato normativo do Poder Público, afasta sua incidência, no todo ou em parte". Isso, contudo, não seria necessário se a decisão pela não aplicação da lei em face de sua inconstitucionalidade fosse do juiz singular de primeira instância.

Além disso, não haveria a necessidade de observância dessa regra da cláusula de reserva do plenário se a lei tivesse sido declarada constitucional.

(DPE/RJ/Defensor/1999) *Há vício de inconstitucionalidade em emenda que obrigue o esgotamento da via administrativa para a propositura de medida judicial? Justifique. Em caso afirmativo caberia controle jurisdicional sobre proposta de emenda com este teor cuja deliberação haja sido admitida pelo legislativo? Qual seria a medida apropriada e quem estaria legitimado à propositura da mesma?*

Autora: Angelita Maria Maders

Direcionamento da resposta

O(a) candidato(a) deverá responder afirmativamente às duas primeiras questões justificando as respostas. Quanto ao terceiro e quarto questionamentos, deverá responder que cabe Mandado de Segurança, no qual se fará pedido incidental de controle de constitucionalidade da PEC, por meio do controle difuso, que somente poderá ser proposto por parlamentar.

Sugestão de resposta

Primeiramente, deve-se considerar que obrigar o esgotamento da via administrativa para a propositura de ação judicial é inconstitucional, já que fere o disposto no art. 5º, inciso XXXV, da CF, pois está vedado no direito brasileiro a instância administrativa de curso forçado ou a jurisdição condicionada. Então, respondendo ao primeiro questionamento, deve-se dizer que há sim vício de inconstitucionalidade na referida PEC. Além disso, deve-se levar em conta que, em sendo os direitos e garantias fundamentais dispostas no art. 5º da CF cláusulas

DIREITO PROCESSUAL CONSTITUCIONAL

pétreas, nos termos do art. 60, § 4º, da CF, não poderão ser abolidas, mesmo por emenda constitucional, em face do que a matéria objeto da proposta de emenda constitucional citada na questão é inconstitucional.

Considerando isso, em resposta à segunda questão, pode-se afirmar que cabe sim o controle jurisdicional, tanto que a referida PEC pode ser fulminada preventivamente, por meio do controle difuso de constitucionalidade, ou pela via da exceção perante o Judiciário.

Nesse sentido, esclarece-se que, enquanto propostas, as PECs são atos destituídos de eficácia jurídica, não apresentam, portanto, cogência ou status de norma constitucional, por isso não podem ser fiscalizadas em abstrato, via controle concentrado.

Como a espécie normativa não foi concluída, não é possível o controle concentrado de constitucionalidade, mas nada impede o controle difuso, tanto que o STF já admitiu a legitimidade ativa de parlamentar para intentar, via MS, esse controle, pleiteando a garantia do devido processo legislativo e da supremacia da Constituição.

Deputados federais e senadores são os únicos legitimados "ad causam" para instaurar processo judicial de controle difuso do procedimento de elaboração de espécies normativas (legitimação exclusiva), segundo o STF, por serem os únicos a deterem o direito público subjetivo para ingressar em juízo e questionar a constitucionalidade do processo legislativo, prerrogativa que é indelegável.

1.3. Teoria do Controle de Constitucionalidade

(Cespe/TJ/DFT/Juiz/2016) Responda, justificadamente, aos seguintes quesitos de direito constitucional. (a) Quais os princípios limitadores da autonomia dos Estados-membros na Federação brasileira? (b) Estabeleça a distinção entre ação declaratória de Inconstitucionalidade por Omissão e Mandado de Injunção, quanto à competência, objeto de controle e efeitos da decisão. (c) O que significa cognição aberta no controle concentrado de inconstitucionalidade?

Autora: Carla Patricia Frade Nogueira Lopes

Direcionamento da resposta

A resposta deveria ser dada por itens e, não, em forma de dissertação ou texto único. Isso porque os temas postos sob análise do candidato não têm

COLEÇÃO PREPARANDO PARA CONCURSOS

relação imediata, direta, são independentes entre si. O examinador esperava que as respostas fossem dadas em separado.

No item a), a resposta deve ser direta, já elencando os princípios impostos pela Constituição Federal que limitam a autonomia dos Estados-membros na Federação brasileira. Em seguida, a resposta poderia ser fundamentada, explicando-se a razão desses limites. Contudo, deve ser lembrado que não havia muito espaço para alongar-se na resposta, uma vez que o examinador estipulou o limite de 30 linhas para as três respostas. Deveria o candidato afirmar, de início, que são limites à autonomia dos Estados-membros na Federação brasileira os enumerados e os estabelecidos, na clássica definição de José Afonso da Silva[31], passando a explicitar o que seria cada uma dessas classificações.

No item b), o candidato deveria afirmar de início que tanto a ação direta de inconstitucionalidade por omissão quanto o mandado de injunção são instrumentos de controle de constitucionalidade destinados a suprir a omissão legislativa, entretanto a ADI por omissão é mecanismo de controle concentrado, enquanto o mandado de injunção é ação constitucional na qual se exerce o controle difuso. Deveria mencionar, então, as diferenças pontuais sugeridas no comando da questão quanto à competência, objeto de controle e efeitos da decisão. A ADI pode ser processada e julgada pelo STF ou por Tribunais de Justiça; o mandado de injunção pode ser processado e julgado por qualquer juiz ou tribunal. São objeto de controle pela ADI as medidas necessárias à efetivação de norma da Constituição Federal, enquanto o mandado de injunção tem por objeto a falta de norma regulamentadora para viabilizar o exercício dos direitos e liberdades constitucionais, bem assim as prerrogativas inerentes à nacionalidade, soberania e cidadania. Quanto aos efeitos, o candidato deveria mencionar os efeitos "erga omnes" e vinculante da decisão proferida em ADI, além dos efeitos "inter partes" da decisão no mandado de injunção, sendo que em ambos os casos os efeitos retroagem, dada a declaração de nulidade da omissão legislativa, com cabimento da modulação desses efeitos a partir da decisão ou de forma prospectiva.

No item c), o candidato deveria mencionar que a cognição aberta no controle concentrado significa a democratização do processo de controle concentrado, como preconizado por Peter Häberle na sua obra sobre os intérpretes da Constituição. Deveria o candidato aludir às possibilidades de oitiva da sociedade, pelos julgadores no controle concentrado, o que se faz por meio do "amicus curiae", audiências públicas, oitiva de "experts" etc.

---

31. Anna Cândida da Cunha Ferraz também tem classificação estabelecida, definindo os limites à autonomia dos Estados-membros em limitações negativas e positivas. Os limites negativos seriam as vedações expressas e implycitas impostas pela Constituição Federal ao poder constituinte derivado decorrente; já os limites positivos seriam os princípios explícitos ou implícitos contidos na Constituição Federal que retratam o sistema constitucional aqui vigente. Ver *Poder constituinte do Estado-membro*, São Paulo: RT, 1979.

DIREITO PROCESSUAL CONSTITUCIONAL

Sugestão de resposta

Item a.

Os princípios limitadores da autonomia dos Estados-membros na Federação brasileira são, segundo a clássica definição de José Afonso da Silva, os enumerados e os estabelecidos. Os princípios enumerados são também designados como "princípios constitucionais sensíveis", elencados no art. 34, inciso VII, da Constituição Federal de 1988. Uma vez violados pelo Estado-membro, pode-se deflagrar o princípio da intervenção federal, o que se dará por meio da propositura de uma representação – ação direta de inconstitucionalidade interventiva – pelo Procurador-Geral da República. Já os princípios estabelecidos são os preceitos fundamentais da ordem política, social, econômica e administrativa, que encerram regras vedatórias ou mandatórias instituídas como limitações impostas pelo sistema constitucional-político adotado. A autonomia dos Estados-membros equivale à sua tríplice capacidade de auto-organização, auto-administração e autogestão, que encontra limites – como poder derivado – nas diretrizes impostas pelo constituinte originário.

Item b.

A ação direta de inconstitucionalidade por omissão e o mandado de injunção são ambos mecanismos de controle de constitucionalidade da omissão legislativa. Têm diferenças pontuais entre si porque a ADI por omissão é instrumento de controle concentrado, enquanto o mandado de injunção é ação constitucional de controle difuso. Assim, o STF e os Tribunais de Justiça são competentes para o julgamento da ADI por omissão, enquanto para o julgamento do mandado de injunção são competentes todos os juízes e tribunais. As medidas necessárias à efetivação de normas constitucionais de eficácia limitada são objeto da ADI por omissão (CF, art. 103, § 2º); é objeto de controle pelo mandado de injunção a falta de norma regulamentadora para viabilizar o exercício dos direitos e liberdades constitucionais, bem assim as prerrogativas inerentes à nacionalidade, soberania e cidadania. Quanto aos efeitos da decisão, no caso da ADI por omissão, estes são "erga omnes" e vinculante, enquanto no mandado de injunção os efeitos são "inter partes" a princípio, mas o STF tem admitido que suas decisões, segundo a teoria concretista geral, possam ter seus efeitos estendidos a todos. Os efeitos das decisões em ambas as ações são, a princípio, retroativos, por se tratar de reconhecimento de nulidade, mas podem ser modulados para o presente ou prospectivamente.

Item c.

A cognição aberta no controle concentrado de constitucionalidade significa a democratização do processo de controle abstrato, segundo tese desenvolvida por Peter Häberle em sua festejada obra sobre os intérpretes da Constituição. Esse processo de abertura significa a maior possibilidade de oitiva da sociedade, pelos julgadores, de maneira a formarem sua convicção. Essa oitiva ampliada pode dar-se por intermédio do "amicus curiae", audiências públicas, memoriais e exposições de peritos e "experts", conforme previsão dos arts. 9º § 1º e 20, § 1º, ambos da Lei 9.868/99.

(Faurgs/TJ/RS/Juiz/2016) *O Supremo Tribunal Federal consolidou entendimento em relação ao controle de constitucionalidade de normas constitucionais originárias. Considerando a jurisprudência do STF, esclareça a posição adotada pelo Tribunal em relação ao controle de constitucionalidade de normas constitucionais originárias, indicando o caso concreto que levou ao questionamento perante o Tribunal, e, de forma detalhada, explique os fundamentos utilizados pelo STF na decisão.*

Autor: Pedro Siqueira de Pretto

Direcionamento da resposta

Para a presente resposta, o candidato deve ter conhecimento da doutrina de Otto Bachof, que veicula a tese da possibilidade de declaração de inconstitucionalidade de normas constitucionais originárias. Outrossim, que o Supremo Tribunal Federal, ao julgar a ADI 815, não acolheu, e até a presente data não acolhe, referido posicionamento do aludido estudioso[32].

Sugestão de resposta

---

32. Ação direta de inconstitucionalidade. Parágrafos 1º e 2º do artigo 45 da Constituição Federal. A tese de que há hierarquia entre normas constitucionais originárias dando azo à declaração de inconstitucionalidade de umas em face de outras é incompossível com o sistema de Constituição rígida. Na atual Carta Magna "compete ao Supremo Tribunal Federal, precipuamente, a guarda da Constituição" (artigo 102, "caput"), o que implica dizer que essa jurisdição lhe é atribuída para impedir que se desrespeite a Constituição como um todo, e não para, com relação a ela, exercer o papel de fiscal do Poder Constituinte originário, a fim de verificar se este teria, ou não, violado os princípios de direito suprapositivo que ele próprio havia incluído no texto da mesma Constituição. Por outro lado, as cláusulas pétreas não podem ser invocadas para sustentação da tese da inconstitucionalidade de normas constitucionais inferiores em face de normas constitucionais superiores, porquanto a Constituição as prevê apenas como limites ao Poder Constituinte derivado ao rever ou ao emendar a Constituição elaborada pelo Poder Constituinte originário, e não como abarcando normas cuja observância se impôs ao próprio Poder Constituinte originário com relação às outras que não sejam consideradas como cláusulas pétreas, e, portanto, possam ser emendadas. Ação não conhecida por impossibilidade jurídica do pedido. (STF, ADI 815)

DIREITO PROCESSUAL CONSTITUCIONAL

A tese acerca da possibilidade do controle de constitucionalidade de normas constitucionais originárias foi, inicialmente, idealizada por Otto Bachof, principalmente em razão dos crimes cometidos na Segunda Guerra Mundial, cujos oficiais nazistas invocavam, em suas defesas, o cumprimento ao ordenamento jurídico como forma de tentarem não serem punidos pelas atrocidades cometidas.

No Brasil, o Supremo Tribunal Federal não acolheu essa tese, fundamentando seu posicionamento no princípio da unidade da Constituição e em seu caráter rígido, de maneira que as normas que apresentarem conflitos devem ser interpretadas de modo que permaneça a harmonia existente no texto constitucional. E tal entendimento é válido ainda que o parâmetro seja de caráter suprapositivo, com carga valorativa, ou firmado em alguma cláusula pétrea. Vale frisar que se ponderou que as cláusulas pétreas seriam limites ao Poder Constituinte derivado, e não ao próprio Poder Constituinte Originário.

O primeiro caso que tratou a questão envolvia uma ação direta de inconstitucionalidade proposta pelo Governador do Estado do Rio Grande do Sul em que requeria a declaração de inconstitucionalidade das expressões "para que nenhuma daquelas unidades tenha menos de oito ou mais de setenta Deputados", e "quatro", contidas, respectivamente, nos §§ 1º e 2º do artigo 45 da Constituição Federal, porquanto, basicamente, gerariam tratamento desigual em relação ao peso e valor de votos, pois cada unidade federativa possuiria de oito a setenta membros na Câmara de Deputados, enquanto que os Territórios possuiriam sempre quatro, independentemente da população de cada qual. Ao final, o voto vencedor não conheceu da ação por impossibilidade jurídica do pedido, em razão dos mencionados fundamentos.

(UFG/ALE/GO/Procurador/2015) Explique o conceito de controle de constitucionalidade, detalhando os seus fundamentos, os sistemas existentes e o modelo de controle adotado no Brasil.

Autor: Rodrigo Medeiros de Lima

Direcionamento da resposta

Nesta questão, o candidato deve expor um conceito amplo de controle de constitucionalidade, de forma a abarcar as diferentes formas de ofensa à Constituição e de controle de constitucionalidade.

Tradicionalmente, o conceito de inconstitucionalidade se refere estritamente aos atos do Poder Público, da mesma forma que o controle de

COLEÇÃO PREPARANDO PARA CONCURSOS

constitucionalidade. Contudo, o espelho de resposta adotado pela banca examinadora, ao conceituar o controle de constitucionalidade, faz menção ao controle de constitucionalidade também de "atos privados atentatórios à magnitude dos preceitos constitucionais", de modo que é desejável que o candidato, em sua resposta, faça menção também aos atos privados como objeto de controle de constitucionalidade.

Como fundamentos do controle de constitucionalidade, entendemos conveniente apontar os princípios da supremacia da Constituição e da força normativa da Constituição. Convém mencionar, também, a rigidez constitucional como pressuposto do controle de constitucionalidade e da própria supremacia da Constituição.

Em seu espelho de resposta, a banca examinadora apontou como fundamentos, também, a estabilidade constitucional do Estado, a preservação do bloco de constitucionalidade da Constituição Federal ou parâmetro constitucional e a proteção dos direitos e garantias fundamentais. Ao nosso entendimento, trata-se de finalidades, e não propriamente de fundamentos, mas, de todo modo, uma resposta mais completa pressupõe, igualmente, a menção às finalidades do controle de constitucionalidade.

Apesar de não ser uma exigência do enunciado, nem constar no espelho de resposta, convém expor as diferentes formas de controle de constitucionalidade – político ou jurisdicional; preventivo ou repressivo; incidental ou principal –, até como forma de introduzir a explanação sobre os sistemas de controle existentes, bem como sobre o modelo de controle adotado pelo Brasil.

A respeito dos sistemas de controle de constitucionalidade, o candidato deve discorrer sobre os sistemas difuso e concentrado, expondo suas origens e demais distinções. Deve indicar, ainda, a existência de sistemas mistos, a exemplo do que ocorre no Brasil, para, em seguida, esmiuçar as características do modelo de controle adotado no Brasil, de modo a abranger todos os aspectos pretendidos pelo examinador, que não se limitavam ao sistema de controle jurisdicional adotado – difuso, concentrado ou misto –, abrangendo também as formas de controle admitidas quanto ao órgão de controle (político ou jurisdicional); e quanto ao momento do controle (preventivo ou repressivo).

Sugestão de resposta

Controle de constitucionalidade consiste em instrumento de defesa da Constituição em face de atos do Poder Público, comissivos ou omissivos, e mesmo de particulares que com ela se mostrem incompatíveis, tendo por finalidade o afastamento de eventuais inconstitucionalidades, com fins à preservação da supremacia da Constituição, da sua força normativa, da estabilidade

DIREITO PROCESSUAL CONSTITUCIONAL

constitucional, dos valores fundamentais da sociedade consagrados no texto constitucional, inclusive e, sobretudo, dos direitos e garantias fundamentais.

Além das finalidades apontadas, tal controle tem seu fundamento no princípio da supremacia da Constituição, que, por sua vez, advém da concepção moderna da Constituição como norma fundamental de um Estado, mas, também, do reconhecimento da força normativa de suas regras e princípios (força normativa da Constituição).

Pressupõe, igualmente, a existência de uma Constituição rígida, assim entendida como aquela que conta com um procedimento legislativo mais dificultoso para sua alteração, com a exigência de maiorias legislativas qualificadas, se diferenciando do processo legislativo comum.

Somente em face de uma Constituição rígida se pode cogitar da supremacia da Constituição, ou seja, de um status hierárquico superior da norma constitucional em relação às demais espécies normativas, na medida em que impede que o legislador ordinário altere a Constituição ao dispor em sentido contrário. Permanecendo inalterada a Constituição, a norma editada em sentido contrário ser-lhe-á incompatível e, por consequência, inconstitucional e, como tal, sujeita a controle.

O controle de constitucionalidade apresenta-se sob formas diversas, podendo ser, quanto ao órgão de controle, político ou jurisdicional. O controle político é exercido por órgão político, a exemplo das Casas Legislativas e da chefia do Poder Executivo, sendo também conhecido como modelo de controle francês. O controle jurisdicional, por sua vez, é aquele exercido pelo Poder Judiciário.

Quanto ao momento do controle, esse pode ser preventivo ou repressivo. Será preventivo quando realizado anteriormente ao aperfeiçoamento do ato normativo objeto de controle. Do contrário, será repressivo.

O controle de constitucionalidade pode ser, ainda, incidental ou principal. Será incidental (ou concreto), quando suscitado como questão prejudicial, cuja apreciação é pressuposto para o julgamento de uma questão tida como principal. Será principal (ou abstrato), quando a questão constitucional for suscitada autonomamente.

Os modelos jurisdicionais de controle de constitucionalidade se dividem em dois modelos ou sistemas, um difuso e um concentrado, o primeiro também conhecido como sistema americano e o segundo, como sistema austríaco ou europeu de controle. Há, ainda, sistemas mistos, que combinam elementos de ambos, como é o caso do sistema brasileiro de controle de constitucionalidade.

O sistema difuso atribui tal competência, em princípio, a todo e qualquer órgão judicial incumbido de aplicar a lei ao caso concreto, que poderá afastar-lhe a aplicação, caso reconheça a sua incompatibilidade com a Constituição. Nesse sentido, o controle sob esse sistema é essencialmente incidental.

Trata-se de sistema de controle de origem na jurisprudência da Suprema Corte americana, em especial, no julgamento do caso *Marbury v. Madison*, em que, pela primeira vez, o Tribunal, conduzido pelo entendimento do então *Chief Justice*, John Marshall, afastou a aplicação de uma lei posterior à Constituição americana de 1787, por mostrar-se em contradição a esta última.

O sistema concentrado tem por característica a concentração da competência jurisdicional de controle de constitucionalidade em um único órgão, um órgão jurisdicional superior ou uma Corte Constitucional. Trata-se de modelo formulado por Hans Kelsen e adotado pioneiramente na Constituição Austríaca de 1920.

Apesar da variedade de conformações que apresenta nos diferentes países em que adotado, o controle concentrado tem por característica, ainda, a figura do processo objetivo, destituído de partes, em seu sentido material, voltado não à tutela de posições subjetivas, mas da higidez do ordenamento constitucional. O controle de constitucionalidade que se desenvolve nesse processo objetivo é um controle principal ou abstrato.

Apesar de comumente associar-se o controle incidental ao sistema difuso, ele é comum também ao sistema concentrado de muitos países, a exemplo de Alemanha, Espanha, Itália, Áustria, nos quais os juízes e tribunais, destituídos de competência de controle de constitucionalidade, ao considerarem inconstitucional norma que se mostre relevante ao julgamento do caso concreto, devem submeter a questão constitucional à respectiva Corte Constitucional, em uma cisão funcional a exemplo do que ocorre no direito brasileiro no âmbito dos tribunais, em sede de controle difuso, por força da regra da reserva de plenário (CF, art. 97).

Existem, ainda, sistemas mistos, como o adotado no Brasil, em que coexistem os dois sistemas de controle, o difuso e o concentrado. Nesse sentido, a Constituição Federal atribui competência de controle de constitucionalidade a todos os juízes e tribunais, para um controle de natureza incidental, inclusive ao próprio STF, que o exerce por meio do recurso extraordinário. Já o controle principal restringe-se ao STF, quando o parâmetro de controle for a Constituição Federal, e aos Tribunais de Justiça dos Estados e do Distrito Federal, quando o parâmetro de controle for Constituição Estadual ou a Lei Orgânica do Distrito Federal.

O modelo de controle de constitucionalidade adotado pelo Brasil é preponderantemente jurisdicional, em que convivem um sistema difuso e incidental e outro concentrado e principal, tratando-se de um sistema misto, portanto.

DIREITO PROCESSUAL CONSTITUCIONAL

Admite-se, contudo, o controle político, na medida em que o Poder Legislativo também realiza controle de constitucionalidade quando delibera sobre as proposições legislativas a ele submetidas, sobretudo no âmbito de suas Comissões de Constituição e Justiça, responsáveis pelo juízo de admissibilidade de tais proposições em vista de sua compatibilidade com a Constituição. O mesmo se dá quando o chefe do Poder Executivo exerce seu poder de veto por razões de ordem constitucional (CF, art. 66, § 1º, primeira parte). Trata-se, ainda, de hipóteses de controle preventivo.

Pode-se cogitar, também, de outro exemplo de controle político, este de natureza repressiva, que se dá quando o Poder Legislativo, no exercício da competência que lhe é atribuída pelo art. 49, V, da CF, susta os atos normativos do Poder Executivo que exorbitam do poder regulamentar ou dos limites da delegação legislativa.

O controle jurisdicional é essencialmente repressivo. Não obstante, o STF admite, em hipóteses bastante restritas, o controle jurisdicional repressivo, em face de afronta ao devido processo legislativo constitucional, ou seja, às normas procedimentais previstas na Constituição. Assim, no curso do processo legislativo, em sendo inobservadas as disposições constitucionais que o disciplinam, o STF entende cabível a via do mandado de segurança, para a qual são legitimados apenas os parlamentares participantes do processo legislativo, a fim de coibir inconstitucionalidades procedimentais. O mesmo vale para os projetos de emenda constitucional "tendentes a abolir a forma federativa de Estado, o voto direto, secreto, universal e periódico, a separação dos Poderes e os direitos e garantias individuais", pois, em relação a elas, a Constituição veda inclusive a deliberação legislativa (CF, art. 60, § 4º).

O controle de constitucionalidade brasileiro, portanto, é um controle misto quanto ao sistema de controle, mas também quanto ao órgão de controle, admitindo tanto o controle político quanto o controle jurisdicional, e quanto ao momento do controle, podendo se dar preventiva ou repressivamente.

(Cespe/TRF/5R/Juiz/2015) Disserte sobre o tema controle de constitucionalidade, abordando, necessariamente, os aspectos a seguir: (i) No que se refere ao controle preventivo de constitucionalidade de lei federal pelo Judiciário, considere os seguintes pontos: controle concreto ou abstrato; legitimados ativos e passivos; a(s) hipótese(s) de cabimento; meio(s) viável(is) para a realização de tal controle; e os efeitos da decisão. (ii) Com relação ao controle abstrato de constitucionalidade de lei municipal, considere os seguintes pontos: possibilidade e hipóteses de controle; normas-parâmetro; corte(s) competente(s) para a

COLEÇÃO PREPARANDO PARA CONCURSOS

realização de tal controle em cada hipótese; legitimados à propositura da ação abstrata em cada hipótese; efeitos da decisão em cada hipótese. (iii) Ainda no que tange ao controle abstrato de constitucionalidade de lei municipal, considere o cabimento ou não de recurso extraordinário em face de acórdão do tribunal local que declarar a inconstitucionalidade de lei municipal.

Autor: Jorge Ferraz de Oliveira Júnior

Direcionamento da resposta

Recomenda-se que a abordagem da resposta observe os seguintes pontos: (i.1) classificações do controle de constitucionalidade entre preventivo e repressivo, bem como difuso-concreto e concentrado-abstrato; (i.2) controle preventivo de constitucionalidade pelo Poder Judiciário mediante mandado de segurança impetrado por parlamentar contra inobservância do processo legislativo constitucional ou cláusula pétrea e ação de descumprimento de preceito fundamental (polêmica); (ii) controle de constitucionalidade abstrato de lei municipal mediante ADPF, pelo STF, e ADI e ADPF (essa última, em tese), pelo TJ; (iii) possibilidade de interposição de RE, mediante prequestionamento/parametrização de normas previstas na Constituição Federal, contra acórdão prolatado em sede de controle concentrado pelo TJ.

Sugestão de resposta

O controle de constitucionalidade, quanto ao momento em que pode ser exercido, classifica-se em: a) repressivo, quando ocorre após a promulgação da lei (ou ato normativo); e b) preventivo, quando ocorre antes da promulgação da lei ou ato normativo.

O controle repressivo é realizado, grosso modo, pelo Poder Judiciário. No âmbito administrativo, o controle de constitucionalidade geralmente esbarra na alegação de presunção de constitucionalidade das leis e de vinculação do administrador ao Poder Legislativo, cabendo-lhe tão-somente cumprir a lei, sem indagar acerca de sua constitucionalidade. Algumas leis, aliás, proíbem expressamente a jurisdição administrativa de proceder a aferição de constitucionalidade de leis (é o caso, p. ex., da lei que rege o procedimento Administrativo Fiscal[33]). De outra banda, admite-se o controle de constitucionalidade na jurisdição desempenhada por órgãos do Poder Legislativo. Nesse sentido, o STF já

---

33. Dec. 70.235/72. Art. 26-A. No âmbito do processo administrativo fiscal, fica vedado aos órgãos de julgamento afastar a aplicação ou deixar de observar tratado, acordo internacional, lei ou decreto, sob fundamento de inconstitucionalidade.

DIREITO PROCESSUAL CONSTITUCIONAL

editou súmula dispondo que o Tribunal de Contas da União pode realizar controle de constitucionalidade de leis (Súmula 347).[34]

A França, por questões históricas e ideológicas (Revolução Francesa e certa resistência em relação ao Poder Judiciário, visto como reminiscência do Antigo Regime) exercia apenas o controle preventivo, mediante o Conselho Constitucional. Todavia, recentemente (2008), o referido país passou a realizar controle de constitucionalidade de leis também na modalidade repressiva. No Brasil, o controle preventivo é realizado pelas próprias casas do Congresso Nacional, sobretudo pela Comissão de Constituição e Justiça, pelo Presidente da República, mormente mediante o exercício de poder de veto e, excepcionalmente, pelo Poder Judiciário.

Item i.

Como supramencionado, o Poder Judiciário também poderá realizar controle de constitucionalidade preventivo. Isso é possível através da ação de mandado de segurança impetrada por parlamentar e, em alguns casos, pela ADPF contra veto do Presidente da República (sendo bastante controvertida essa segunda hipótese). Classificam-se as referidas modalidades de controle, respectivamente, como difuso-concreto e concentrado-abstrato.

---

34. A súmula, recentemente, veio a ser alvo de questionamento pelo Min. Gilmar Mendes, no julgamento do MS n° 25.888 (decisão monocrática): "Não me impressiona o teor da Súmula n° 347 desta Corte, segundo o qual 'o Tribunal de Contas, o exercício de suas atribuições, pode apreciar a constitucionalidade das leis e dos atos do Poder Público'. A referida regra sumular foi aprovada na Sessão Plenária de 13.12.1963, num contexto constitucional totalmente diferente do atual. Até o advento da Emenda Constitucional n° 16, de 1965, que introduziu em nosso sistema o controle abstrato de normas, admitia-se como legítima a recusa, por parte de órgãos não-jurisdicionais, à aplicação da lei considerada inconstitucional. No entanto, é preciso levar em conta que o texto constitucional de 1988 introduziu uma mudança radical no nosso sistema de controle de constitucionalidade. Em escritos doutrinários, tenho enfatizado que a ampla legitimação conferida ao controle abstrato, com a inevitável possibilidade de se submeter qualquer questão constitucional ao Supremo Tribunal Federal, operou uma mudança substancial no modelo de controle de constitucionalidade até então vigente no Brasil. Parece quase intuitivo que, ao ampliar, de forma significativa, o círculo de entes e órgãos legitimados a provocar o Supremo Tribunal Federal, no processo de controle abstrato de normas, acabou o constituinte por restringir, de maneira radical, a amplitude do controle difuso de constitucionalidade. A amplitude do direito de propositura faz com que até mesmo pleitos tipicamente individuais sejam submetidos ao Supremo Tribunal Federal mediante ação direta de inconstitucionalidade. Assim, o processo de controle abstrato de normas cumpre entre nós uma dupla função: atua tanto como instrumento de defesa da ordem objetiva, quanto como instrumento de defesa de posições subjetivas. Assim, a própria evolução do sistema de controle de constitucionalidade no Brasil, verificada desde então, está a demonstrar a necessidade de se reavaliar a subsistência da Súmula 347 em face da ordem constitucional instaurada com a Constituição de 1988". A premissa adotada pelo eminente Ministro para fins de superação da súmula, no referido julgado, é criticável, mormente quando se considera que o TCU não pode propor, por si só, ADIn no STF.

COLEÇÃO PREPARANDO PARA CONCURSOS

Como sabido, a dicotomia concentrado/difuso se refere à quantidade de órgãos que podem exercer o controle de inconstitucionalidade de leis, invalidando diplomas normativos promulgados pelo parlamento. Se o controle é realizado por um único órgão (e. g., uma Corte Constitucional), diz-se concentrado. Se realizado por mais de um órgão o sistema é difuso.

O controle de constitucionalidade em abstrato, por sua vez, é realizado por intermédio de ação cujo pedido seja diretamente a declaração de inconstitucionalidade (ou de constitucionalidade) de determinada lei. O controle de constitucionalidade na modalidade concreta não tem por objeto precípuo a declaração de inconstitucionalidade de determinada lei, mas sim a resolução de casos concretos. A declaração de inconstitucionalidade da lei ocorre incidentalmente, na fundamentação do julgado.

O sistema abstrato aproxima-se e praticamente confunde-se com o concentrado, visto que nos sistemas mais conhecidos de controle de constitucionalidade, o controle abstrato é exercido por um único órgão. O controle difuso, por sua vez, é realizado sempre concretamente; os órgãos do Poder Judiciário que o exercem julgam casos concretos, não apreciando pedidos de declaração de inconstitucionalidade de lei em tese.

Lançadas as referidas premissas, passa-se a analisar as ações supramencionadas (mandado de segurança e ADPF, ajuizadas para fins de controle de constitucionalidade preventivo).

No caso do mandado de segurança, em razão da autoridade impetrada (mesa da Câmara dos Deputados ou do Senado Federal), deve ser ajuizado no Supremo Tribunal Federal (artigo 102, I, "d", da Constituição). Tal circunstância, todavia, não torna a referida modalidade de controle em abstrato-concentrado. Isso porque a ação de mandado de segurança pode ser ajuizada em qualquer órgão do Poder Judiciário (desde que, evidentemente, tal órgão tenha competência para apreciá-la), e não apenas no Supremo. Seu pedido, no mais, não se refere à declaração de inconstitucionalidade de lei, mas sim em determinação para que a autoridade coatora se abstenha de fazer ou faça determinado ato. No caso em tela, o provimento solicitado geralmente será o abter-se de submeter o parlamentar a votação de projeto de lei (ou Proposta de Emenda à Constituição) inconstitucional.

A legitimidade ativa é do parlamentar (Deputado Federal ou Senador) que sofre a coação ilegal (*in casu*, inconstitucional). O polo passivo do mandado de segurança deve ser composto pela autoridade que praticou o ato, *in casu*, alguma daquelas que componham a mesa da Câmara dos Deputados ou Senado Federal, conforme o caso. Os efeitos da decisão, tratando-se de processo subjetivo é *inter partes*. Todavia, terceiros podem vir a beneficiar-se da impetração, a

104

DIREITO PROCESSUAL CONSTITUCIONAL

depender do pedido e de seu acolhimento (p. ex., arquivamento do projeto de lei). Tal circunstância, todavia, não retira o caráter de processo subjetivo do feito; tanto que, em caso de descumprimento da decisão, somente aquele que ajuizou o mandado de segurança pode ajuizar reclamação, requerendo o cumprimento da decisão prolatada pela Corte.

O STF entende que esse controle judicial preventivo se dará em caráter excepcional, havendo duas hipóteses nas quais seria possível esse controle: proposta de emenda à Constituição manifestamente ofensiva a cláusula pétrea; e projeto de lei ou de emenda em cuja tramitação se verificasse manifesta afronta à cláusula constitucional que disciplinasse o correspondente processo legislativo (MS 23.565; MS 24.645).

Quanto à Ação de Descumprimento de Preceito Fundamental – ADPF, a possibilidade de utilização em sede preventiva é tema polêmico no Supremo.[35] Há julgado, todavia, que acenou para a possibilidade de ser utilizada para fins de controle de constitucionalidade preventivo (ADPF n° 45), *in casu*, porque exercida contra o veto do Presidente da República. Os legitimados para ajuizamento da ADPF são os mesmos legitimados da Ação Direta de Constitucionalidade e ADCon (artigo 2°, I, da Lei n° 9.882/99 c/c artigo 103 da Constituição). Tratando-se de processo objetivo, não há réus; há, quando muito, interessado no feito, sendo geralmente indicada a autoridade que praticou o ato lesivo. A eficácia da decisão é *erga omnes*. Possui efeito vinculante, conforme previsão na legislação ordinária (artigo 10, § 3°, LADPF), de maneira que o descumprimento da decisão enseja o ajuizamento de reclamação por qualquer interessado, ainda que este não tenha integrado o pólo ativo da ADPF. Os efeitos da decisão podem ser *ex tunc, ex nunc* ou mesmo prospectivos (artigo 11 da ADPF).

A ADPF encontra-se sujeita ao princípio da subsidiariedade (artigo 4°, § 1°, da Lei n° 9.882/99). Somente admite-se a referida ação quando não existente outro meio para sanar a lesividade. Conforme entendimento doutrinário e jurisprudencial, a subsidiariedade deve ser verificada em relação a outras ações de controle em sede abstrato (vide ADPF n° 33). Para alguns doutrinadores, não caberá também ADPF quando a lesão puder ser afastada por *writs* constitucionais.[36]

---

35. Na ADPF n° 1 afastou-se a possibilidade da ADPF para impugnação de veto do Presidente da República. O tema votou novamente na ADPF n° 45, que tratava da legitimidade da intervenção do Poder Judiciário em políticas públicas, em que, mediante memorável voto, o Ministro Celso de Mello admitiu a utilização da ADPF para o referido desiderato. A ação, posteriormente, foi julgada prejudicada, pois, após o veto, foi promulgada lei de objeto idêntico aos dispositivos do projeto de lei vetado.

36. É o entendimento de: BULOS, Uadi Lammêgo. Curso de direito constitucional. São Paulo: Saraiva, 2014, p. 332.

A parametricidade da ADPF é a existência de preceito fundamental. Como sabido, nem todo dispositivo constitucional é preceito fundamental. Na ADPF nº 1, o Min. Néri da Silveira consignou que cabe ao STF decidir aqueles preceitos que são fundamentais, cuja lesão é ensejadora da supramencionada ação constitucional. Em outro julgado (ADPF nº 33, Voto do Min. Gilmar Mendes), apontaram-se como preceitos fundamentais os direitos e garantias individuais (artigo 5º da CF), as "cláusulas pétreas" (artigo 60, § 4º) e os princípios constitucionais sensíveis (artigo 34, VII, da Constituição). A doutrina aponta, ainda, os princípios fundamentais, os direitos e garantias fundamentais, normas de organização política do Estado e de organização dos Poderes (Títulos I, II e III da Constituição).[37]

Item ii.

Quanto ao controle abstrato de constitucionalidade das leis municipais, poderá ser feito mediante o ajuizamento de ação declaratória de inconstitucionalidade (ADIn) no Tribunal de Justiça e arguição de descumprimento de preceito fundamental (ADPF) no STF. Mencione-se também a possibilidade de criação de ADPF no Estado, que pode ser utilizada para fins de controle de constitucionalidade de leis municipais anteriores à Constituição.

O controle abstrato de constitucionalidade de leis municipais será feito tendo como parâmetro a Constituição Estadual e será realizado pelo Tribunal de Justiça do respectivo estado-membro quando na Carta Estadual exista a previsão da possibilidade do controle de leis municipais em face da Constituição Estadual. Estarão legitimados para o ajuizamento da ação declaratória da inconstitucionalidade aqueles previstos expressamente na Constituição Estadual (art. 125, § 2º, CF), dispondo a Constituição Federal que tal legitimidade não poderá ser atribuída a um único órgão. Os efeitos da decisão, via de regra, serão *erga omnes* e *ex tunc*, podendo, semelhantemente à ADIn Federal, atribuírem-se efeitos *ex nunc* e prospectivos. Possui caráter vinculante, porquanto admitiria o ajuizamento de reclamação por qualquer interessado, em caso de descumprimento da decisão, ainda que o reclamante não tenha figura no polo ativo da ação abstrata.

Na doutrina, há quem defenda a possibilidade de previsão de ADPF nas Constituições Estaduais.[38] Caso prevista, poderia ter utilidade, em relação ao problema ora apresentado, para julgar leis municipais anteriores a Constituição Estadual (hipótese em que não seria cabível ADIn Estadual). Urge ressaltar, todavia, que a doutrina majoritária aponta ser impróprio falar em inconstitucionalidade da lei em tais casos, mas sim em não recepção do dispositivo anterior à

---

37. CUNHA JÚNIOR, Dirley da. Curso de direito constitucional. 8. ed. Salvador: Juspodivm, p. 356.

38. BULOS, Uadi Lammêgo. Curso de direito constitucional. São Paulo: Saraiva, 2014, p. 336 e 338.

DIREITO PROCESSUAL CONSTITUCIONAL

Constituição. Vale quanto à ADPF Estadual tudo o que se disse em relação à ADIn Estadual.

Por expressa previsão legal, é possível o ajuizamento de ADPF junto ao STF contra leis municipais (artigo 1°, parágrafo único, I, da Lei n° 9.882/99). Aqui, aplica-se tudo o que se disse no tópico anterior, concernente à ADPF preventiva, quanto à legitimidade ativa (mesmos legitimados da ADIn e ADCon), efeitos (*erga omnes* e *ex tunc, ex nunc* ou prospectivos), normas-parâmetro (preceitos fundamentais previstos na Constituição Federal, conforme dicção do STF e doutrina) etc.

Item iii.

É possível a interposição de recurso extraordinário contra decisões prolatadas em sede de controle abstrato de constitucionalidade de leis municipais do TJ, desde que presentes alguma das hipóteses dos artigos 102, III, alíneas "a", "c" ou "d" da Constituição. Hipótese em que, todavia, antes da interposição do recurso extraordinário, o interessado deverá opor embargos de declaração, com vistas a prequestionar a vulneração à Constituição Federal, apontando os dispositivos tidos por violados. Admitido e conhecido o recurso, a decisão do STF terá eficácia *erga omnes*, em razão da natureza objetiva da ação ajuizada no TJ. Nesse sentido, confira-se o entendimento firmado no RE 187.142, Min. Ilmar Galvão.

(PGE/PR/Procurador/2015) Considerando o efeito repristinatório decorrente de norma revogadora declarada inconstitucional pelo Supremo Tribunal Federal; considerando que a norma repristinada, antes revogada, padece de vícios idênticos aos da norma revogadora, disserte sobre o assunto, abrangendo, obrigatoriamente, o entendimento do Supremo Tribunal Federal.

Autor: **Paulo César de Carvalho Gomes Júnior**

Direcionamento da resposta

De início, o candidato deve diferenciar os efeitos repristinatórios de decisões de inconstitucionalidade da repristinação propriamente dita, conceituando-os. Em seguida, deve adentrar no tema dos efeitos repristinatórios indesejados, explicando-o em atenção à jurisprudência do STF, conforme solicitado pelo enunciado da questão. Deve assinalar que inicialmente o Supremo entendeu que, havendo a possibilidade da produção de efeitos repristinatórios indesejados no controle abstrato de constitucionalidade, o autor da ação direta deve impugnar todo o complexo normativo supostamente inconstitucional, isto é, deve impugnar as normas revogadoras e sucessivamente as revogadas, sob pena de não conhecimento da ação[39].

Afinal, o controle de constitucionalidade não poderia ser responsável por restaurar norma inconstitucional, e a inconstitucionalidade de normas não poderia ser declarada de ofício em ações diretas, sob pena de julgamento *extra petita* (princípio da congruência). Ademais, não seria o caso de declaração de inconstitucionalidade por arrastamento[40] da norma revogada, pois inexistiria

---

39. "(...) Fiscalização normativa abstrata. Declaração de inconstitucionalidade em tese e efeito repristinatório. A declaração de inconstitucionalidade "in abstracto", considerado o efeito repristinatório que lhe é inerente (...), importa em restauração das normas estatais revogadas pelo diploma objeto do processo de controle normativo abstrato. É que a lei declarada inconstitucional, por incidir em absoluta desvalia jurídica (...), não pode gerar quaisquer efeitos no plano do direito, nem mesmo o de provocar a própria revogação dos diplomas normativos a ela anteriores. Lei inconstitucional, porque inválida (...), sequer possui eficácia derrogatória. A decisão do Supremo Tribunal Federal que declara, em sede de fiscalização abstrata, a inconstitucionalidade de determinado diploma normativo tem o condão de provocar a repristinação dos atos estatais anteriores que foram revogados pela lei proclamada inconstitucional. (...). Considerações em torno da questão da eficácia repristinatória indesejada e da necessidade de impugnar os atos normativos, que, embora revogados, exteriorizem os mesmos vícios de inconstitucionalidade que inquinam a legislação revogadora. – Ação direta que impugna, não apenas a Lei estadual nº 1.123/2000, mas, também, os diplomas legislativos que, versando matéria idêntica (serviços lotéricos), foram por ela revogados. Necessidade, em tal hipótese, de impugnação de todo o complexo normativo. Correta formulação, na espécie, de pedidos sucessivos de declaração de inconstitucionalidade tanto do diploma ab-rogatório quanto das normas por ele revogadas, porque também eivadas do vício da ilegitimidade constitucional. Reconhecimento da inconstitucionalidade desses diplomas legislativos, não obstante já revogados. (ADI 3148, DJe 28.9.2007).

40. "Por regra, à luz do princípio da demanda, o juiz estaria vinculado ao pedido inicial, sendo caso, inclusive, de nulidade da sentença, se o julgamento ultrapassar o pedido. Contudo, em sede de controle de constitucionalidade, o princípio sofre ponderação, autorizando-se que, ao julgar uma ação declaratória de inconstitucionalidade, o Supremo Tribunal Federal acabe por também reconhecer a inconstitucionalidade de dispositivos não impugnados. Trata-se da chamada inconstitucionalidade consequencial, também conhecida por arrastamento ou por atração. Nesse caso, o Supremo Tribunal Federal estende os efeitos da declaração de inconstitucionalidade para outros não impugnados, em razão da relação de dependência ou interdependência entre os dispositivos. Essa relação de interdependência poderá ser entre dispositivos de uma mesma norma ou a atos regulamentares da norma originalmente impugnada. A primeira hipótese é chamada por arrastamento horizontal, já que a relação de interdependência se dá entre dispositivos da mesma norma. Com efeito, não haveria sentido manter-se vigente dispositivo que acabaria por manter no sistema jurídico regra já reconhecida como violadora da Constituição Federal e, portanto, inconstitucional. Na segunda hipótese, se tem a chamada inconstitucionalidade por arrastamento vertical, pois a decisão atinge o ato regulamentador da norma diretamente impugnada, já que acaba por perder seu fundamento de validade. A norma regulamentadora (por exemplo, decreto) está diretamente vinculada a lei que lhe dá origem (decreto de execução), não sendo razoável permanecer no cenário jurídico se a norma principal foi considerada inconstitucional. (KRUGER, Ângela Roberta. A inconstitucionalidade por arrastamento". Disponível na internet.

DIREITO PROCESSUAL CONSTITUCIONAL

relação de dependência ou de prejudicialidade com a norma revogadora[41]: a relação delas se limitaria à revogação em si. Após, deve ressaltar que, posteriormente, no julgamento da ADI 3.660, a Corte, sofisticando seu entendimento, afirmou que a exigência de impugnação do complexo normativo apenas abrange as normas posteriores à CF/88, pois o controle abstrato de constitucionalidade se destinaria fundamentalmente à aferição da validade das normas pós-constitucionais[42].

Deve assinalar que, assim, segundo o próprio STF, ele pode reconhecer, em ações diretas, de ofício ou em pedido sucessivo ao de inconstitucionalidade, a não recepção de normas anteriores à CF/88. Deve, ainda, apontar que, o STF, nesse mesmo julgamento, disse que a própria exigência de impugnação de todo o complexo normativo pode ser relativizada, vez que a Corte, calcada no art. 27 da Lei nº 9.868/1999, poderia deliberar a respeito da modulação do próprio efeito repristinatório[43].

Por fim, vale uma dica: ao escrever o texto, é sempre interessante que o candidato mencione palavras-chaves que podem constar do espelho. Por exemplo, nesse caso, conforme se verá abaixo, as seguintes: "efeitos repristinatórios indesejados", "julgamento *extra petita*", inconstitucionalidade por arrastamento, princípio da congruência, pedido sucessivo, modulação dos efeitos, entre outras.

Sugestão de resposta

---

41. Também o Supremo Tribunal Federal, no controle concentrado, fica condicionado ao "princípio do pedido". Todavia, quando a declaração de inconstitucionalidade de uma norma afeta um sistema normativo dela dependente, ou, em virtude da declaração de inconstitucionalidade, normas subseqüentes são afetadas pela declaração, a declaração de inconstitucionalidade pode ser estendida a estas, porque ocorre o fenômeno da inconstitucionalidade "por arrastamento" ou "por atração" (ou por reverberação normativa). (ADI 2895, Rel. Min. Carlos Velloso, voto, j. 2.2.2005).

42. STF. Informativo nº 472. Destinação de Custas Judiciais e Efeito Repristinatório das Decisões no Controle Abstrato – 1: Conjugando os entendimentos fixados pelo Tribunal de que, no âmbito do controle em abstrato da constitucionalidade das leis e dos atos normativos, o requerente deve impugnar todo o complexo normativo supostamente inconstitucional, inclusive as normas revogadas que poderão ser eventualmente repristinadas pela declaração de inconstitucionalidade das normas revogadoras, e de que o processo de controle abstrato destina-se, fundamentalmente, à aferição da constitucionalidade de normas pós-constitucionais, concluiu-se que a impugnação deveria abranger apenas a cadeia de normas revogadoras e revogadas até o advento da Constituição de 1988. Asseverou-se, ademais, que a exigência de impugnação de toda a cadeia normativa supostamente inconstitucional poderia até mesmo ser relativizada, haja vista a possibilidade de o Tribunal deliberar a respeito da modulação do próprio efeito repristinatório da declaração de inconstitucionalidade (Lei 9.868/99, art. 11, § 2º c/c o art. 27). (ADI 3660, j. 18.6.2007).

43. Idem.

Repristinação é a restauração da vigência de norma revogada pelo fato de a norma revogadora ter perdido sua própria vigência. No ordenamento jurídico brasileiro, é medida excepcional: apenas tem lugar se houver disposição expressa que a preveja, nos termos do art. 2º, § 3º, da LINDB.[44] Já os efeitos repristinatórios decorrentes da declaração de inconstitucionalidade de uma norma (re)colocam em vigor de forma retroativa (em regra) norma **aparentemente** revogada pela declarada inconstitucional. Produzem, pois, restauração de vigência *ex tunc*. É como se a norma restaurada jamais tivesse sido revogada. Diferentemente da repristinação, são o natural no ordenamento pátrio, não a exceção. São consequência lógica da adoção como regra da teoria da nulidade dos atos inconstitucionais, fundada na antiga doutrina americana segundo a qual *the inconstitucional statute is not law at all*[45]. Por essa teoria, a declaração de inconstitucionalidade equivale a declaração de nulidade da norma, e a norma nula não produz efeitos, entre os quais, o da revogação[46].

Sucede que, às vezes, a norma revogada também pode ser inconstitucional. Nesse caso, pois, a declaração de inconstitucionalidade da norma revogada poderia, por meio de seus efeitos repristinatórios, restaurar a vigência de norma ofensiva à Constituição. Tais efeitos foram chamados de indesejados ("efeitos repristinatórios indesejados"). Para evitá-los em sede de ação direta, o STF inicialmente entendeu que, padecendo as normas revogadas dos mesmos vícios das revogadoras, o autor da ação deveria impugnar todo o complexo normativo supostamente inconstitucional. É dizer, deveria impugnar a norma revogadora e sucessivamente as normas revogadas. Do contrário, a ação direta não poderia ser conhecida. Afinal, o controle de constitucionalidade não poderia ser responsável por restaurar norma inconstitucional, e a inconstitucionalidade de normas não poderia ser declarada de ofício em ações diretas, sob pena de julgamento *extra petita* (princípio da congruência). Ademais, não seria o caso de declaração de inconstitucionalidade por arrastamento da norma revogada, pois inexistiria relação de dependência ou de prejudicialidade com a norma revogadora: a relação delas se limitaria à revogação em si.

---

44. LINDB, art. 2º, § 3º ("Salvo disposição em contrário, a lei revogada não se restaura por ter a lei revogadora perdido a vigência").

45. BRANCO, Paulo Gustavo Gonet; Mendes, Gilmar Ferreira. Curso de direito constitucional. 6. ed. São Paulo: Saraiva, 2011. p. 1359.

46. "A declaração de inconstitucionalidade tem efeitos repristinatórios, porquanto fulmina a norma desde o seu surgimento. Ante a nulidade do dispositivo que determinava a revogação de norma precedente, torna-se novamente aplicável a legislação anteriormente revogada. A controvérsia acerca do correto regime a ser aplicado à agravante, em razão da declaração de inconstitucionalidade da Lei nº 8.870/1994, demanda o reexame da legislação infraconstitucional pertinente, providência vedada nesta fase processual. Agravo regimental a que se nega provimento. (STF, AI 602277-AgR, DJe 16.3.2015).

DIREITO PROCESSUAL CONSTITUCIONAL

Posteriormente, sofisticando o entendimento, a Corte, ao julgar a ADI nº 3.660, assinalou que essa exigência de impugnação de todo o complexo normativo apenas vale para as normas editadas posteriormente à CF/88, vez que as ações diretas se destinariam fundamentalmente ao controle de validade das normas pós-constitucionais (entendimento que, atualmente, pode ser considerado como superado em razão da real efetividade que se imprimiu à ADPF). A Corte afirmou que ela pode, mesmo em ações diretas, declarar de ofício a não recepção das normas anteriores à CF/88. E pode "mais ainda" se o autor da ação direta pugnou por tal declaração em pedido sucessivo ao de inconstitucionalidade. A verdade é que entendimento diverso teria como consequência à época a impossibilidade prática de se impugnar um elevado número de normas.

Não bastasse, nesse mesmo julgamento, o STF salientou que até mesmo a exigência de impugnação de todo complexo normativo pode ser relativizada. Afinal, o Tribunal, calcado no art. 27 da Lei nº 9.868/1999, poderia deliberar a respeito da modulação do próprio efeito repristinatório.

(Fundep/PGM/Nova_Senhora_do_Socorro/Procurador/2014) Discorra de forma fundamentada sobre a possibilidade do controle da constitucionalidade em ação civil pública.

Autor: Marcelo Veiga Franco

Direcionamento da resposta

A questão requer que o candidato demonstre conhecimento acerca da possibilidade de realização ou não de controle de constitucionalidade através do manejo de ação civil pública.

Para tanto, espera-se que o candidato desenvolva o raciocínio acerca dos efeitos das decisões proferidas em sede de controle de constitucionalidade difuso, de controle de constitucionalidade concentrado e de ação civil pública.

Ao final, deseja-se que o candidato tenha condições de explicitar se há a possibilidade de ocorrência de declaração de inconstitucionalidade de lei em sede de ação civil pública, bem como em qual hipótese não haveria essa possibilidade.

Sugestão de resposta

No Brasil, coexiste a possibilidade de realização do controle de constitucionalidade difuso e concentrado. No controle de constitucionalidade difuso, a aferição da constitucionalidade da lei ou ato normativo infraconstitucional ocorre no caso concreto e por qualquer juiz ou tribunal judiciário, de maneira incidental (*incidenter tantum*), sendo que a decisão proferida produz, de regra, efeitos entre as partes (*inter partes*). Por seu turno, no controle de constitucionalidade concentrado, a aferição da constitucionalidade da lei ou ato normativo infraconstitucional é realizada em tese, de modo abstrato e por via principal (*principaliter tantum*) em ação própria e específica ajuizada perante tribunal judiciário competente, sendo que a decisão proferida produz efeitos para todos (*erga omnes*).

Nesse contexto, cabe discutir se é possível a realização de controle de constitucionalidade em sede de ação civil pública, tendo em vista que, nos termos do art. 16 da Lei 7.347/85, a decisão proferida nesse tipo de ação "fará coisa julgada erga omnes, nos limites da competência territorial do órgão prolator, exceto se o pedido for julgado improcedente por insuficiência de provas, hipótese em que qualquer legitimado poderá intentar outra ação com idêntico fundamento, valendo-se de nova prova".

A fim de resolver essa questão, o STF, no julgamento das Reclamações n. 602, 633 e 1.733 e do RE 424993, concluiu que apenas é possível a realização de controle de constitucionalidade difuso em sede de ação civil pública. Nessa hipótese, a questão acerca da inconstitucionalidade da lei é deduzida de modo incidental, prejudicial, a título de causa de pedir (causa petendi) e com efeitos inter partes, não se confundindo com o objeto principal da ação (isto é, a defesa de direitos ou interesses difusos, coletivos ou individuais homogêneos) cuja resolução se dá com eficácia erga omnes. Por via de consequência, a ação civil pública não pode ser manejada como instrumento sucedâneo ou substitutivo de ação direta de inconstitucionalidade. Isso porque, nessa hipótese, a decisão proferida na ação civil pública produziria efeitos erga omnes e estaria, portanto, acarretando em autêntico controle de constitucionalidade concentrado de lei em tese e *in abstracto*, usurpando competência constitucional do STF.

Por conseguinte, caso seja manejada ação civil pública como sucedâneo de ação direta de inconstitucionalidade, será cabível a propositura de reclamação constitucional perante o STF a fim de evitar usurpação de competência deste Tribunal (art. 102, I, l, da Constituição Federal, arts. 13 a 18 da Lei 8.038/90 e arts. 156 a 162 do RISTF)[47].

---

47. Reclamação: procedência: usurpação da competência do STF (CF, art. 102, I, a). Ação civil pública em que a declaração de inconstitucionalidade com efeitos erga omnes não é posta como causa de pedir, mas, sim, como o próprio objeto do pedido, configurando hipótese reservada à ação direta de inconstitucionalidade de leis federais, da privativa competência originária do Supremo Tribunal. (STF, Rcl 2224, DJ 10.2.2006).

DIREITO PROCESSUAL CONSTITUCIONAL

(MP/DFT/Promotor/2013) *A pertinência temática no âmbito da ação direta de inconstitucionalidade é compatível com a natureza objetiva do processo de controle abstrato de constitucionalidade? Justifique.*

Autor: **Alexandre Schneider**

Direcionamento da resposta

No questionamento posto, exige-se que seja estabelecida a correlação entre o requisito pretoriano da "pertinência temática" (também denominada "interesse de agir" ou "pertinência de interesse") na legitimidade ativa *ad causam* dos legitimados "especiais" para a instauração do processo de controle concentrado de constitucionalidade, em compasso com a natureza objetiva da relação processual do controle pela via de ação.

Para tanto, inicialmente, cabe mencionar quem são os legitimados "universais" e os "especiais" (art. 103, I a IX, CF), conceituando "pertinência temática", além de explicar no que consiste a natureza objetiva da ação constitucional, demonstrando, por fim, os matizes doutrinários existentes quanto ao (des)cabimento da condição da ação em relação aos legitimados "especiais".

Sugestão de resposta

A previsão das ações constitucionais de controle concentrado e difuso da constitucionalidade das normas assenta sua razão de ser no princípio da supremacia constitucional, segundo o qual a Constituição Federal é a norma fundante do ordenamento jurídico, de categoria superior, e que se situa no topo da pirâmide normativa; com base nessa perspectiva, todas as demais normas estão estabelecidas em patamares inferiores e, para irradiarem eficácia jurídica válida (regrando válida e eficazmente as relações interpessoais e as situações jurídicas dos cidadãos frente ao Estado), devem buscar base de legitimidade na Lei Maior, guardando compatibilidade vertical com a *Lex Legum*.

Assim, um dos instrumentos previstos pela Constituição Federal para a preservação de sua supremacia é a ação direta de inconstitucionalidade (controle concentrado, por via de ação ou controle abstrato), que constitui processo objetivo, sem qualquer conflito de interesses intersubjetivo, tendo por objeto de questionamento a norma editada em desconformidade com a ordem constitucional. Justamente por se tratar de processo objetivo (sem interesses subjetivos envolvidos), abstrato e formal (ao Estado-Juiz não é levado à apreciação qualquer conflito de interesse, mas o exame de norma em tese violadora da Lei Maior), a Constituição Federal no art. 103 e a Lei nº 9.864/99 elencam os sujeitos que estão legitimados para instaurar o controle concentrado.

Jurisprudencialmente, o Supremo Tribunal Federal – à margem do Texto Constitucional, já que nele inexiste qualquer previsão excepcionalizante – distinguiu dentre os legitimados aqueles que, para patentearem sua legitimidade ativa, devem demonstrar uma espécie de "interesse de agir" para proporem a ADIN, o que foi denominado de **pertinência temática**, que vem a ser a necessidade erigida aos legitimados especiais de demonstrarem que os efeitos concretos produzidos pela norma questionada repercutem diretamente sobre as suas esferas jurídicas, de seus associados ou filiados, guardando a ação direta de inconstitucionalidade pertinência com a finalidade pública, com os interesses que defendem ou com a finalidade associativa para a qual foram constituídas[48].Assim, as confederações sindicais, as entidades de classe de âmbito nacional, as Mesas das Assembleias Legislativas estaduais ou da Câmara Legislativa do Distrito Federal e os Governadores dos Estados e do Distrito Federal estão no rol dos 'legitimados especiais', devendo demonstrar a pertinência temática ao aforarem a ADIN.

Em contraposição, os 'legitimados universais' estão dispensados de tal requisito, habilitados, portanto, para o manejo da ação direta de inconstitucionalidade em qualquer situação, justamente porque suas funções institucionais estão voltadas ou possuem compromisso com o zelo da supremacia constitucional, a exemplo do Procurador-Geral da República, que, nos termos do § 1º do artigo 103, CF, atuará também como *custos legis* ao final da ação, previamente à decisão do Plenário do Supremo Tribunal Federal, em todas as ADIs propostas (inclusive naquelas em que o PGR figurar como autor[49]). Nesse exemplo, o Procurador-Geral da República, na condição de Membro máximo do Ministério Público, age sempre na defesa da ordem jurídica e do regime democrático (127, *caput*, CF) e investido da atribuição constitucional prevista no art. 129, inciso IV, CF.

Quanto aos legitimados especiais, as Mesas das Assembleias Legislativas e Câmara Legislativa e Governadores de Estado e Distrito Federal deverão explicitar que a lei ou ato impugnado traz reflexos nefastos ou indesejáveis ao

---

48. "O requisito da pertinência temática – que se traduz na relação de congruência que necessariamente deve existir entre os objetivos estatutários ou as finalidades institucionais da entidade autora e o conteúdo material da norma questionada em sede de controle abstrato – foi erigido à condição de pressuposto qualificador da própria legitimidade ativa 'ad causam' para efeito de instauração do processo objetivo de fiscalização concentrada de constitucionalidade" (STF, ADI 1157-MC, Rel. Min. Celso de Mello, voto).

49. Nesta situação, não é incomum constatar pareceres lavrados pelo Procurador-Geral da República publicizando entendimento diametralmente oposto ao que foi consignado na petição inicial, em razão do princípio da independência funcional (art. 127, § 1º, CF) e, muitas vezes, movido por uma reflexão aprofundada acerca do "thema decidendum", após ouvir as razões dos demais atores processuais e de colher subsídios que, inicialmente, não foram considerados na interposição da ação.

DIREITO PROCESSUAL CONSTITUCIONAL

Ente Federado respectivo (v. g. ADIs 733, 902 e 1307); por seu turno, às confederações sindicais e entidades de classe de âmbito federal, a jurisprudência da Corte Suprema exige que a lei ou ato normativo impugnado diga respeito aos filiados ou associados respectivos (v.g. ADIs 305, 1151 e 1464). Assim, para a jurisprudência do STF, "a legitimidade ativa destes, para a ação direta de inconstitucionalidade, vincula-se ao objeto da ação, pelo que deve haver pertinência da norma impugnada com os objetivos do autor da ação" (ADI 1507).

Considerando que o requisito especial em tela não está previsto na Constituição Federal nem na legislação de regência, instalou-se vigorosa corrente doutrinária contrária ao requisito pretoriano, ouvindo-se vozes a sustentar que o STF teria atuado na espécie como legislador positivo, substituindo até mesmo o Poder Constituinte.

Gilmar Mendes vem sustentando que, por se tratar de processo objetivo (vide ADI 1254-MC-AgR), abstrato, em que a norma tida por inconstitucional é o objeto da causa, a restrição posta em relação aos legitimados especiais não se justificaria[50].

Paulo Brossard argumenta que a Constituição Federal erigiu todos os legitimados no mesmo plano de igualdade para a instauração do processo político de controle da supremacia constitucional, para sanear o ordenamento jurídico[51].

Desse modo, o STF está erigindo a pertinência temática a verdadeira condição de ação, "interesse de agir", próprio do processo civil individual no qual vige

---

50. "Cuida-se de inequívoca restrição ao direito de propositura, que, em se tratando de processo de natureza objetiva, dificilmente poderia ser formulada até mesmo pelo legislador ordinário. A relação de pertinência assemelha-se muito ao estabelecimento de uma condição de ação – análoga, talvez, ao interesse de agir –, que não decorre dos expressos da Constituição e parece ser estranha à natureza do sistema de fiscalização abstrata de normas. (...) Uma tal restrição ao direito de propositura, além de não se compatibilizar, igualmente, com a natureza do controle abstrato de normas, criaria uma injustificada diferenciação entre os entes ou órgãos autorizados a propor a ação, diferenciação essa que não encontra respaldo na Constituição" (MENDES, Gilmar Ferreira. *et al.* Curso de Direito Constitucional. São Paulo: Saraiva-IDP, 2007, p. 1054-1055).

51. "A Constituição enumerou autoridades e entidades para dar-lhes alta atribuição, que é bem mais política, de interferir para, com a suposta preocupação de sanear o sistema jurídico, eliminar as inconstitucionalidades, por desventura, existentes. E colocou no mesmo plano jurídico o Presidente da República e uma confederação sindical; o Procurador-Geral da República e uma entidade de classe. Parece que se quis servir de entidades não investidas de autoridade, como são (RTJ 153:431). Senhor Presidente, esse é o problema e esta é a minha posição. Vencido no que diz respeito ao âmbito, a entidade de classe fica no mesmo plano de igualdade que o Procurador-Geral da República, que a Ordem dos Advogados, que o presidente da República ou que a Mesa do Senado. Entendo que não há necessidade de pertinência entre a norma arguida e os objetivos sociais da entidade de classe, para legitimá-la nas ações diretas, embora reconheça que razões em contrário, de utilidade e conveniência são abundantes" (RTJ 153:432).

COLEÇÃO PREPARANDO PARA CONCURSOS

o conceito de lide. Ao prever a necessidade de comprovação da pertinência temática, o STF elege um requisito do processo subjetivo (demonstração de que a eficácia da norma contestada irá incidir negativamente, prejudicando os interesses e as situações jurídicas do legitimado constitucional), ainda que essa norma goze dos requisitos de abstratividade, generalidade e efeito erga omnes, o que dispensaria por isso mesmo os "legitimados especiais" de justificarem a legitimação pela da existência de efeitos concretos e individuais. A Constituição Federal, ao prever um largo rol de legitimados para a proposição das ações diretas no controle concentrado de constitucionalidade, fê-lo com vistas a pluralizar a possibilidade de instauração dessa espécie de ação de controle de constitucionalidade.

(Femperj/TCE/RJ/Analista/2012) Discorra sobre a cisão funcional de competência em plano horizontal e a cisão funcional de competência no plano vertical, no âmbito do controle de constitucionalidade.

Autor: Daniel Falcão e Diego Prandino

Direcionamento da resposta

O candidato deveria, ao abordar a questão da cisão funcional, apontar que o instituto permite que determinada questão constitucional prejudicial suscitada de forma incidental na apreciação de um caso concreto seja afetada a outro Órgão do Poder Judiciário.

No caso da cisão funcional horizontal, a questão constitucional é submetida ao Pleno ou Órgão Especial do mesmo Tribunal (mesma hierarquia), remanescendo com o Órgão fracionário o mérito do caso concreto, que deverá ser apreciado à luz da decisão exarada pelo Pleno ou Órgão Especial. Importante destacar, nesse específico, o comando do art. 97 da Constituição Federal e o teor da Súmula Vinculante nº 10 – cláusula de reserva de plenário.

No caso da cisão vertical, diversamente, a questão constitucional é submetida diretamente ao Supremo Tribunal Federal (Órgão de hierarquia superior). Atualmente, admite-se a ocorrência da cisão vertical no sistema de controle de constitucionalidade brasileiro mediante o manejo, de forma incidental, da Ação de Descumprimento de Preceito Fundamental (ADPF).

Sugestão de resposta

No sistema de controle de constitucionalidade brasileiro há o instituto da cisão funcional, que consiste no destaque da questão constitucional prejudicial

DIREITO PROCESSUAL CONSTITUCIONAL

a Órgão ou Tribunal diverso daquele a que submetida a apreciação do mérito do caso concreto. A cisão funcional pode dar-se de forma horizontal ou vertical.

No que tange à cisão funcional horizontal, sua previsão vem insculpida no art. 97 do atual Texto Constitucional, sendo ratificada na Súmula Vinculante nº 10 do Supremo Tribunal Federal. Na cisão horizontal, a questão constitucional incidental é submetida ao Pleno ou Órgão Especial do mesmo Tribunal a que pertence o Órgão fracionário encarregado da apreciação do mérito da causa. Assim, após resolvida a questão constitucional, deverá o órgão fracionário proceder à análise da espécie à luz da decisão exarada pelo Pleno ou Órgão Especial. Nesse caso, tanto a questão constitucional como o mérito da espécie permanecem sob análise do mesmo Tribunal, ou seja, não há hierarquia, motivo pelo qual se fala em cisão funcional horizontal.

Diversamente, na cisão funcional vertical, a questão constitucional prejudicial é submetida diretamente ao STF, ou seja, Tribunal de hierarquia superior, cabendo à Suprema Corte pronunciar-se sobre a questão constitucional incidental. Da mesma maneira, o mérito da espécie remanesce com o Tribunal de hierarquia inferior, que deverá decidir a questão à luz do que resolvido pelo STF. No ordenamento jurídico pátrio, verifica-se a cisão vertical quando, no curso de um processo, eventual questão constitucional prejudicial é submetida à análise do STF por meio de uma ação de descumprimento de preceito fundamental incidental.

(FMP/PGE/AC/Procurador/2012) "*Ontem os códigos, hoje as constituições.*" *Diante da clássica afirmativa de Paulo Bonavides, comente o caráter de supremacia da ordem constitucional e suas implicações no controle de constitucionalidade.*

Autor: Paulo César de Carvalho Gomes Júnior

Direcionamento da resposta

Na resposta, o candidato deve descrever processo histórico do direito privado composto por três etapas: codificação, publicização e constitucionalização. Como em toda a descrição de processo histórico, ele deve mencionar as relações de causa e efeito que o permearam. É interessante que os fatos sejam apresentados em ordem cronológica, para facilitar a compreensão. Registre-se que o candidato deve dar especial enfoque à supremacia constitucional e ao controle de constitucionalidade, pois constam expressamente do texto da questão.

COLEÇÃO PREPARANDO PARA CONCURSOS

Inicialmente, o candidato deve indicar que, com a revolução francesa e a supremacia do parlamento, o código civil passou a ocupar o papel central do direito privado. Era o documento único, organizado com base em valores individualistas e liberais, que disciplinava todas as relações privadas. Em seguida, deve referir que, no pós primeira guerra, a situação começou a mudar. Adveio a Constituição dirigente. O Estado passou a ter que intervir nas relações privadas. Por isso, publicizou o direito privado: editou normas de ordem pública, limitando a liberdade das partes. Mas não inseriu tais normas no código civil, e, sim, em leis esparsas. O código perdeu a completude. Apesar disso, permaneceu no centro do direito privado. A Constituição ainda não tinha os requisitos necessários para ser protagonista.

Após, o candidato deve assinalar que, na Europa, no pós segunda guerra, surgiu o neoconstitucionalismo. A Constituição ganhou força normativa e supremacia formal. Para assegurá-las, foram instituídos Tribunais Constitucionais, incumbidos da jurisdição constitucional e do controle de constitucionalidade. Isso tudo fez com que as normas e os valores constitucionais passassem a se irradiar sobre toda a ordem jurídica, inclusive sobre o direito privado. Assim, a Lei Maior assumiu-lhe o protagonismo.

Ao fim, o candidato deve indicar que, no Brasil, o fenômeno da constitucionalização do direito privado é mais recente. Embora as constituições brasileiras sempre tenham tido supremacia formal[52], ele apenas se verificou a partir do advento da Constituição de 1988. Isso porque foi ela a primeira a possuir verdadeiramente força normativa e a tornar o controle de constitucionalidade efetivo.

Sugestão de resposta

Com a revolução francesa e a supremacia do parlamento, o código civil passou a ser o centro do direito privado. Era o documento único, racionalmente organizado com base em valores individualistas e liberais, que disciplinava todas as relações privadas. Era, pois, completo[53]. Mas, no pós primeira guerra, isso

---

52. Em verdade, a Constituição brasileira de 1824 era semirrígida. Apenas parte dela era dotada de supremacia formal.

53. Embora tenham existido condensações de normas jurídicas desde o Império Romano, foi com a Revolução Francesa e as ideias que a iluminaram que surgiu o cenário ideal para que o código civil passasse a desempenhar papel central nos ordenamentos jurídicos. Como cediço, uma das principais realizações da revolução foi limitar o poder governante com o objetivo de garantir liberdade às pessoas. Essa limitação, que significou a queda do regime absolutista, foi em muito instrumentalizada pela submissão do Estado ao Direito. Mas, para tanto, a revolução precisou superar a concepção de Direito então vigente. Isso porque ela possuía contornos imprecisos, conferindo aos juízes grande espaço na criação jurídica. E isso poderia frustrar o desejo dos revolucionários, que não confiavam no judiciário, porque ele era composto por membros da classe aristocrática, que em nome dela atuavam, sem qualquer isenção. (MARINONI, Luiz Guilherme. Precedentes

118

DIREITO PROCESSUAL CONSTITUCIONAL

começou a mudar. A guerra provocou e acentuou desigualdades, o que fez com que a sociedade intensificasse os gritos por isonomia. Por conta disso, a Constituição incorporou valores igualitários. Virou dirigente. Passou a impor ao Estado a realização de prestações sociais. Com isso, ele passou a ter que intervir nas relações privadas, por exemplo, modificando a disciplina jurídica das que mais necessitavam de isonomia.

Assim, publicizou o direito privado: editou normas de ordem pública, limitando a liberdade das partes. Mas não inseriu tais normas no código civil, e, sim, em leis esparsas. Isso porque o código era um sistema organizado com base apenas em valores individualistas e liberais. As normas isonômicas corromperiam a lógica do sistema. Desse modo, o código perdeu a completude. No entanto, permaneceu no papel central. A Constituição ainda não tinha os requisitos necessários para ser protagonista. Faltavam-lhe força normativa e supremacia. A concreção dela ainda ficava à mercê da vontade política dos detentores do poder. O Parlamento e suas leis ainda eram os supremos.

Porém, no segundo pós-guerra, a Constituição se transformou. Sentiu-se necessidade de reaproximar o Direito da Ética. Direito não mais podia ser sinônimo das leis parlamentares. Elas tinham permitido a ascensão ao poder do nazismo e do fascismo. E esses regimes foram responsáveis por algumas das maiores atrocidades da história da humanidade. Surgiu, então, o pós-positivismo[54], e, com ele, apareceu o neoconstitucionalismo – ou, como preferem alguns,

---

obrigatórios. 3. ed. São Paulo: Editora Revista dos Tribunais, 2013. p. 46-56). A solução encontrada foi a adoção da doutrina de Montesquieu: a separação dos poderes. Desse modo, passou a caber apenas ao parlamento afirmar o que era Direito. Direito virou sinônimo dos diplomas positivos parlamentares, isto é, das leis. Ganhou objetividade. O judiciário perdeu qualquer controle sobre a produção jurídica. O poder de julgar se transformou no poder de declarar a lei aplicável ao caso concreto. Os juízes se tornaram a *bouche de la loi*. E o governante passou a poder executar somente o que a lei lhe impusesse ou permitisse. Surgiu, assim, o Estado Legislativo de Direito. Deu-se lugar à supremacia parlamentar. Essa limitação do poder estatal criou amplo campo de liberdade para as atividades privadas, como desejado pela revolução. Mas isso não significou que tais atividades passaram a prescindir de instrumento jurídico disciplinador. Afinal, sem ele, haveria caos. Era necessário até mesmo para confirmar institucionalmente os valores liberais e individualistas, que as informavam. E, como cabia apenas ao parlamento dizer o que era Direito, tal instrumento tinha que se revestir da forma de lei. Mas para as correntes de pensamento dominantes não bastava qualquer lei. A lei tinha que representar a ideia de sistema: unidade organizada e completa. Visando atender a isso, foi criado o código civil, inspirado nas condensações de outrora. O código civil nasceu, pois, com pretensão de completude. Nasceu para ser o documento único, racionalmente organizado com base em valores individualistas e liberais, que disciplinaria todas as relações privadas. Com isso, foi inevitável que passasse a ocupar o papel central do direito privado, sendo, inclusive, chamado de "Constituição do direito privado".

54. O pós-positivismo situa-se no ponto de convergência entre o jusnaturalismo e o positivismo. Vai além da legalidade estrita, mas não a despreza. Empreende leitura moral do Direito, sem, contudo, recorrer a categorias metafísicas. Ele foi o marco filosófico do conjunto de transformações ocorridas no Direito Constitucional denominado de neoconstitucionalismo. (BARROSO, Luís Roberto. Neoconstitucionalismo e constitucionalização do Direito. "O triunfo tardio do

COLEÇÃO PREPARANDO PARA CONCURSOS

apareceram os neoconstitucionalismos[55]. A Constituição ganhou força normativa. Deixou de ser documento essencialmente político. E foi erigida ao patamar formal de norma suprema do ordenamento jurídico, por meio da previsão de método para a edição de emenda constitucional mais difícil do que o da legislação ordinária. Por isso, as normas legais passaram a ter de buscar o fundamento de validade nela

Para assegurar a normatividade e a supremacia, foram instituídos Tribunais Constitucionais. Eles foram incumbidos do exercício da jurisdição constitucional, sendo o controle de constitucionalidade uma das principais expressões dela. A jurisdição constitucional consiste, basicamente, na interpretação e na aplicação das normas constitucionais. Assegura, assim, a normatividade. O controle, por sua vez, consiste, especificamente, na aferição da compatibilidade das leis e demais atos normativos com as Constituição, para o fim de aniquilar os que forem incompatíveis. Garante a supremacia. Isso tudo fez com que as normas e valores constitucionais passassem a se irradiar sobre toda a ordem jurídica, condicionando o sentido das demais normas, inclusive das do direito privado. Desse modo, a Lei Maior assumiu-lhe o protagonismo – para alguns, suplantando o código civil[56].

No Brasil, o fenômeno da constitucionalização do direito privado é mais recente. Embora as constituições brasileiras sempre tenham tido supremacia formal (em verdade, a de 1824, semirrígida, era suprema apenas em parte), ele apenas se verificou com o advento da Constituição de 1988. Primeiro, porque foi ela a primeira a possuir verdadeira força normativa. A primeira a ser verdadeiramente aplicada. As outras tinham sido insinceras. Meros repositórios de promessas vagas.

Direito Constitucional no Brasil". Jus Navigandi, Teresina, ano 10, n. 851, 1 nov. 2005. Disponível na internet).

55. A expressão neoconstitucionalismo comporta vários significados, ainda que correlatos. Daniel Sarmento *apud* Rafael Campos Soares da Fonseca ensina que "não é tarefa simples definir o neoconstitucionalismo justamente porque a base teórica que o enseja é heterogênea, de forma que se trata de diversas visões sobre o fenômeno jurídico na contemporaneidade, as quais só podem ser agregadas em uma mesma linha por terem alguns denominadores comuns". "Neoconstitucionalismo(s): potencialidades e objeções relacionadas ao estado democrático de direito brasileiro". Disponível na internet.

56. Há quem entenda que o surgimento das leis esparsas e o processo de constitucionalização do direito civil não geraram descodificação, mas recodificação. Veja-se trecho do artigo de Luciano Benetti Timm abaixo citado: "O que essas leis especiais (editadas, sobretudo, após a segunda guerra) de fato realizaram foi a desmistificação do Código, ou seja, aquela ideia dogmática de que o código esgotaria, em sua disciplina, todas as relações jurídicas existentes na sociedade, que pode ser resumida na ideia de completude. Agora, isso não quer dizer que o Código tenha perdido toda a sua importância, ao contrário, deve permanecer como um Código central, isto é, responsável pela unidade de todo o sistema jurídico de Direito Privado, atualmente espalhado em diversos microssistemas sem qualquer ligação entre si, pelo menos se se quiser manter uma ideia de sistema. Nos dizeres de Michele, quem morreu foi o Código oitocentesco, não a ideia de Código".

DIREITO PROCESSUAL CONSTITUCIONAL

Muito por causa do autoritarismo até então dominante. Segundo, porque foi ela que tornou o controle de constitucionalidade efetivo. Criou novos mecanismos e "difundiu" o direito de propositura das ações diretas, antes monopolizado.[57]

(AOCP/TCE/PA/MPC/Procurador/2012) Discorra sobre o tema: "controle de constitucionalidade brasileiro" manifestando-se sobre o exercício do controle de constitucionalidade pelo Tribunal de Contas.

Autor: Daniel Falcão e Diego Prandino

Direcionamento da resposta

Espera-se que o candidato, em sua resposta, destaque que a constitucionalidade de leis ou atos normativos vigentes é controlada pelo Poder Judiciário (sistema jurisdicional de controle), podendo tal controle ser difuso e concentrado.

No que tange aos tribunais de contas, o candidato deveria discorrer sobre a competência para apreciar a constitucionalidade de leis ou atos normativos do Poder Público, inclusive com amparo na Súmula nº 347 do Supremo Tribunal Federal. É pertinente desenvolver argumentação sobre se ordem constitucional inaugurada com a Constituição de 1988 admite que o Tribunal de Contas exerça o controle pela via difusa, afastando a aplicação de uma lei sob fundamento de inconstitucionalidade.

Por fim, o candidato deveria mencionar a preocupação dos Ministros do STF, em especial o posicionamento do Ministro Gilmar Ferreira Mendes, acerca da necessidade de se reapreciar a subsistência da Súmula nº 347 em face da ordem constitucional estabelecida pela Constituição de 1988.

Sugestão de resposta

A atual ordem constitucional atribui ao Supremo Tribunal Federal a competência para o exercício do controle concentrado e abstrato de

---

57. A proposta tomou como fonte, basicamente, os seguintes artigos: BARROSO, Luís Roberto. Neoconstitucionalismo e constitucionalização do Direito. "O triunfo tardio do Direito Constitucional no Brasil". Jus Navigandi, Teresina, ano 10, n. 851, 1 nov. 2005. Disponível na internet; NICODEMOS, Erika. "Codificação e descodificação: o direito civil e o Código Civil de 2002". Jus Navigandi, Teresina, ano 18, n.3765, 22 out. 2013. Disponível na internet; e TIMM, Luciano Benetti. "Descodificação", constitucionalização e reprivatização o no Direito Privado: O código civil ainda é útil? In: The Latin American and Caribbean Journal of Legal Studies, Volume 3, Issue 1, 2008, Article 1. Disponível na internet.

constitucionalidade de leis e atos normativos, mediante a apreciação e julgamento das ações diretas de inconstitucionalidade (ADIn), das ações declaratórias de constitucionalidade (ADC) e das arguições de descumprimento de preceito fundamental (ADPF) – essas últimas voltadas para o controle de leis e atos normativos pré-constitucionais, bem como de leis e atos normativos municipais.

Contudo, no exercício da jurisdição, qualquer juiz ou tribunal poderá afastar a aplicação, no caso concreto, de uma lei ou ano normativo considerado inconstitucional – trata-se do controle difuso de constitucionalidade. Nessa hipótese, deverá ser observada a cláusula de reserva de plenário insculpida no art. 97 da Constituição Federal de 1998 (CF/88) e na Súmula Vinculante nº 10 (SV 10).

Embora a CF/88, em seu arts. 71 e 75, não elenque como competência dos tribunais de contas o exercício do controle de constitucionalidade, a Súmula 347 do STF assegura às cortes de contas tal competência. Ademais, os que defendem tal possibilidade recorrem à Teoria dos Poderes Implícitos, postulando que os tribunais de contas têm o poder de adotar as medidas necessárias ao fiel cumprimento de suas funções institucionais e ao pleno exercício das competências que lhe foram outorgadas pela Constituição.

Importante ressaltar que o controle de constitucionalidade exercido pelas cortes de contas somente se dá no caso concreto, ou seja, os tribunais de contas não declaram a inconstitucionalidade da norma com eficácia contra todos e efeito vinculante, mas apenas afasta a aplicabilidade da norma tida como inconstitucional no caso específico em apreciação. Vale dizer que a norma continua no ordenamento jurídico, não sendo, contudo, aplicada no caso concreto em análise.

Não obstante o enunciado da Súmula 347 do STF, há posicionamentos a ele contrários, como o do Ministro Gilmar Mendes. Os críticos à Súmula postulam que sua edição ocorreu em 1963, ou seja, ainda sob a égide da Constituição de 1946. Naqueles tempos, o Procurador Geral da República era o único legitimado para questionar a validade de uma norma diretamente ao STF, o que justificava uma importância maior do controle difuso, exercido no caso concreto por qualquer juiz ou tribunal. Contudo, hoje, a CF/88 ampliou significativamente os legitimados para propor a ADIn, de modo que o modelo abstrato e concentrado passou a ter mais destaque, em detrimento do modelo difuso e concreto. Assim, estando mais ampliado o acesso ao STF para o exercício do controle concentrado, não subsistiriam motivos para prolongar a validade da Súmula 347.

Divergências à parte, é fato que a Súmula continua válida, sendo, por ora, legítimo o controle de constitucionalidade difuso exercido pelas cortes de contas.

DIREITO PROCESSUAL CONSTITUCIONAL

(UESPI/ALE/TO/Procurador/2011) *Como se realiza o controle de consti-tucionalidade de lei municipal que viola norma da Constituição Federal?*

Autor: Rodrigo Medeiros de Lima

Direcionamento da resposta

O candidato deve iniciar sua resposta com breve explanação a respeito do sistema de controle de constitucionalidade brasileiro, que congrega os sistemas difuso e concentrado, fazendo menção à amplitude do controle exercido em âmbito difuso, no qual juízes e tribunais podem conhecer de qualquer inconstitucionalidade em face da Constituição Federal, inclusive aquelas decorrentes de lei ou ato normativo municipal.

Quanto ao controle concentrado, impõe-se mencionar que a ADI e a ADC não admitem leis e atos normativos municipais como objeto de controle, a fim de provocar o controle de constitucionalidade principal perante o STF, tendo como parâmetro de controle a CF, de modo que, até a regulamentação do instrumento da ADPF, previsto na CF em norma de eficácia limitada, o STF não dispunha de competência originária para o controle abstrato de constitucionalidade do direito municipal, o qual era exclusivo dos Tribunais de Justiça, na forma do art. 125, § 2°, da CF, mas tendo como parâmetro de controle as Constituições Estaduais e a Lei Orgânica do Distrito Federal.

Assim, deve-se concluir que o controle de constitucionalidade dava-se apenas pela via do recurso extraordinário e, em regra, sob a forma de um controle incidental.

Cabe ao candidato, contudo, expor a hipótese reconhecida pela jurisprudência do STF em que se admite o controle de constitucionalidade em abstrato de lei ou ato normativo municipal em face da Constituição Federal, perante a Corte Suprema, por meio do recurso extraordinário, quando interposto de decisão de Tribunal de Justiça, em sede de controle de constitucionalidade estadual, em que se adotou como parâmetro de controle norma constitucional de reprodução obrigatória que, como tal, reproduz o conteúdo de norma contida na Constituição Federal.

A respeito da ADPF, deve o candidato frisar que, mesmo tendo a sua regulamentação atribuído competência originária ao STF para conhecer, em abstrato, da constitucionalidade de lei ou ato normativo municipal, tal competência não se dá em face de qualquer ofensa constitucional, impondo-se a configuração de ofensa a "preceito fundamental", para que se abra tal via de controle abstrato de constitucionalidade.

123

COLEÇÃO PREPARANDO PARA CONCURSOS

Sugestão de resposta

A Constituição Federal adota um sistema misto de controle de constitucionalidade, que congrega os sistemas difuso, de origem norte-americana, e concentrado, de origem europeia.

Nesse sentido, ao mesmo tempo em que atribui a todos os juízes e tribunais competência para o controle de constitucionalidade de forma incidental, no bojo das causas sob sua cognição, a Constituição Federal prevê, igualmente, a competência privativa do STF para o controle de constitucionalidade em abstrato, quando o parâmetro de controle for a Constituição Federal, e dos Tribunais de Justiça dos Estados e do Distrito Federal, quando o parâmetro de controle for as Constituições Estaduais ou a Lei Orgânica do Distrito Federal.

Sob o controle difuso, qualquer inconstitucionalidade pode ser suscitada, inclusive de lei ou ato normativo municipal, tratando-se, portanto, de hipótese em que se faz possível o controle de constitucionalidade da lei municipal em face da Constituição Federal. Esse controle pode se dar, inclusive, perante o STF, caso a causa lhe seja submetida por meio do recurso extraordinário.

No que tange às ações de controle concentrado de competência originária do STF, aquelas previstas no art. 102, I, "a", da CF, quais sejam a ADI e a ADC – esta última introduzida pela EC 3/1993 –, não contemplam a lei e o ato normativo municipal em seu objeto de controle, sendo inviáveis, portanto, para o controle de constitucionalidade de lei municipal em face da Constituição Federal.

Já quanto à ADPF, prevista na CF em norma de eficácia limitada, esta nada dispunha quanto ao seu objeto de controle, de modo que até a sua regulamentação, inexistia ação de controle concentrado de constitucionalidade apta a ensejar o controle de constitucionalidade de lei ou ato normativo municipal.

Com a Lei Federal 9.882/1999, que regulamentou o instrumento da ADPF, introduziu-se, no sistema de controle concentrado brasileiro, a possibilidade da submissão ao STF, diretamente e de forma principal, questão de constitucionalidade envolvendo lei ou ato normativo municipal, tendo por parâmetro de controle preceito fundamental da Constituição Federal, desde que presente "relevante controvérsia constitucional" (art. 1º, parágrafo único, I).

Assim, em se tratando de ADPF, não será toda a controvérsia constitucional relativa a lei ou ato normativo municipal que ensejará o cabimento da referida ação de controle concentrado de constitucionalidade, dependendo, ainda, da configuração da norma constitucional ofendida como preceito fundamental, assim definida pela jurisprudência do STF.

DIREITO PROCESSUAL CONSTITUCIONAL

Contudo, antes de tal regulamentação, já havia hipótese excepcional em que a constitucionalidade de lei ou ato normativo municipal poderia ser apreciada em abstrato pelo STF, tendo como parâmetro de controle a Constituição Federal, conforme admitido pela jurisprudência daquela Corte (STF, Rcl 383).

Tal hipótese se verifica em face da interposição de recurso extraordinário do julgamento de ação de controle concentrado de constitucionalidade perante Tribunal de Justiça, quando o parâmetro de controle adotado na origem for norma estadual de reprodução obrigatória, ou seja, norma estadual que reproduza dispositivo da Constituição Federal por imposição do regime federativo por esta estabelecido.

Em tais casos, se faz possível, por meio do recurso extraordinário, alegar que a interpretação conferida pelo Tribunal de Justiça à norma estadual de reprodução obrigatória ofende a correspondente disposição da Constituição Federal, submetendo o conhecimento da questão de constitucionalidade, em abstrato, ao STF, que a apreciará em face da Constituição Federal.

A decisão que vier a ser proferida pelo STF, em virtude do efeito substitutivo próprio dos recursos, irá substituir a decisão do Tribunal de origem, com igual eficácia *erga omnes* e efeito vinculante.

Nesse sentido, na atual conformação do sistema de controle de constitucionalidade brasileiro, são essas as possibilidades de controle de constitucionalidade de lei municipal tendo como parâmetro a Constituição Federal.

(Cespe/TRF/1R/Juiz/2011) Considerando o controle concentrado de constitucionalidade, conceitue: (i) inconstitucionalidade por arrastamento ou atração; (ii) inconstitucionalidade progressiva ou norma em trânsito para a inconstitucionalidade; (iii) inconstitucionalidade circunstancial; (iv) proibição do atalhamento constitucional ou do desvio de poder constituinte; (v) interpretação conforme com redução de texto.

Autor: Rafael Vasconcelos Porto

Direcionamento da resposta

O examinador pretende que o candidato conceitue alguns institutos relacionados com o controle concentrado de constitucionalidade. Não parece salutar elaborar uma introdução, sendo possível ir direto à abordagem de cada um dos institutos.

COLEÇÃO PREPARANDO PARA CONCURSOS

Sugestão de resposta

A questão indaga acerca da conceituação de diversos mecanismos ou institutos utilizados na prática do controle concentrado de constitucionalidade.

A inconstitucionalidade por arrastamento ou atração (ou, ainda, "consequente de preceitos não impugnados" ou "por reverberação normativa") é uma técnica decisória que tem lugar naqueles casos em que a inconstitucionalidade declarada de determinada norma ou de parcela de uma lei contamina outros preceitos ou outra parcela da lei, impedindo a sua preservação. Assim, numa solução *ultra petita*, o julgador adota tal técnica de decisão para declarar inconstitucionais também os demais preceitos tidos como "contaminados". Outra hipótese de aplicação da técnica se dá quando há dispositivos que possuem uma relação de dependência jurídica (de unidade estrutural incindível) ou hierárquica com aquele tido como inconstitucional, caso em que perdem sua razão de ser ou seu fundamento. Nessa senda, poderá ser atingido, inclusive, o decreto que se fundou na lei declarada inconstitucional.

A inconstitucionalidade progressiva ou norma em trânsito para a inconstitucionalidade tem lugar quando o julgador constata que embora a norma seja ainda constitucional, a evolução dos fatos fará com que ela se converta em inconstitucional dali certo tempo. Trata-se de uma técnica que, embora mantenha a norma incólume, sinaliza, para efeitos inclusive de segurança jurídica, que ela caminha para se tornar inconstitucional. Cito, a título exemplificativo, um caso clássico julgado pelo STF com a adoção de tal técnica decisória, que é o relativo ao prazo em dobro para a Defensoria Pública no processo penal, em contraste com a ausência de tal prerrogativa para o Ministério Público. Entendeu o STF que tal discrímen é constitucional enquanto a Defensoria não estiver concretamente estruturada em situação que lhe possibilite atuar em pé de igualdade em relação ao MP.

A inconstitucionalidade circunstancial consiste no reconhecimento de que um enunciado normativo, embora válido em tese e na maior parte de suas incidências, produz, ao ser confrontado com determinadas circunstâncias concretas, hipótese de aplicação que contraria a Constituição. Assim, o que se tem é uma conjuntura fática a gerar a inconstitucionalidade excepcional da norma.

A proibição de atalhamento constitucional ou do desvio de poder constituinte guarda relação com o desvio de poder, expediente mediante o qual se busca atingir um fim ilícito se valendo de um meio aparentemente legal. A ideia surgiu no bojo do julgamento acerca de Emenda Constitucional que visava afastar a observância do princípio da anuidade eleitoral, ou seja, flexibilizar a restrição. Entendeu-se, no caso, que se deve garantir a força normativa da Constituição, impedindo-se qualquer manobra que intente obstruir, enfraquecer ou contornar

DIREITO PROCESSUAL CONSTITUCIONAL

a amplitude da carga de eficácia de uma norma constitucional. A tese foi também utilizada em medida cautelar, julgada monocraticamente, no sentido de que a reserva de iniciativa ao Poder Judiciário, contida na Constituição, para, por lei, criar Tribunais não pode ser alvo de burla sequer por meio de Emenda Constitucional.

A interpretação conforme a Constituição é uma técnica decisória que tem lugar quando o julgador, dentre as diversas hipóteses interpretativas existentes acerca da norma em apreciação, aponta aquela que é compatível com a Constituição, devendo, portanto, ser a adotada. Sendo da modalidade "com redução de texto", o julgador, para lograr o intento de preservar a norma, vem a excluir determinado(s) termo(s) ou expressão(ões) do texto legal.

(Cespe/TRF/2R/Juiz/2011) *É possível a modulação temporal em matéria tributária, ante o princípio do "solve et repete"?*

Autor: Jorge Ferraz de Oliveira Júnior

Direcionamento da resposta

Os seguintes temas devem ser abordados: (1) compreensão do conceito de "solve et repete" e sua relação com (2) o direito tributário; (3) compreensão do conceito de modulação temporal, principalmente nos casos em que (4) declarada a inconstitucionalidade da cobrança de determinado tributo; e (5) o entendimento do Supremo Tribunal Federal a respeito do tema.

Sugestão de resposta

Responde-se afirmativamente à pergunta.

Ressalte-se, todavia que, embora seja tecnicamente possível a modulação de efeitos em matéria tributária mesmo quando a modulação é desfavorável ao contribuinte (ou seja: o Supremo Tribunal julga inconstitucional determinado tributo, mas, por questões de segurança jurídica, resolve que a referida declaração de inconstitucionalidade tenha efeitos prospectivos), a opção pela modulação deve ser realizada em hipóteses excepcionalíssimas, sob pena de vulneração ao princípio "solve et repete" ou mesmo à força normativa da Constituição.

Explica-se.

Como sabido, "solve et repete" significa, grosso modo, "pague (agora) e reclame depois"; embora o referido princípio possa ser considerado abusivo em determinadas situações, como, p. ex., a exigência de depósito administrativo ou judicial (Súmulas vinculantes 21 e 28) e obrigatoriedade de pagamento de multa para liberação de veículo, o aludido princípio é comum no Direito Tributário e pode ser extraído de vários dispositivos do CTN, tais como, p. ex., o artigo 141, 151, II, e o artigo 138.

A exigibilidade imediata do crédito tributário, todavia, não impede que a cobrança do tributo seja suspensa judicialmente, sobretudo quando verificada a inconstitucionalidade da cobrança; no mais, o princípio do "solve et repete" permite que, uma vez pago o tributo, seja requerida sua repetição (ou devolução), mediante a ação de repetição de indébito tributário.

Embora seja raro, o Supremo Tribunal já declarou a inconstitucionalidade do pagamento de determinado tributo, mas, por outro lado, modulou os efeitos da decisão, determinando que, em prestígio ao princípio da segurança jurídica, a inconstitucionalidade tivesse efeitos em momento posterior à declaração de inconstitucionalidade (foi o que aconteceu no julgamento da ADI 4171, que previam o estorno de crédito do pagamento do ICMS diferido).

Todavia, a modulação de efeitos desfavorável ao contribuinte deve ser utilizada em caráter excepcional e – de fato, assim tem se posicionado a jurisprudência do STF, que recusa a modulação dos efeitos na maioria dos casos –, sob pena de vulneração ao princípio da força normativa da Constituição e ao próprio princípio do "solve et repete".

(TJ/DFT/Juiz/2010) Em tema de controle de constitucionalidade esclareça: (a) Há possibilidade de controle repressivo fora do Poder Judiciário? Em caso positivo justifique a hipótese ou hipóteses? (b) É possível declarar a inconstitucionalidade de Emenda Constitucional por meio de Ação Declaratória de Inconstitucionalidade? Justifique a resposta.

Autora: Carla Patricia Frade Nogueira Lopes

Direcionamento da resposta

Esta pergunta, mais uma vez, exigia que o candidato desse a resposta em itens separados. Apesar de serem ambos relacionados à temática do controle de constitucionalidade.

Item a.

O candidato deveria de imediato ser dito que o sistema brasileiro admite, em caráter excepcional, o controle repressivo de constitucionalidade de atos

DIREITO PROCESSUAL CONSTITUCIONAL

normativos fora do Poder Judiciário, muito embora não haja declaração de in-constitucionalidade, faculdade exclusivamente atribuída ao Judiciário. Em segui-da, deveriam ser citadas as hipóteses encontradas na própria Constituição, ou seja, a sustação pelo Legislativo dos atos do Poder Executivo que exorbitem do poder regulamentar ou da delegação legislativa, além do caso da rejeição de medidas provisórias.

Item b.

O candidato também deveria posicionar-se de plano, justificando em se-guida sua resposta. Assim, deveria mencionar a possibilidade de haver controle de constitucionalidade de emendas constitucionais, que são obra do poder cons-tituinte derivado, por meio de ação direta de inconstitucionalidade. Deveria, ain-da, o candidato mencionar a impossibilidade de controle das normas constitu-cionais originárias, fruto do exercício do poder constituinte originário, ao qual está submetido o STF, bem assim a impossibilidade de controle de mera pro-posta de emenda, que ainda não é ato normativo, não sendo admissível o con-trole preventivo pelo Judiciário no sistema pátrio, ressalvada a hipótese de im-petração de mandado de segurança por parlamentar impugnando a irregularidade de tramitação da PEC. Tudo isso tem respaldo em jurisprudência assentada do STF (precedentes: ADI 815 e ADI 466).

Sugestão de resposta

Item a.

Sim, existe possibilidade de controle de constitucionalidade repressivo fora do Poder Judiciário, pelo Poder Legislativo, embora não haja possibilidade de declaração de inconstitucionalidade, além de serem hipóteses excepcionais, porquanto a regra geral é de que o controle repressivo é feito pelo Poder Judiciário. Essas possibilidades referem-se à hipótese de sustação dos atos do Poder Executivo, pelo Legislativo, quando exorbitarem do poder regulamentar ou da delegação legislativa e, ainda, à hipótese de rejeição de medidas provisórias. Deve ser observado que ambas as hipóteses têm autorização constitucional, como se extrai do art. 49, inciso V, bem assim do art. 62, § 5º, ambos do texto constitucional.

Item b.

Sim, é possível o controle de constitucionalidade de emendas à Constituição, seja sob o aspecto material, seja sob o ponto de vista estritamente formal, con-forme abalizada jurisprudência do STF. Referido controle pode ser realizado por intermédio de ação direta de inconstitucionalidade, uma vez que as emendas

COLEÇÃO PREPARANDO PARA CONCURSOS

são fruto do exercício do poder constituinte derivado reformador, que se submete ao crivo da jurisdição constitucional exercida pelo STF. Não se admite, contudo, controle de constitucionalidade de normas originárias, fruto do exercício do poder constituinte originário, ao qual se submete o STF, um dos poderes instituídos pela Constituição Federal. Ademais, no Brasil não é admitida a tese de Otto Bachof em torno das normas constitucionais inconstitucionais, dado o princípio da unidade da Constituição.

Por fim, deve ser registrado que também não é admissível o controle de proposta de emenda à Constituição, que ainda não é ato normativo, ressalvada a hipótese do mandado de segurança impetrado por parlamentar que aponte inconstitucionalidade da tramitação do processo legislativo de elaboração/promulgação da emenda, já que a regra é de não-admissibilidade do controle preventivo pelo Judiciário.

(TJ/MS/Juiz/2010) *É correto dizer, quanto ao tema do controle de constitucionalidade, que a regra geral da nulidade absoluta da lei declarada inconstitucional vem sendo, casuisticamente, afastada pela jurisprudência e repensada pela doutrina?*

Autor: Pedro Siqueira de Pretto

Direcionamento da resposta

Na presente questão, deve o candidato apresentar conhecimento sobre os efeitos decorrentes da declaração de inconstitucionalidade, bem como acerca da possibilidade de modulação de efeitos.

Sugestão de resposta

Controle de constitucionalidade é a análise de harmonia de uma lei ou ato normativo em face da Constituição da República. Tal exame pode ser realizado pelo Poder Judiciário ou pelos demais poderes. Além disso, essa apuração pode ser realizada acerca de um projeto de lei (controle preventivo) ou sobre uma lei já editada (controle repressivo). No Brasil, em regra, o controle de constitucionalidade repressivo é realizado pelo Poder Judiciário. Todavia, os demais poderes também podem exercê-lo.

A regra geral no ordenamento brasileiro é que, uma vez reconhecida a inconstitucionalidade, há a decretação da nulidade da lei ou ato normativo. Assim, os efeitos são "ex tunc". Uma das exceções é a decorrente da suspensão da

DIREITO PROCESSUAL CONSTITUCIONAL

execução, pelo Senado Federal, de uma lei declarada inconstitucional pelo Supremo Tribunal Federal em sede de controle difuso, nos termos do artigo 52, inciso X, da Constituição República, possuindo, neste caso, eficácia "erga omnes" e "ex nunc".

Assim, a maioria da doutrina brasileira acatou a teoria da nulidade, tratando-se a decisão, portanto, de ato declaratório, que reconhece uma situação pretérita.

Em oposição à referida teoria, há a teoria da anulabilidade da norma constitucional, cujo principal defensor é Kelsen. Para essa corrente, o reconhecimento da inconstitucionalidade geraria ineficácia da norma a partir da decisão judicial.

No Brasil, a teoria da nulidade da norma inconstitucional, que tem como espeque o princípio da supremacia da Constituição, cede espaço, em certos casos, para outros valores também de alta relevância, como a segurança jurídica e a boa-fé.

Nessa senda, no controle concentrado, dispõe o artigo 27 da Lei n. 9.868/99: "Ao declarar a inconstitucionalidade de lei ou ato normativo, e tendo em vista razões de segurança jurídica ou de excepcional interesse social, poderá o Supremo Tribunal Federal, por maioria de dois terços de seus membros, restringir os efeitos daquela declaração ou decidir que ela só tenha eficácia a partir de seu trânsito em julgado ou de outro momento que venha a ser fixado."

Portanto, pela possibilidade de modulação dos efeitos da decisão que reconhece a inconstitucionalidade, é possível mitigar a regra da nulidade, desde que haja justificativa em razões de segurança jurídica ou excepcional interesse social, bem como haja votos de dois terços dos ministros do Supremo Tribunal Federal nesse sentido.

Não há uma disposição específica semelhante para o controle difuso. Todavia, em determinados casos, a Corte tem aplicado citado preceptivo para mencionada espécie de controle, diante das mesmas situações peculiares justificadas pela segurança jurídica ou excepcional interesse social (RE 197917, RE-AgR 434222).

Dessa maneira, em virtude dos princípios da segurança jurídica, confiança, boa-fé, também de hierarquia constitucional, há justificativa para a mitigação da teoria da nulidade dos atos normativos e leis reconhecidos como inconstitucionais, seja no controle concentrado, seja no controle difuso de constitucionalidade.

(Cesgranrio/BNDES/Advogado/2010) *De acordo com o que dispõe o art. 62 da Constituição Brasileira, em caso de relevância e urgência, o Presidente da República poderá adotar medidas provisórias, com força de Lei. O Presidente da República editou as medidas provisórias X e Y, sendo que a medida provisória X modifica uma Lei complementar federal que dispõe sobre matéria constitucional. Todavia, não reservou a Lei complementar, e a medida provisória Y estabelece algumas normas gerais em matéria de legislação tributária (nos termos do art. 146, III, CF/88), modificando artigos do Código Tributário Nacional. Diante desse quadro: a) explique os conceitos de inconstitucionalidade formal e inconstitucionalidade material, e, em seguida, avalie a constitucionalidade das medidas provisórias X e Y. b) apresente a posição do STF a respeito de um processo judicial no qual a inconstitucionalidade (formal/material) da medida provisória X é posta em questão por não ser urgente ou relevante.*

Autor: *Elcio Corrêa Silva*

Direcionamento da resposta

– Vide arts. 62, § 1º, III e 146, III da CF/88.

– Nathalia Masson (*in* Manual de direito constitucional) ensina que "a efetivação do controle desenlaça-se na conclusão de constitucionalidade ou de inconstitucionalidade do ato submetido à comparação (análise de compatibilidade) com o texto constitucional".

Sugestão de resposta

a) Inicialmente, é oportuno destacar que a inconstitucionalidade de uma norma pode ser material ou formal. Na inconstitucionalidade material o conteúdo da norma afronta a Constituição Federal. Em outras palavras, trata-se de hipótese na qual a lei infraconstitucional é contrária ao texto constitucional. Já no caso da inconstitucionalidade formal o que existe é um defeito na formação do ato, uma vez que as regras constitucionais para o adequado trâmite legislativo são descumpridas na elaboração da norma. A inconstitucionalidade formal pode ser subjetiva, quando desrespeita a iniciativa da lei, ou objetiva, quando os preceitos do processo legislativo são descumpridos.

Cumpre dizer que a análise da questão à luz da inconstitucionalidade material resta prejudicada, porquanto o enunciado da pergunta não informou o conteúdo das medidas provisórias X e Y. No entanto, é possível avaliar a inconstitucionalidade formal das normas citadas.

DIREITO PROCESSUAL CONSTITUCIONAL

Ressalta-se que é pacífico no STF o entendimento de que a lei ordinária pode revogar a lei complementar, desde que a matéria constante desta última não seja reservada pela Constituição Federal à lei complementar. É certo também que a medida provisória tem status de lei ordinária. Deste modo, a medida provisória X pode ser considerada como formalmente constitucional, uma vez a matéria da lei complementar, ora revogada, não era reservada a essa espécie normativa.

Com relação à medida provisória Y, a questão informa que essa estabelece normas gerais em matéria tributária. Como se sabe, o art. 146, III, da Constituição Federal de 1988, reserva à lei complementar as normas que disponham sobre regras gerais de legislação tributária. Tanto é assim que o Ministro do STF, Luís Roberto Barroso, ensina que o Código Tributário Nacional, editado em 1966, e o qual disciplina normas gerais de direito tributário, teria passado pelo fenômeno da "complementarização da norma" quando da sua recepção pela Constituição Federal de 1988.

Ademais, a Constituição Federal de 1988 veda a edição de medida provisória para as matérias reservadas à lei complementar. Deste modo, é possível dizer que a medida provisória "Y" padece de vício formal de inconstitucionalidade.

b) Com relação à relevância e urgência para edição de medidas provisórias, o Supremo Tribunal Federal tem feito um bom equilíbrio entre a possibilidade de controle judicial e a deferência ao Legislativo, de modo que está pacificado no STF que a relevância e urgência das medidas provisórias deva sofrer um controle eminentemente político, a ser exercido pelo Congresso Nacional. Contudo, admite-se o escrutínio judicial dos critérios de relevância e urgência da medida provisória, a fim de evitar abusos e de analisar a razoabilidade da medida.

O Poder Judiciário poderá, portanto, avaliar de maneira excepcional, por meio do controle difuso de constitucionalidade ou por meio de controle concentrado, esse último a ser exercido pelo STF, os critérios de urgência e relevância da medida provisória, os quais, se desobedecidos, implicam a inconstitucionalidade formal do referido ato normativo.

(AOCP/PGM/Cabo_de_Santo_Agostinho/Procurador/2010) Diferencie a inconstitucionalidade formal subjetiva da inconstitucionalidade formal objetiva?

Autor: Marcelo Veiga Franco

COLEÇÃO PREPARANDO PARA CONCURSOS

Direcionamento da resposta

A questão visa a abordar duas espécies de inconstitucionalidade, quais sejam, a inconstitucionalidade formal subjetiva e a inconstitucionalidade formal objetiva. Em primeiro lugar, espera-se que o candidato conceitue a inconstitucionalidade formal, isto é, aquele vício ou defeito na lei ou ato normativo infraconstitucional concernente à sua forma (e não ao seu conteúdo), verificado no processo legislativo de sua elaboração.

Nesse contexto, a inconstitucionalidade formal subjetiva é aquele vício formal constatado na fase de iniciativa, quando o processo legislativo é deflagrado por autoridade incompetente. Por sua vez, a inconstitucionalidade formal objetiva ocorre quando o defeito é constatado nas fases posteriores do processo legislativo, ou seja, nas fases constitutiva – relativa à deliberação parlamentar e executiva – e complementar – concernente à promulgação e publicação da lei ou ato normativo infraconstitucional.

Sugestão de resposta

A inconstitucionalidade formal pode ser definida como a espécie de inconstitucionalidade em que o vício na lei ou ato normativo infraconstitucional se refere à sua forma. Dessa maneira, o defeito ocorre no processo legislativo de elaboração da lei ou ato normativo, não sendo relevante, para fins de inconstitucionalidade formal, a aferição do conteúdo material do ato.

Nesse sentido, a inconstitucionalidade formal subjetiva é aquele vício formal constatado na fase de iniciativa, quando o processo legislativo é deflagrado por autoridade incompetente. É o que ocorre, por exemplo, no caso em que parlamentar dê início ao processo legislativo de elaboração de lei que fixe ou modifique os efetivos das Forças Armadas. Nessa hipótese, haverá vício de inconstitucionalidade formal subjetiva em virtude de violação do art. 61, § 1º, I, da Constituição Federal, tendo em vista que é de iniciativa privativa do Presidente da República a deflagração do processo legislativo de lei que fixe ou modifique os efetivos das Forças Armadas.

Por seu turno, a inconstitucionalidade formal objetiva ocorre quando o defeito é constatado nas fases posteriores do processo legislativo, ou seja, nas fases constitutiva – relativa à deliberação parlamentar e executiva – e complementar – concernente à promulgação e publicação da lei ou ato normativo infraconstitucional. A título exemplificativo, cite-se o caso em que uma proposta de emenda constitucional é aprovada mediante o voto de maioria simples dos membros do Congresso Nacional.

DIREITO PROCESSUAL CONSTITUCIONAL

Nessa hipótese, haverá vício de inconstitucionalidade formal objetiva em virtude de violação do art. 60, § 2º, da Constituição Federal, a qual exige que a proposta de emenda constitucional seja aprovada em cada Casa do Congresso Nacional, em dois turnos, por meio do voto de três quintos dos respectivos membros.

(MPF/Procurador_da_República/2008) *As sentenças intermediárias de constitucionalidade violam o princípio da supremacia da Constituição? Justifique.*

Autor: João Paulo Lordelo

Direcionamento da resposta

A presente questão é de elevada dificuldade, pois demanda do candidato conhecimento sobre o exato conteúdo da expressão "sentença intermediária", preconizada por José Adércio Sampaio. É por aí que devemos começar a escrevê-la, partindo do conceito do instituto. Bem fixada essa premissa, o candidato deve explorar sua relação com o princípio da supremacia da Constituição.

Sugestão de resposta

Os tribunais ou cortes constitucionais, no exercício do controle concentrado de constitucionalidade, devem apresentar à sociedade uma resposta no sentido de declarar inválida ou não determinada norma, verificando sua compatibilidade com a Constituição. Não raramente, no desempenho de tal atividade, o colegiado se depara com uma situação de total ou parcial inconstitucionalidade da norma.

Ocorre que, como assinala José Adércio Sampaio (em terminologia empregada na VII Conferência dos Tribunais Constitucionais Europeus), as espécies de decisões oriundas de tribunais ou cortes constitucionais podem variar bastante, no que diz respeito ao resultado da interpretação e à produção de seus efeitos. As denominadas "sentenças intermediárias" consistem em uma das possíveis tipologias, tendo como marca a relativização do binômio constitucionalidade/ inconstitucionalidade.

Tais sentenças podem ser enquadradas em dois diferentes grupos: a) sentenças normativas; e b) sentenças transitivas. As normativas caracterizam-se pela criação de uma norma jurídica de caráter geral e vinculante, tendo por subespécies as sentenças interpretativas, aditivas, aditivas de princípios e substitutivas. A título de exemplo, é possível citar precedentes do Supremo Tribunal Federal,

COLEÇÃO PREPARANDO PARA CONCURSOS

ao adotar a teoria concretista geral no julgamento de alguns mandados de injunção.

Por seu turno, as sentenças transitivas – também chamadas transacionais – aparecem em contextos de relativização da eficácia da decisão das cortes constitucionais, configurando relativa transação com a supremacia da Constituição. Suas subespécies são a sentença sem efeito ablativo (também conhecida como declaração de inconstitucionalidade sem pronúncia de nulidade), sentença com ablação diferida, sentença de apelo e sentença de aviso.

Para a doutrina especializada, a análise da compatibilidade das sentenças intermediárias com o princípio da supremacia da Constituição deve ser feita de forma particularizada. No que concerne às sentenças normativas, estas, de fato, podem se revelar excessivas, ao permitirem ao Poder Judiciário a assunção de tarefas que não seriam de sua alçada, violando a separação de poderes.

Já as sentenças transitivas podem revelar uma incompatibilidade com a supremacia da Constituição, não por conta de um excesso, mas sim de uma atuação tímida da corte constitucional. Isso porque, em tais decisões, corre-se o risco de, no exercício do controle de constitucionalidade, restar configurada uma verdadeira transação com a supremacia da Constituição, limitando-se os efeitos da declaração de inconstitucionalidade em seu detrimento.

(Funiversa/TJ/TO/Cartórios/2008) Acerca do controle concentrado de constitucionalidade das leis federais, redija um texto dissertativo contemplando necessariamente os seguintes aspectos: (a) legitimidade ativa e pertinência temática; (b) obrigatoriedade ou não de defesa da lei federal; (c) intervenção de terceiros e "amicus curiae".

Autora: Keziah Alessandra Vianna Silva Pinto

Direcionamento da resposta

O candidato deverá elaborar uma resposta sobre controle concentrado de constitucionalidade de leis federais, de competência do STF, portanto, e que tem por objeto a lei em tese. O controle concentrado engloba as seguintes ações: Ação Direta de Inconstitucionalidade Genérica, Ação Direta de Inconstitucionalidade Interventiva, Ação Direta de Inconstitucionalidade por Omissão, Ação Declaratória de Constitucionalidade e Arguição de Descumprimento de Preceito Fundamental. Como o enunciado não informou qual ação, o candidato, para responder de forma completa, deverá analisar os temas propostos em cada uma destas ações, abordando a legitimidade ativa para cada uma destas

DIREITO PROCESSUAL CONSTITUCIONAL

ações e a jurisprudência pacífica do STF em relação à pertinência temática para alguns legitimados ativos, já que esta matéria não é prevista na CF/88.

Deverá ainda trazer informações sobre a participação do Advogado-Geral da União e sua função constitucional de defensor da constitucionalidade da lei, apresentando também entendimento pacífico do STF quanto à dispensa desta defesa se o STF já tenha se pronunciado pela inconstitucionalidade. Finalmente, deverá apresentar a figura do *amicus curiae* ("amigo da corte") enquanto figura que contribui para o julgamento com apresentação de tese jurídica favorável ou contrária à lei federal objeto de controle concentrado.

Resta salientar que quando o enunciado fala em "texto dissertativo" trata-se de uma resposta que tenha estrutura de introdução, desenvolvimento teórico e conclusão.

Sugestão de resposta

O controle concentrado de constitucionalidade é aquele que se concentra em um único órgão do Poder Judiciário, qual seja, o Supremo Tribunal Federal que, nos termos do art. 102, da CF, é o guardião da Constituição. Sua competência para processar e julgar ações no controle concentrado de lei federal está no art. 102, I, "a" e § 1º, da CF/88. Também conhecido como controle abstrato, tem por objeto leis e atos normativos federais e estaduais em tese, ou seja, sem que se analise qualquer violação no caso concreto. É marcado pela generalidade, impessoalidade e abstração. São ações do controle concentrado: Ação Direta de Inconstitucionalidade Genérica (ADI), Ação Direta de Inconstitucionalidade Interventiva (ADI Interventiva), Ação Direta de Inconstitucionalidade por Omissão (ADI por Omissão), Ação Declaratória de Constitucionalidade (ADCon) e Arguição de Descumprimento de Preceito Fundamental(ADPF). Em relação a ADI Interventiva, como não tem por objeto lei federal, deixará de ser abordada nesta resposta[58].

Os legitimados ativos da ADI Genérica, por Omissão, da ADCon e da ADPF estão previstos no art. 103, da CF (Presidente da República, Mesa do Senado Federal, Mesa da Câmara dos Deputados, Mesa da Assembleia Legislativa dos Estados ou do Distrito Federal, Governador de Estado ou do Distrito Federal, Procurador-Geral da República, Conselho Federal da OAB, partido político com representatividade no Congresso Nacional e confederação sindical ou entidade de classe de âmbito nacional). Segundo jurisprudência pacificada no STF, dentre estes legitimados, Governador de Estado, partido político com

---

58. Recomenda-se que o candidato demonstre conhecimento sobre o tema, podendo fazer os cortes necessários para limitar sua resposta.

representatividade no Congresso Nacional e confederação sindical ou entidade de classe de âmbito nacional devem comprovar pertinência temática, ou seja, que a lei questionada tem relação direta com os interesses que representam.

Na Ação Direta de Inconstitucionalidade Genérica e na Arguição de Descumprimento de Preceito Fundamental é necessária a figura do Advogado-Geral da União como defensor da constitucionalidade da lei ou ato normativo atacado, conforme art. 103, § 3º, in fine, da CF/88. Vale salientar que existem precedentes do STF no sentido de que o AGU não está obrigado a defender tese jurídica sobre a qual o próprio STF já tenha fixado entendimento pela sua inconstitucionalidade (ADI 1616, ADI 2101, ADI 3121 e ADI 3415), muito embora a Constituição Federal não preveja esta possibilidade. Na Ação Direta de Inconstitucionalidade por Omissão não há esta atuação porque não existe lei, mas, ao contrário, questiona-se a falta da lei. Na Ação Declaratória de Constitucionalidade também dispensa-se o AGU, pois o pedido é de declaração de constitucionalidade da lei.

Finalmente ainda é oportuno esclarecer que é vedada a intervenção de terceiros no controle concentrado, pois terceiros não dispõem de legitimidade para intervir no processo de controle abstrato. Todavia, a figura do "amicus curiae" (amigo da Corte), que se opera manifestação de outros órgãos ou entidades em sede de Ação de Direta de Inconstitucionalidade está autorizada pelo § 2º, do art. 7º, da Lei nº 9.868/99, diante de relevância da matéria e representatividade dos postulantes. A ele é permitido apresentar sustentação oral[59]. Na Ação Direta de Inconstitucionalidade por Omissão, como se aplicam, no que couber, as mesmas regras da ADI Genérica, conforme art. 12-E, da Lei nº 9.868/99, admite-se a figura do "amicus curiae". Apesar de haver divergência, parece possível a aplicação, por analogia, da regra que admite o "amicus curiae" na ADI para a ADCon[60]. Na ADPF não existe expressa permissão para a figura do "amicus curiae", mas a partir do disposto no art. 6º, § 2º, da Lei nº 9.882/99, o STF vem admitindo excepcionalmente esta figura.

(Vunesp/DPE/MS/Defensor/2008) No que consiste a inconstitucionalidade por arrastamento?

Autores: Angelita Maria Maders e Rafael Vinheiro Monteiro Barbosa

---

59. A sustentação oral do *amicus curiae* está prevista o art. 131, § 3º, do Regimento Interno do STF.

60. Foi vetado o § 2º, do art. 18, da Lei nº 9.868/99, mas ante o caráter dúplice da ADI-ADC este entendimento vem sendo admitido no STF.

DIREITO PROCESSUAL CONSTITUCIONAL

Direcionamento da resposta

O(a) candidato(a) deverá situar o tema dentro do conteúdo do controle concentrado de constitucionalidade falando sobre os limites da coisa julgada e da produção dos efeitos da decisão que venha a declarar a inconstitucionalidade de uma lei ou ato normativo, definindo o que seria a denominada "inconstitucionalidade por arrastamento" e discorrendo acerca de sua admissão no direito brasileiro.

Sugestão de resposta

O controle concentrado de constitucionalidade de lei ou ato normativo é realizado no Brasil pelo STF, e a decisão que declara a inconstitucionalidade de uma lei ou ato normativo produz, como regra, efeitos erga omnes e "ex tunc". Ocorre, porém, que a referida decisão pode apresentar algumas peculiaridades no que se refere aos limites objetivos da coisa julgada e à produção dos efeitos erga omnes.

A inconstitucionalidade por arrastamento ou atração, ou inconstitucionalidade consequente de preceitos não impugnados ou inconstitucionalidade consequencial, ou inconstitucionalidade consequente ou derivada ou inconstitucionalidade por reverberação normativa está ligada aos limites objetivos da coisa julgada e à produção dos efeitos da sentença que julga a inconstitucionalidade de uma lei, de modo que, se a lei principal for julgada inconstitucional, a norma dela dependente, em virtude da relação de instrumentalidade existente entre elas, também estará eivada do vício da inconstitucionalidade por consequente ou por arrastamento.

Assim, os efeitos da coisa julgada material se projetariam para fora do processo para impedir que a mesma pretensão fosse julgada novamente e também que a norma consequente e dependente ficasse vinculada ao dispositivo da sentença principal.

Essa técnica pode ser utilizada em processos distintos como em um mesmo processo, como se percebe da jurisprudência do STF, pois na própria decisão já são definidas as normas atingidas e, "no dispositivo, 'por arrastamento', também reconhece a invalidade das normas que estão 'contaminadas', mesmo na hipótese de não haver pedido expresso na petição inicial" (Pedro Lenza, *in* Direito constitucional esquematizado). Como exemplo poderia ser citado o reconhecimento da inconstitucionalidade por arrastamento do decreto que se fundava na lei declarada inconstitucional. Também é o caso de declarar a inconstitucionalidade de outros dispositivos que estavam em uma lei que teve um dispositivo declarado inconstitucional em razão da relação, conexão ou interdependência entre eles que fariam com que perdessem a razão de ser, o que o Min. Ayres Britto denominou de "inconstitucionalidade por reverberação normativa" na ADI 1923.

COLEÇÃO PREPARANDO PARA CONCURSOS

(Vunesp/DPE/MS/Defensor/2008) Explique o que vem a ser o denominado "bloco de constitucionalidade" e se ele é admitido no direito brasileiro.

Autora: Angelita Maria Maders

Direcionamento da resposta

O(a) candidato(a) deverá situar o tema dentro do conteúdo do controle de constitucionalidade falando sobre os elementos essenciais do controle de constitucionalidade (conceitual e temporal), definindo o que seria o denominado "bloco de constitucionalidade" e discorrendo acerca de sua admissão no Direito brasileiro.

Sugestão de resposta

Na elaboração da Constituição Federal de 1988, o constituinte originário criou mecanismos para viabilizar o controle dos atos normativos, a fim de verificar sua adequação aos preceitos da chamada Lei Maior – princípio da supremacia da Constituição.

Para que esse controle seja possível, é necessária a existência de uma Constituição rígida e também a previsão de atribuições de competência a um órgão que se incumbirá de resolver os problemas de constitucionalidade.

De acordo com a doutrina, existem elementos essenciais ao controle de constitucionalidade, ou seja, o elemento conceitual, dentro do qual estaria o conceito de "bloco de constitucionalidade" e o elemento temporal.

O elemento temporal pode ser identificado no caso de estar em curso a ação de inconstitucionalidade, por exemplo, e sobrevir a revogação da lei ou do ato normativo cuja constitucionalidade se estava questionando, assim como a perda de sua vigência, no caso da Medida Provisória, quando ocorreria, por regra, a prejudicialidade da ação pela perda do objeto. Mas o que interessa aqui é o elemento conceitual, sobre o qual se passa a discorrer.

No que tange ao controle de constitucionalidade de leis, o denominado bloco de constitucionalidade refere-se às normas que devem ser tomadas como parâmetro ou referência para o controle de constitucionalidade. Ele pode ser em sentido estrito (considera que o parâmetro devem ser apenas as regras e princípios escritos na Constituição) ou amplo (inclui os princípios constitucionais implícitos ou não escritos). Também se refere ao elemento conceitual do controle de constitucionalidade, que se traduz na "ideia da Constituição e nas premissas jurídicas, políticas e ideológicas que lhe dão consistência", segundo posição do Ministro Celso de Mello no julgamento da ADI 595, no qual explica a ideia dos dois elementos essenciais para se falar em controle de constitucionalidade.

DIREITO PROCESSUAL CONSTITUCIONAL

Por meio desse elemento conceitual busca-se identificar o que deve servir de parâmetro de constitucionalidade para aferir a compatibilidade vertical das normas inferiores em relação à Constituição ou do que é considerado "modelo constitucional".

Uma posição ampliativa permitiria analisar as leis não somente frente às normas formalmente constitucionais, mas também frente aos princípios não escritos da ordem constitucional global e valores suprapositivos. No julgamento antes mencionado, o Min. Celso de Mello entende que possam ser considerados como parâmetros para a declaração da constitucionalidade ou inconstitucionalidade de uma lei ou ato normativo, de acordo com essa posição ampliativa, "não apenas os preceitos de índole positiva, expressamente proclamados em documento formal, mas, sobretudo, que sejam havidos, igualmente, por relevantes, em face de sua transcendência mesma, os valores de caráter suprapositivo, os princípios cujas raízes mergulham no direito natural e o próprio espírito que informa e dá sentido à Lei Fundamental do Estado".

De acordo com Miguel Josino Neto, o bloco de constitucionalidade seria o conjunto de normas, princípios e valores materialmente constitucionais, mas que estariam fora do texto formal da Constituição. A Constituição Federal de 1988 teria possibilitado essa interpretação no art. 5º, §§ 2º e 3º com a redação da EC 45/2004.

Em resposta à segunda parte do questionamento proposto, pode-se concluir que o bloco de constitucionalidade é admitido no Direito brasileiro, embora pouco usado, pois adotada a ideia de supremacia formal, apoiada no conceito de rigidez constitucional e obediência aos princípios e preceitos decorrentes da Constituição. A doutrina entende que tenha havido uma ampliação do bloco de constitucionalidade por ocasião do advento da EC 45/2004, quando se passou a ter um novo parâmetro para considerar os tratados e convenções internacionais sobre direitos humanos que forem aprovados em 2 turnos, por 3/5 dos votos dos respectivos membros, equivalentes às emendas constitucionais (art. 5º, § 3º, CF), o que se cita a título de exemplo.

(TRF/2R/Juiz/2007) *Adota-se no ordenamento pátrio, sob quais pressupostos, o instituto "binding effect"?*

Autor: Jorge Ferraz de Oliveira Júnior

Direcionamento da resposta

A referida questão, formulada no concurso de 2007, exigia que o candidato relacionasse o instituto do *binding effect* com o efeito vinculante. Caso a

COLEÇÃO PREPARANDO PARA CONCURSOS

referida pergunta viesse a ser cobrada na atualidade, sugere-se que o candidato considere, na resposta, as alterações introduzidas pelo NCPC, em especial no que concerne às regras previstas no artigo 927 e 988.

Dessarte, como direcionamento de resposta, recomenda-se abordar os seguintes pontos: (1) conceito de *binding effect* no direito norte-americano; (2) A relação do *binding effect* com o efeito vinculante no Brasil (ADI, ADC, ADPF e súmulas vinculantes) e o sistema de obrigatoriedade dos precedentes judiciais instituído pelo NCPC; (3) A importância da reclamação como mecanismo que assegure a observância do efeito vinculante no controle concentrado de constitucionalidade e nas súmulas vinculantes; (4) Polêmicas quanto à possibilidade de ajuizamento de reclamação para garantir a observância de julgados prolatados em sede de repercussão geral; (5) A teoria da transcendência dos motivos determinantes da decisão.

Proposta de resposta

1) Conceito de *binding effect* no direito norte-americano e sua relação com o *stare decisis*

Binding effect é uma expressão utilizada no direito norte-americano para designar a vinculação das cortes inferiores às decisões da Suprema Corte. *Binding effect*, ou vinculação das cortes interiores aos precedentes das cortes superiores, denota a acepção vertical de *stare decisis*. De outra banda, *stare decisis*, em sua concepção horizontal, se refere à vinculação aos precedentes do âmbito do mesmo Tribunal.

2) A relação do *binding effect* com o efeito vinculante no Brasil e o sistema de obrigatoriedade dos precedentes judiciais estatuído pelo NCPC

Como instituto similar ao *binding effect*, no Brasil, poderíamos citar o efeito vinculante; instituto que torna obrigatória a observância (ou como o próprio nome diz, vincula) o Poder Judiciário (e, em alguns casos, a própria Administração Pública) a precedentes prolatados pelas Cortes Superiores, em especial o Supremo Tribunal Federal.

O efeito vinculante possui expressa previsão em alguns dispositivos da Constituição, tais como os que versam sobre a súmula vinculante (artigo 103-A, *caput*) e a ação direta de inconstitucionalidade e a ação declaratória de inconstitucionalidade (ADI e ADCOn – artigo 102, § 1º). O efeito vinculante também está previsto na legislação ordinária, em relação à ADPF (artigo 10, par. 3º, da Lei nº 9.882/1999).

142

DIREITO PROCESSUAL CONSTITUCIONAL

Como um exemplo de vinculação aos precedentes no âmbito horizontal, no direito brasileiro, mencione-se a cláusula de reserva de plenário (artigo 97 da Constituição), mediante a qual, para que seja declarada a inconstitucionalidade de determinada lei, é preciso que tal decisão seja adotada pela maioria absoluta do Tribunal Pleno ou do Conselho Especial de determinada Corte. Uma vez declarada a inconstitucionalidade ou a constitucionalidade da referida lei, tal declaração gera um efeito vinculante para os órgãos fracionários do referido Tribunal.

Além dos referidos institutos, previstos na Constituição ou nas leis regulamentadoras de ações constitucionais, é de se ressaltar que o novo CPC introduziu significativa mudança no ordenamento jurídico pátrio ao dispor, no artigo 927 do CPC, que os tribunais e juízes deverão observar: 1) as decisões do STF em controle concentrado de constitucionalidade; 2) os enunciados de súmulas vinculantes; 3) os acórdãos em incidente de assunção de competência ou de resolução de demandas repetitivas e em julgamentos de recursos extraordinário e especial repetitivos; 4) os enunciados das súmulas do STF em matéria constitucional e do STJ em matéria infraconstitucional; e 5) a orientação do plenário ou do órgão especial ao qual estiverem vinculados.

Além disso, passou a prever o CPC ser cabível o instituto de reclamação com vistas a garantir a observância de acórdão proferido em julgamento de incidente de resolução de demandas repetitivas ou de incidente de assunção de competência, no que se refere a julgamentos proferidos por tribunais de segundo grau (cf. artigo 988, IV, c/c § 5º, II, do CPC).

3) A importância da reclamação como mecanismo que assegure a observância do efeito vinculante no controle concentrado de constitucionalidade e nas súmulas vinculantes

Como já afirmado, o efeito vinculante se refere à vinculação da decisão das cortes inferiores em relação às cortes superiores. Questão interessante, todavia, é saber como se dá a referida vinculação. Isso porque, se, de um lado, a racionalidade do sistema jurisprudencial e a "integridade do direito" (expressão de Dworkin) impõem necessidade e obrigação, ao menos moral, de observância ao precedente, o magistrado não pode abster-se ou ser alijado de sua função judicante e de aperfeiçoamento do direito, que consiste, antes de tudo, em verificar a comprovação de fatos concretos e interpretar a legislação e os precedentes, inclusive afastando estes (os precedentes) fundamentadamente se necessário, conferindo a adequada solução ao caso concreto.

Assim, para que seja assegurado, de um lado, o efeito vinculante, e de outro, a possibilidade de afastamento de determinado precedente, quer por superação ou por inaplicabilidade ao caso concreto, a doutrina mais tradicional

143

COLEÇÃO PREPARANDO PARA CONCURSOS

associa a possibilidade de ajuizamento de reclamação como o principal mecanismo de asseguramento do efeito vinculante às decisões do STF.

Vale dizer: a diferença do efeito vinculante em relação ao dever genérico de observância dos demais precedentes é que, em relação aos precedentes nos quais há efeito vinculante (ADI, ADC, ADPF e súmulas vinculantes), há possibilidade de ajuizamento de reclamação diretamente no STF, sem necessidade de esgotamento da discussão nas instâncias inferiores.

4) Polêmicas quanto à possibilidade de ajuizamento de reclamação para garantir a observância de julgados prolatados em sede de repercussão geral

Antes do início da vigência do novo CPC havia grande polêmica quanto à admissibilidade da utilização a reclamação constitucional com vistas a assegurar a observância dos julgamentos firmados pelo STF em sede de repercussão geral.

O STF, em alguns julgados, afirmou ser possível o ajuizamento de reclamação quando a Corte inferior recusou a se retratar, seguindo o entendimento firmado em repercussão geral.[61] Em outros julgados, todavia, não admitiu a reclamação, alegando que a referida ação somente poderia ser utilizada por aquelas partes que tenham integrado a relação processual no processo paradigma, cabendo à decisão ser reformada pelo normal trâmite do processo nas instâncias recursais.[62]

A partir da vigência do novo CPC – em especial, após o advento da Lei nº 13.256, de 2016, publicada durante a *vacatio legis* do novo código –, passou-se a prever expressamente que a reclamação deveria ser utilizada apenas para garantir a observância de enunciado de súmula vinculante ou acórdão prolatado em sede de controle concentrado. Quanto aos acórdãos proferidos em sede de controle difuso (ou repercussão geral) seria incabível reclamação enquanto não esgotadas as instâncias ordinárias (cf. artigo 988, III e § 5º, II, do CPC).

5) A teoria da transcendência dos motivos determinantes da decisão

Por fim, mencione-se que há quem defenda a obrigatoriedade de observância dos precedentes firmados pelo Plenário do STF pelas Cortes inferiores, mesmo nos casos em que não há, sequer, acórdão prolatado em sede de

---

61. Nesse sentido, confira-se: "Constitucional e processual civil. Recurso extraordinário. Aplicação da sistemática da repercussão geral. Inadmissibilidade. Precedentes. 1. Não se admite reclamação contra decisão que, nos tribunais de origem, aplica a sistemática da repercussão geral, ressalvada a hipótese de negativa de retratação. Precedentes. 2. Agravo regimental a que se nega provimento". (Rcl 21993 AgR, DJe 29.10.2015)

62. Confira-se: "(...) 4. A reclamação revela-se incabível, quando invocado, como paradigma, julgamento do Supremo Tribunal Federal proferido em processo de índole subjetiva, cuja relação processual o reclamante não integrou. (...)". (Rcl 18099 ED, DJ 19.3.2015)

144

DIREITO PROCESSUAL CONSTITUCIONAL

repercussão geral. Sem a pretensão de esgotar os juristas que defendem o referido entendimento, mencionem-se como adeptos da referida tese Gilmar Ferreira Mendes (cf. voto do ministro na Rcl nº 4.335) e Luiz Guilherme Marinoni.[63]

De acordo com o referido entendimento, a supremacia constitucional, segurança jurídica, celeridade processual e força normativa da Constituição estariam melhor asseguradas quanto mais racional fosse o sistema jurisprudencial, mediante a vinculação dos tribunais inferiores ao entendimento das cortes superiores, de modo semelhante ao que ocorre no direito norte-americano. Para tanto, as cortes inferiores deveriam verificar, nos precedentes do Supremo, quais foram os motivos determinantes da decisão (ou *ratio decidendi*), que fizeram com a Corte adotasse determinada solução constitucional ao caso concreto, utilizando a referida razão de decidir para solucionar a lide que lhe foi colocada.

Antes do novo CPC, os Ministros do STF travaram intenso debate quanto à possibilidade de ajuizamento de reclamação que tinha por paradigma acórdão prolatado pelo plenário da Suprema Corte que não tinha sido julgado em regime de repercussão geral e que, à época, não tinha sua razão de decidir consubstanciada em enunciado de súmula vinculante.

O referido debate foi travado no julgamento da Rcl nº 4.335, em que alegado o descumprimento de acórdão prolatado pelo plenário do STF que decidiu no sentido da inconstitucionalidade da vedação à progressão de regime nos crimes hediondos (HC nº 82.959). Na reclamação, o Min. Gilmar Mendes, defendendo a transcendência dos motivos determinantes da decisão, defendeu ter ocorrido uma mutação constitucional do artigo 52, X, da Constituição, que prevê a suspensão de eficácia do Supremo Tribunal Federal, e votou, de início, no sentido de procedência da reclamação. A tese da transcendência dos motivos determinantes da decisão acabou sendo prejudicada em razão da edição de súmula vinculante a respeito do tema (SV nº 26), de modo que, apesar de o STF ter julgado a ação procedente, utilizou para fins de fundamentação não a transcendência dos motivos determinantes da decisão no HC 82.959, mas sim a edição de súmula vinculante a respeito do tema.

Atualmente, defende-se que, mesmo no âmbito criminal, a questão encontra-se superada pelo novo CPC, que, como supramencionado, possibilita o ajuizamento de reclamação sem esgotamento das instâncias ordinárias apenas nos casos de controle concentrado de constitucionalidade ou de súmula vinculante (cf. artigo 988, III e § 5º, II, do CPC).

---

63. SARLET, Ingo Wolfgang; MARINONI, Luiz Guilherme; e MITIDIERO, Daniel. *Curso de direito constitucional*. 3. ed. São Paulo: Revista dos Tribunais, 2014, p. 1028.

COLEÇÃO PREPARANDO PARA CONCURSOS

(Vunesp/TJ/SP/Juiz/2007) *O que significa o instituto jurídico do "amicus curiae" nas ações de controle da constitucionalidade? Natureza. Finalidade.*

Autor: Davi Márcio Prado Silva

Direcionamento da resposta

O candidato deve abordar o instituto, esclarecendo sua natureza e finalidade.

Sugestão de resposta

Verdadeiro instituto que visa dar legitimação social às decisões acerca do controle de constitucionalidade, protegendo os interesses sociais envolvidos, a expressão latina "amicus curiae" significa "amigo da corte" ou "amigo do tribunal", englobando órgãos ou entidades estranhas à causa, mas que voluntariamente ou sendo chamados, vem auxiliar, a colaborar com a Corte, oferecendo esclarecimentos sobre questões essenciais ao processo.

Tal instituto foi introduzido pelo art. 7º, § 2º, da Lei. 9.868/99, com vistas a dar legitimação social às decisões sobre controle de constitucionalidade. Antes já era utilizado em larga escala nos Estados Unidos da América, onde se assegura a participação social mais efetiva no deslinde das controvérsias constitucionais. Essa legitimação social decorre da previsão de se permitir a "participação formal de órgãos ou entidades que efetivamente representem os interesses gerais da coletividade ou que expressem valores essenciais de grupos ou classes sociais" (STF, ADI 2130-MC) atuando tanto no controle concentrado como no controle difuso. Com natureza jurídica de colaborador informal da Corte, é forma de intervenção atípica[64].

Tem como finalidade auxiliar na instrução do processo, trazendo por meio de parecer ou informações, considerações importantes sobre a matéria em julgamento, bem como acerca das consequências, dos reflexos de eventual declaração de inconstitucionalidade da norma impugnada.

No controle concentrado a previsão vem contida no art. 7º, § 2º, da Lei 9.868/99 que trata da ação direta de inconstitucionalidade e da ação declaratória de constitucionalidade. No controle difuso a previsão encontra-se no art.

---

64. Nesse sentido, o STF já apreciou a questão da natureza jurídica do amicus curiae, afirmando, em voto do relator, Min. Celso de Mello, na ADI 748-AgR, em 18.11.1994, que não se trata de uma intervenção de terceiros, e sim de um fato de "admissão informal de um colaborador da corte".

146

DIREITO PROCESSUAL CONSTITUCIONAL

950, § 3º do NCPC, que trata da tramitação do incidente de declaração de inconstitucionalidade, no art. 983, que trata do incidente de demandas repetitivas, nos recursos especial e extraordinário repetitivos (art. 1.038, II), e na repercussão geral deste (art. 1.035, § 5º).

Também, há previsão no art. 14, § 7º, da Lei 10.259/2001 (Lei dos Juizados Especiais Federais), no que concerne ao incidente de uniformização de Jurisprudência e no art. 3º, § 2º, da Lei 11.417/2006, que trata da edição, revisão e cancelamento das súmulas vinculantes do Supremo Tribunal Federal.

(Vunesp/BNDES/Advogado/2002) Considere a seguinte situação hipotética: o Congresso Nacional edita lei determinando o confisco imediato e temporário de todos os valores depositados, a qualquer título, por qualquer pessoa, no sistema financeiro nacional. Indaga-se: (i) É possível a qualquer pessoa levar sua causa ao conhecimento do Supremo Tribunal Federal, sob a alegação de inconstitucionalidade? (ii) Quais as ações de acesso direto ao Supremo Tribunal Federal para controle concentrado ou abstrato da constitucionalidade? (iii) Quais os efeitos de eventual decisão definitiva proferida pelo Supremo Tribunal Federal pela inconstitucionalidade da lei? (iv) O Governo poderia, de alguma forma, solicitar ao Supremo Tribunal Federal a confirmação da constitucionalidade da lei? (v) Se o Supremo Tribunal Federal declarar, em decisão final, a constitucionalidade da lei, os demais magistrados estarão obrigados a seguir essa orientação? Fundamente todas as respostas, expondo as razões adotadas.

Autor: Leonardo Gil Douek

Direcionamento da resposta

– Vide art. 103 da CF/88.

– Vide Lei n. 9.868/99.

– Vide Lei n. 9.882/99.

Sugestão de resposta

(i) A Constituição Federal da República restringiu o acesso aos jurisdicionados para ingressarem com ações diretamente no Supremo Tribunal Federal, tendo nomeado expressamente os legitimados que podem propor ações questionando a constitucionalidade de atos legais, por meio do controle concentrado. É um exemplo o art. 103, I a IV, que concede para algumas pessoas a

COLEÇÃO PREPARANDO PARA CONCURSOS

legitimidade para proporem Ação Direta de Inconstitucionalidade e Ação Declaratória de Constitucionalidade. Desta forma, apenas algumas pessoas poderão fazer uso de instrumentos que comportem o controle de constitucionalidade concentrado, expressamente autorizadas pela Constituição Federal, mas, ao menos em tese, qualquer pessoa poderá levar ao Supremo Tribunal Federal o questionamento apresentado, através do controle de constitucionalidade difuso, em que deverá demonstrar incidentalmente a inconstitucionalidade da norma atacada, levando a matéria ao Supremo Tribunal Federal através de Recurso Extraordinário e desde que cumpridos todos os requisitos e formalidades legais.

(ii) A Constituição Federal permite o ajuizamento das seguintes ações de acesso direto ao Supremo Tribunal Federal para o controle de constitucionalidade concentrado:

a) Ação Direta de Inconstitucionalidade – ADI, prevista no art. 102, I, *a*, da Constituição Federal; b) Arguição de Descumprimento de Preceito Fundamental – ADPF, prevista no art. 102, § 1º, da Constituição Federal; c) Ação Direta de Inconstitucionalidade por Omissão, prevista no art. 103, § 2º, da Constituição Federal; d) ADI Interventiva, prevista no art. 36, III, c/c art. 34, VII, da Constituição Federal; e e) Ação Declaratória de Constitucionalidade – ADC, prevista no art. 102, I, *a*, da Constituição Federal.

(iii) Primeiramente, deve-se distinguir se a ação foi ajuizada através do controle de constitucionalidade concentrado ou difuso:

(a) Controle concentrado: Em regra geral, o efeito é *erga omnes* e *ex tunc*, ou seja, produzirá efeitos para todos e retroativos, assim como a decisão poderá ter efeito vinculante, nos termos do art. 28, da Lei n. 9.868/99. No entanto, o art. 27, do mesmo diploma legal, determina que por maioria qualificada de 2/3 de seus membros, poderá haver modulação dos efeitos da decisão do Supremo Tribunal Federal, momento no qual, a depender da situação concreta e das razões de segurança jurídica ou de excepcional interesse social, os efeitos poderão ser *ex nunc*, em algum momento do passado ou com efeitos prospectivos.

(b) Controle difuso: Como regra geral, o efeito é apenas *inter partes* e *ex tunc*. Contudo, o Supremo Tribunal Federal já julgou que os efeitos poderão ser *ex nunc* ou *pro futuro*. Há que se ressaltar, ainda, que uma declaração de norma considerada inconstitucional poderá ter efeitos erga omnes, caso o Senado Federal edite resolução suspendendo a execução de lei assim declarada, e desde que tenha ocorrido o seu trânsito em julgado, com fundamento no art. 52, X, da Constituição Federal.

148

DIREITO PROCESSUAL CONSTITUCIONAL

(iv) O Presidente da República é um dos legitimados para propositura de Ação Declaratória de Constitucionalidade de norma federal perante o Supremo Tribunal Federal, que teria como objetivo confirmar que a lei em questão é constitucional, possuindo tal decisão, em regra, efeitos *erga omnes, ex tunc* e vinculante.

(v) Sim, o efeito de decisão definitiva de mérito em Ação Declaratória de Constitucionalidade é vinculante, relativamente aos demais órgãos do Poder Judiciário e à administração pública direta e indireta, nas esferas federal, estadual e municipal, nos termos do art. 102, § 2º, da Constituição Federal.

(Vunesp/TJ/SP/Juiz/1998) De que forma se exerce e a quais órgãos do Poder Judiciário compete o controle da constitucionalidade das leis?

Autor: Davi Márcio Prado Silva

Direcionamento da resposta

O candidato deve discorrer sobre o controle constitucional das leis, pontuando e estabelecendo as diferentes formas de controle pelo Poder Judiciário e respectivos efeitos.

Sugestão de resposta

A Constituição está situada no topo do ordenamento jurídico e serve de fundamento, diretriz, parâmetro para todas as demais normas. Uma norma, para ter validade dentro do sistema jurídico, precisa ser produzida em concordância com a norma superior, que representa seu fundamento de validade, de modo que a norma inferior não pode contrariar a superior, sob pena de não ter validade diante de tal ordem normativa.

O exame dessa harmonia das leis e atos normativos com a Constituição Federal chama-se controle de constitucionalidade. Esse controle, quanto ao momento em que é exercido, pode ser:

a) preventivo: que é feito antes da elaboração da lei, visando evitar que um ato inconstitucional seja promulgado. É realizado pelos Poderes Legislativo, através de suas Comissões e pelo Poder Executivo, por meio do Veto do Presidente da República; ou

b) repressivo, sucessivo ou "a porteriori" que é o controle exercido após a elaboração da lei ou ato normativo, visando retirar do mundo jurídico, a lei ou ato normativo eivado de inconstitucionalidade. Em regra, é exercido pelo Poder Judiciário, mas, excepcionalmente, pode ser exercido pelo Poder Legislativo e Pelo Poder Executivo[65]. O controle de constitucionalidade repressivo exercido pelo Poder Judiciário é realizado por meio do controle concentrado ou por meio do controle difuso.

No controle por via de ação, in abstrato, direto ou chamado controle concentrado se realiza um controle *in abstrato* da lei ou ato normativo contrário à Constituição, em processo da natureza objetiva, em que não se admite o questionamento de interesses individuais. É uma análise da lei ou ato normativo em tese frente à Constituição. O efeito de eventual reconhecimento da inconstitucionalidade produz eficácia *erga omnes*, com efeitos *ex tunc*, tornando-se a lei imediatamente aplicável, a menos que o próprio Tribunal pelo voto da maioria de 2/3 dos seus Ministros faça uma modulação dos efeitos da declaração.

No Brasil, o controle concentrado em face da Constituição Federal é feito pelo Supremo Tribunal Federal. **No controle difuso, incidental ou por via exceção**, o controle ocorre quando a questão constitucional figura como questão prejudicial[66], que precisa ser decidida como premissa necessária à solução do litígio, sendo exercido pelo Poder Judiciário através dos Juízes e Tribunais nos casos concretos, hipótese em que os efeitos da decisão judicial serão, *ex tunc* e limitados às partes, a menos que sobrevenha Resolução do Senado Federal prevista no art. 52, X, da CF ou, edição de Súmula vinculante pelo STF, observado, neste

---

65. Em regra, o controle repressivo é realizado pelo Poder Judiciário, mas, excepcionalmente, pode ser exercido pelo Poder Legislativo, como por exemplo, na hipótese em que, por meio de decreto legislativo, suste atos normativos do Poder Executivo que exorbitem Poder Regulamentar (CF art. 84, IV) ou os limites da delegação legislativa (CF art. 68, § 2º) e quando rejeita medidas provisórias por apresentarem vício de inconstitucionalidade como não respeitar relevância e urgência (CF art. 62, § 5º). No tocante ao Poder Executivo, a doutrina diverge sobre a possibilidade do exercício do controle repressivo em duas situações. A primeira se verifica no papel desenvolvido pelos Tribunais de Contas, que no exercício de suas funções técnicas, poderão apreciar a constitucionalidade das leis e atos normativos do Poder Público. Tal questão é inclusive objeto da Súmula 347 do STF que permite o exame de constitucionalidade no exercício de suas atribuições. Contudo, tal forma de controle sempre será exercida de maneira incidental e sujeita à revisão judicial. A segunda, seria derivada da possibilidade de inexecução de ato normativo pelo Poder Executivo, sob ao argumento de inconstitucionalidade. Os contrários à tese dessa possibilidade de controle repressivo pelo Poder Executivo, sustentam que os chefes desse Poder são legitimados para a propositura de ação direta perante o Supremo Tribunal Federal, sendo este órgão o responsável pela análise.

66. Ressalto, que embora o controle por via incidental sempre estivesse ligado ao controle difuso, com o advento da arguição de descumprimento de preceito fundamental, passou-se a admitir uma hipótese de controle incidental concentrado.

DIREITO PROCESSUAL CONSTITUCIONAL

caso, os demais requisitos do art. 103-A da CF, hipótese em que, a partir da publicação passará a ter efeitos *erga omnes* e eficácia *ex nunc*.

2. AÇÕES CONSTITUCIONAIS

2.1. Ação Civil Pública

(Vunesp/TJ/MS/Juiz/2015) *É possível a realização de controle de constitucionalidade no âmbito da ação civil pública? Fundamente sua resposta de modo que aborde o seguinte: (i) exercício do controle de constitucionalidade mediante instrumentos que qualifiquem a questão constitucional como questão prejudicial ou incidental; (ii) exercício do controle de constitucionalidade mediante instrumentos que qualifiquem a questão constitucional como questão principal; (iii) se a ação civil pública serve como instrumento de constitucionalidade de caráter prejudicial/incidental e/ou principal; (iv) posicionamento do Supremo Tribunal Federal acerca do controle de constitucionalidade na ação civil pública.*

Autor: Pedro Siqueira de Pretto

Direcionamento da resposta

O(a) candidato(a) deveria, em suma, dissertar acerca das características da ação civil público como meio processual de controle de constitucionalidade, ressaltando tal possibilidade apenas quando nela a questão constitucional é suscitada como questão prejudicial, jamais como questão principal, sob pena de mácula à competência outorgada constitucionalmente ao Supremo Tribunal Federal (art. 102, inciso I, alínea "a", de nossa Lei Maior).

Sugestão de resposta

i) A ação civil pública poderá ser utilizada como meio processual de controle de constitucionalidade. No entanto, por se tratar de ação relacionada ao controle difuso de constitucionalidade, deve se limitar à fiscalização incidental de constitucionalidade, é dizer, "a controvérsia constitucional, longe de identificar-se como objeto único da demanda, qualifique-se como simples questão prejudicial, indispensável à resolução do litígio principal" (STF, Rcl 1733).

ii) Dessa maneira, a ação civil pública não pode ser proposta como substituta das ações de controle concentrado-abstrato de constitucionalidade (ação direta de inconstitucionalidade – ADI, ação declaratória de

COLEÇÃO PREPARANDO PARA CONCURSOS

constitucionalidade – ADC e arguição de descumprimento de preceito fundamental – ADC), nas quais a questão principal é a própria (in)constitucionalidade da norma, sob pena de usurpação de competência do Supremo Tribunal Federal.

iii) Destarte, na ação civil pública, o anseio de declaração de inconstitucionalidade incidental deverá se constituir como verdadeira causa de pedir, cujos efeitos limitar-se-ão apenas às partes do processo (efeitos "inter partes" da declaração de inconstitucionalidade). O que fará coisa julgada erga omnes, nos moldes do art. 103, inciso I, da Lei nº 8.078/90, será o pedido e não a questão da constitucionalidade ou inconstitucionalidade da norma hostilizada (que é veiculada, frise-se, como mera causa de pedir). Isso, por consequência, não impede a nova discussão da constitucionalidade, ou não, da mesma norma em outra demanda.

iv) E, na linha do acima exposto, é o que vem sendo proclamado pelo Supremo Tribunal Federal, que veda a possibilidade do manejo da ação civil pública como meio para viabilizar o controle abstrato de constitucionalidade de determinada lei ou ato normativo, admitindo, contudo, tal ação coletiva somente quando a inconstitucionalidade é suscitada como questão prejudicial indispensável à solução do litígio e não seu pedido único e principal (a respeito, vide, ainda, STF: Rcl 1898; Rcl 633; Rcl 1898, RE 424993 e RE 511961).

(TCE/RS/Auditor_Substituto/2013) Considerando os preceitos constitucionais e legais para a legitimação e a competência da Defensoria Pública e da advocacia privada, informe e fundamente a possibilidade de o Ministério Público propor ação civil pública em favor de indivíduo determinado.

Autor: Daniel Falcão e Diego Prandino

Direcionamento da resposta

O candidato deveria, em síntese, apontar para a possibilidade de o Ministério Público propor ação civil pública em face de indivíduo determinado em determinados casos, alicerçando seu posicionamento na jurisprudência do Superior Tribunal de Justiça e destacando a relevância abstrata do direito fundamental envolvido. O exemplo mais clássico, em que é farta a jurisprudência, é a defesa do direito à saúde (Vide REsp 830904).

152

DIREITO PROCESSUAL CONSTITUCIONAL

Sugestão de resposta

É legítimo, em determinados casos, o Ministério Público para propor ação civil pública em favor de indivíduo determinado.

Esse é o caso, por exemplo, em que o direito fundamental em questão é a saúde. Não se trata de legitimidade do Ministério Público em razão da hipossuficiência econômica – matéria própria da Defensoria Pública –, mas da qualidade de indisponibilidade jurídica do direito-base. O direito à saúde, insculpido na Constituição Federal, tem natureza indisponível, em função do bem comum maior a proteger, derivado da própria força impositiva dos preceitos de ordem pública que regulam a matéria.

Embora o beneficiado imediato da atuação do Parquet seja um indivíduo determinado, a abstrata inspiração ético-jurídica para seu agir não é o indivíduo, mas a coletividade. Na realidade, a questão versa sobre um interesse público primário, dorsal no sistema do Estado Social.

(Cespe/AGU/Advogado/2012) Em ação civil pública proposta com o objetivo de reparar dano ambiental, o magistrado, apreciando requerimento do autor, determinou, na sentença, a inversão do ônus da prova no que se refere aos elementos da responsabilidade civil e, ante a dúvida objetiva existente na apreciação da prova, condenou o réu. Em face dessa situação hipotética, responda, de forma justificada, de acordo com a legislação de regência e o entendimento jurisprudencial dominante sobre a matéria, às indagações seguintes. (i) Qual é o fundamento jurídico, em tese, para a inversão do ônus da prova no caso em apreço? (ii) A inversão do ônus da prova foi aplicada no momento processual adequado?

Autores: Rodolfo Soares Ribeiro Lopes e João Paulo Lawall Valle

Direcionamento da resposta

O candidato deve iniciar a sua resposta expondo sobre o entendimento doutrinário e jurisprudencial sobre a forma de melhor tutelar o meio ambiente, dando foco na prevenção em detrimento da reparação.

É importante explicar os princípios da precaução e da prevenção, diferenciando-os, visto que estes servem como base para a inversão do ônus da prova no direito ambiental. Além desses princípios deve o candidato dizer qual a base normativa do caso, explicando ainda como se dá a distribuição do ônus da prova quando a inversão ocorre.

COLEÇÃO PREPARANDO PARA CONCURSOS

Por último deve criticar a decisão do juiz que inverteu o ônus da prova na sentença, informando que a moderna jurisprudência do STJ entende que o momento correto é no despacho saneador (ou outro momento que possibilite a efetiva produção da prova), sendo esta inversão um regra de instrução processual e não uma regra apenas de julgamento.

Sugestão de resposta

No direito ambiental, conforme lição doutrinária pacífica e entendimento jurisprudencial consolidado é sempre necessária a adoção de medidas que evitem a ocorrência dos danos ambientais, sendo a atuação preventiva mais efetiva do que a atuação reparatória realizando com maior intensidade o princípio da máxima proteção ambiental e os mandamentos do artigo 225 da Constituição da República.

Sobre essa ideia fundamentam-se os princípios da prevenção e da precaução, uma vez que as sequelas de um dano ao meio ambiente muitas vezes são graves e irreversíveis, devendo ser priorizada medidas que busquem a prevenção do dano, sendo essa a tendência no direito internacional dos direitos humanos (busca pela prevenção prioritariamente à reparação).

O princípio da prevenção informa que a prioridade no direito ambiental deve ser para condutas que previnam a ocorrência de danos ambientais. Esse princípio se apoia na certeza científica dos impactos ambientais que serão causados por uma determinada atividade. Por sua vez o princípio da precaução afirma que no caso de ausência de certeza científica formal sobre os possíveis danos ambientais e a sua repercussão, mas havendo dúvida razoável quanto a ocorrência não se pode postergar a adoção de medidas efetivas para evitar a degradação ambiental.

Na Ação Civil Pública, relevantíssimo instrumento de tutela de direitos coletivos, é possível que se adotem diversos mecanismos para a garantia dos direitos por ela tutelados, dentre eles o direito ao meio ambiente equilibrado. Dentre esses mecanismos destaca-se a possibilidade de inversão do ônus probatório. Essa técnica de inversão do ônus probatório tem base normativa no artigo 21 da Lei de Ação Civil Pública (Lei 7.347/85) e no artigo 6º, VIII do Código de Defesa do Consumidor (Lei 8.078/90).

Quando ocorre a inversão do ônus probatório na ACP ambiental transfere-se para o potencial poluidor o dever de comprovar que não está agindo em desconformidade com a legislação e com os princípios jurídicos que determinam manutenção do meio ambiente equilibrado. Esta inversão de ônus probatório se baseia no dever genérico e abstrato que todos têm de não poluir e não

154

DIREITO PROCESSUAL CONSTITUCIONAL

degradar o meio ambiente, sendo encampada pelo STJ em sua jurisprudência dominante[67].

E no caso do réu não desincumbir-se do seu ônus de comprovar que não poluiu ou que não infringiu a legislação ambiental, deixando dúvidas para o julgador no sentido da ocorrência do dano ambiental aplica-se o chamado *in dubio pro salute* ou *in dubio pro nature* e a inteligência do princípio da precaução para adotar a medida mais protetiva do meio ambiente, qual seja, a condenação do réu pelas alegadas infrações veiculadas na inicial.

No que tange o momento da inversão do ônus da prova o juiz não a determinou no momento que a jurisprudência majoritária do STJ entende que é correta. Os precedentes mais recentes do Superior Tribunal de Justiça (AgRg no REsp 1450473) seguem o entendimento de que a inversão do ônus da prova é uma regra de instrução processual, sendo que a decisão que a determinar deve ocorrer durante o saneamento do processo – preferencialmente – ou em momento posterior garantindo a parte a quem incumbia este ônus a oportunidade de apresentar as suas provas. Na forma como foi feita a inversão pelo magistrado esta tratou-se apenas de uma regra de julgamento e não possibilitou à quem tinha o ônus de produzir a prova a possibilidade de faze-la, recaindo sobre ele apenas o prejuízo da não produção adequada da prova.

(Cespe/TRF/2R/Juiz/2011) De acordo com o artigo 1º da Lei 9.688/98, "São extintos os cargos de Censor Federal a que se refere a Lei. 9.266, de 15 de março de 1996, e seus atuais ocupantes serão enquadrados em cargos de Perito Criminal Federal e de Delegado de Polícia Federal da Carreira Policial Federal, observada a respectiva classe, após conclusão de curso específico organizado pelo Departamento de Polícia Federal do Ministério da Justiça." Com base nesse preceito legal, o Ministro de Estado da Justiça promove o respectivo enquadramento dos outrora ocupantes do extinto cargo de censor federal nos cargos de perito criminal e de delegado federal. O Ministério Público Federal, entendendo que tal enquadramento não era válido, pelo fato de a Lei n. 9.688/98 ser inconstitucional, ajuíza ação civil pública tendo em vista obter a declaração (i) de nulidade do referido enquadramento; e (ii) "incidenter tantum" de inconstitucionalidade da Lei 9.688/98. Pergunta-se: de acordo com a jurisprudência do STF, os pedidos são juridicamente possíveis?

Autor: Jorge Ferraz de Oliveira Júnior

---

67. AgRg no AgRg no AREsp 153797; REsp 972902.

COLEÇÃO PREPARANDO PARA CONCURSOS

Direcionamento da resposta

Os seguintes temas devem ser abordados: (1) admissibilidade de declaração incidental de constitucionalidade em ação civil pública e (2) inadmissibilidade de investidura em concurso público mediante reenquadramento, ou seja: mudança de cargos que não compõem a mesma carreira, em razão da regra ou princípio do concurso público (artigo 37, II, da CF).

Sugestão de resposta

O pedido de declaração de nulidade do enquadramento efetuado pelo Ministro da Justiça, ainda que formulado em sede de ação coletiva, é juridicamente possível e deve ser acolhido pelo magistrado.

O Supremo Tribunal Federal, conquanto não admita a utilização de ação civil pública com o propósito de obter, em provimento final (parte dispositiva da sentença), a declaração de inconstitucionalidade de lei – visto que, nesta hipótese, haveria uma declaração de inconstitucionalidade de caráter *ultra partes*, em razão da eficácia *erga omnes* das decisões prolatadas em ações civis públicas (artigo 16 da Lei nº 7.347/1985), por órgão sem competência para tanto –, admite a declaração de inconstitucionalidade de maneira incidental (*incidenter tantum*), isto é, na fundamentação da sentença ou decisão.

De outra banda, quanto ao mérito da questão, o Supremo Tribunal Federal possui entendimento consolidado, inclusive mediante edição de súmula vinculante (SV nº 43), quanto à inadmissibilidade de investidura em cargo público mediante reenquadramento – vale dizer, de um cargo para outro, que componham diferentes carreiras –, em razão do que dispõe o artigo 37, II, da Constituição (regra/princípio do concurso público).

Acrescente-se, por fim, que, ainda de acordo com a jurisprudência da Corte, não podem ser entendidos como concursos públicos aqueles realizados internamente (concursos internos), isto é: em que figuram como candidatos apenas servidores públicos já pertencentes ao órgão interessado. O ato de reenquadramento – com ou sem concurso interno – é evidentemente inconstitucional.

(Cespe/AGU/Procurador/2010) Considerando as características do controle difuso de constitucionalidade e as peculiaridades da ação civil pública no ordenamento jurídico nacional, redija um texto dissertativo que responda à seguinte pergunta. De acordo com a doutrina dominante e com o entendimento do STF, é viável o controle difuso de constitucionalidade em sede de ação civil

DIREITO PROCESSUAL CONSTITUCIONAL

pública? Ao elaborar seu texto, aborde, necessariamente, os seguintes aspectos: (i) Efeito do controle difuso de constitucionalidade no sistema brasileiro. (ii) Efeito da ação civil pública no ordenamento jurídico nacional. (iii) Viabilidade ou não do controle difuso de constitucionalidade no âmbito da ação civil pública.

Autores: Rodolfo Soares Ribeiro Lopes e João Paulo Lawall Valle

Direcionamento da resposta

Nesta questão a melhor estratégia de resposta é começar expondo conhecimento sobre o controle de constitucionalidade no Brasil, diferenciando os dois sistemas existentes no nosso ordenamento.

Após deve-se falar sobre os efeitos da decisão nesses sistemas, expondo com mais detalhes os efeitos no controle difuso de constitucionalidade visto que este é uma das perguntas do examinador.

Após é importante demonstrar que conhece a Ação Civil Pública, definindo a sua finalidade e expondo qual é a sua base normativa (tanto a legislação ordinária quanto a Constituição da República), respondendo a segunda pergunta sobre os seus efeitos.

Por último deve-se passar a informar a viabilidade do uso da ACP para o controle difuso de constitucionalidade, dizendo que esta ação só idônea para esta modalidade de controle quando for uma questão prejudicial e indispensável à resolução do litigio principal.

Sugestão de resposta

No direito brasileiro, o sistema de controle de constitucionalidade é chamado de misto ou dual, visto congregar o sistema difuso – concreto e o sistema concentrado – abstrato. O primeiro sistema é aquele que ocorre no caso concreto, pela via de exceção ou de defesa, e de modo incidental, não sendo a análise da constitucionalidade dos atos normativos o objeto principal da ação, podendo ser feito por qualquer juiz ou tribunal quando do julgamento de um caso concreto. Por sua vez o segundo sistema (concentrado/abstrato) é aquele no qual a declaração de inconstitucionalidade de lei ou ato normativo é o objeto principal da ação, não decorrendo de um caso concreto específico (via principal), sendo feito exclusivamente pelo Supremo Tribunal Federal (quando se tratar de violação à Constituição da República) ou pelo Tribunal de Justiça Estadual (quando a violação for à Constituição Estadual).

Outro ponto de diferenciação entre o sistema de controle difuso – concreto e concentrado – abstrato é em relação aos seus efeitos. Neste segundo sistema os efeitos da decisão de procedência do controle de constitucionalidade são *erga-omnes,* vinculante dos demais órgãos do poder judiciário e da Administração Pública (artigo 102, § 2° da Constituição da República e artigo 28, parágrafo único da Lei 9.868/99) e *ex tunc.* No que toca o controle difuso – concreto o órgão julgador não declara a inconstitucionalidade de lei ou ato normativo na parte dispositiva da decisão, somente afastando a incidência da norma questionada na fundamentação da decisão e os efeitos da decisão são, em regra, *inter partes* e *ex tunc,* ou seja fica restrita às partes do processo subjetivo.

A Ação Civil Pública é um dos remédios constitucionais mais importantes do Direito brasileiro, sendo um instrumento típico de proteção jurisdicional de interesses coletivos. A sua base normativa é a lei 7.347/85 (Lei da Ação Civil Pública), constando no artigo 129, III da Constituição da República como um instrumento para a proteção de interesses difusos e coletivos.

No que toca aos efeitos da Ação Civil Pública no direito brasileiro é fundamental fazer menção aos artigos 16 da Lei da Ação Civil Pública e o artigo 103 da Lei 8.078/90 (Código de Defesa do Consumidor), sendo que, no caso de procedência do pedido, os efeitos da sentença e a coisa julgada se projetarão para além do legitimado coletivo que ajuizou a ACP. Ou seja, a decisão de procedência na Ação Civil Pública extrapola os limites subjetivos da lide produzindo efeitos *erga-omnes* ou *ultra-partes* a depender da modalidade de direito coletivo discutido nos autos.

Quanto a viabilidade do controle difuso de constitucionalidade no âmbito da ação civil pública a jurisprudência do Supremo Tribunal Federal e do Superior Tribunal de Justiça entendem possível[68][69]. Como nesta modalidade de controle de constitucionalidade a discussão acerca da questão constitucional ocorre como fundamento do pedido, na causa de pedir ou na questão prejudicial não poderá extravasar os limites das partes do processo subjetivo, uma vez que por isso não obrigará a pessoas que não concorreram para o evento danoso discutido.

Deve-se atentar que somente o controle difuso é possível através da Ação Civil Pública e jamais o controle concentrado de constitucionalidade, onde a declaração de constitucionalidade é o pedido principal da ação, ficando sujeito à coisa julgada típica dessa ação (*erga omnes* ou *ultra partes*), sendo a mesma um sucedâneo da ação direta de inconstitucionalidade e configurando subtração de competência do STF passível de correção através do manejo da reclamação constitucional[70].

---

68.   Informativo 212 do STF.

69.   Rcl 1898-ED.

70.   STF, RCL 2224.

DIREITO PROCESSUAL CONSTITUCIONAL

2.2. Ação de Improbidade Administrativa

(Cespe/TJ/DFT/Juiz/2016) Recentemente, ao julgar o mérito de Repercussão Geral em Recurso Extraordinário (RE 669069, Tema 666), o STF fixou o seguinte entendimento: "É prescritível a ação de reparação de danos à Fazenda Pública decorrente de ilícito civil". À luz dessa decisão, discorra, de forma fundamentada, sobre os seguintes aspectos: (1) O alcance da decisão do STF, especialmente quanto à pretensão de reparação de danos ao erário decorrentes de ato de improbidade administrativa. (2) O entendimento até então prevalecente nos Tribunais Superiores sobre o tema, tendo em vista, ainda, a ideia de prescrição: (2.1) da pretensão quanto às sanções relativas aos atos de improbidade; e (2.2) da pretensão de ressarcimento no âmbito da ação de improbidade. (3) A adequada interpretação, indicando o(s) critério(s) utilizados, do § 5º do art. 37 da Constituição Federal, em face do que dispõe o § 4º do mesmo artigo. Os dois parágrafos estão relacionados? Em que medida? Espera-se do candidato, além do conhecimento do entendimento jurisprudencial sobre a matéria, em resposta aos quesitos formulados acima, a exposição de convicção própria, de forma livre, porém justificada.

Autor: Francisco Vicente Rossi

Direcionamento da resposta

Fazer referência aos ilícitos previstos no Direito e aos parágrafos 4º e 5º do art. 37 da Constituição Federal, bem como aos arts. 12 e 23 da LIA, para situar o problema. Falar sobre a jurisprudência pacífica do STJ sobre imprescritibilidade do ressarcimento ao erário por atos de improbidade administrativa e defender o princípio da prescritibilidade, como um dos baluartes da segurança jurídica, a base do próprio conceito de Estado de Direito.

Sugestão de resposta

Há quatro ordens de ilícitos, na esfera administrativa: civil, criminal, administrativa e improbidade administrativa; quando produzem danos há necessidade do respectivo ressarcimento.

O Direito impõe transcurso de prazo para ajuizamento de uma ação, punindo a negligência com sua perda – a prescrição – perda da ação atribuída a um direito, como consequência da inércia de seu titular por um certo lapso de tempo[71].

---

71. "Prescrição é a perda da ação atribuída a um direito, de toda a sua capacidade defensiva, em consequência do não uso delas, durante um determinado espaço de tempo" (Clóvis Beviláqua,

159

COLEÇÃO PREPARANDO PARA CONCURSOS

A Constituição Federal, no art. 37,§ 4°, prevê penas para improbidade administrativa, na forma e gradação previstas em lei. A lei específica sobre improbidade administrativa, Lei 8.429/92, no *caput* do art. 12, prescreve que, independentemente das sanções penais, civis e administrativas, o responsável pelo ato de improbidade fica sujeito às punições previstas nos seus incisos. O Poder Judiciário às aplicará, conforme os princípios da razoabilidade e proporcionalidade.

No art. 37, § 5°, a Lei Maior refere-se a prazos "de prescrição para ilícitos praticados por qualquer agente, servidor ou não, que causem prejuízos ao erário, ressalvadas as respectivas ações de ressarcimento".

Calcada nesse parágrafo, parte da doutrina e da jurisprudência passou a firmar-se sobre a imprescritibilidade das ações causadoras de danos ao erário, inclusive de forma genérica, sobre a imprescritibilidade de qualquer prejuízo ao erário, provocado por qualquer ilícito. Quanto aos atos de improbidade administrativa, o STJ (REsp 1292699) firmou entendimento que a prescrição poderia atingir as demais penalidades, conforme dispõe o art. 23 da LIA, menos o ressarcimento de danos causados ao erário[72].

Em boa hora o STF decidiu sobre a prescritibilidade de ação de reparação de danos à Fazenda Pública decorrente de ilícito civil, pondo um limite ao exagero de proteger a inércia administrativa ou de quem legalmente deveria tomar a iniciativa punitiva, ferindo um dos mais fundamentais direitos, a segurança jurídica, que tem, dentre suas proposições fundamentais, o princípio da prescritibilidade.

Como permite a questão "exposição de convicção própria, de forma livre", ao definir o STF a prescritibilidade de ação de reparação de danos à Fazenda Pública decorrente de ilícito civil abalou a teoria da imprescritibilidade de ressarcimento, podendo outros argumentos somar-se na defesa do princípio da prescritibilidade, mesmo porque, quando a Constituição quer a prevalência da imprescritibilidade, expressamente a declara, como fez, por exemplo, com o racismo[73].

"Código Civil", 7ª tiragem, Edição Histórica, RJ: Editora Rio, p. 435).

72. "É pacífico o entendimento desta Corte Superior no sentido de que a pretensão de ressarcimento por prejuízo causado ao erário, manifestada pela via da ação pública por improbidade administrativa é imprescritível. Daí por que o art. 23 da Lei 8.429/92 tem âmbito de aplicação restrito às demais sanções previstas no corpo do art. 12 do mesmo diploma normativo" (cf. Licínia Rossi, "Manual de Direito Administrativo", SP: Saraiva, 2015, pp. 457/458).

73. Quando o legislador quer classificar uma infração de imprescritível, expressamente assim a define: v. g. racismo (art. 5°, XLII), ação de grupos armados contra a ordem constitucional e o Estado Democrático (art. 5°, XLIV), não sendo cabível que almejasse resguardar com o decurso do tempo a responsabilidade penal e a responsabilidade administrativa, e abrir uma exceção

DIREITO PROCESSUAL CONSTITUCIONAL

(Consulplan/TJ/MG/Cartórios/Ingresso/2016) Em recente julgado, o *Supremo Tribunal Federal entendeu que: "é prescritível a ação de reparação de danos à Fazenda Pública decorrente de ilícito civil". Como fundamento, distinguiu-se o ilícito civil dos demais danos decorrentes de infrações ao direito público. Assim sendo, em comparação com os danos provocados por atos de improbidade, como fica a sistemática de reparação ao Erário no ordenamento jurídico pátrio?*

Autor: *André Villa Verde Araújo*

Direcionamento da resposta

Na presente questão o candidato deverá estar atento ao que prevê o art. 23, da Lei nº 8.429/92, artigo que versa sobre prescrição na Lei de Improbidade Administrativa; ao que estabelece a própria decisão do STF (RE 723651) que expressamente afirmou que a referida decisão não implicaria modificação interpretativa quanto aos casos de improbidade, que apesar da natureza cível deveria obedecer à lei especial; bem como à previsão do art. 37,§ 5º, da CF/88.

Sugestão de resposta

A sistemática de reparação de danos ao Erário no ordenamento jurídico pátrio, em relação aos danos decorrentes de improbidade administrativa, não foi afetada pela decisão do Supremo Tribunal Federal, que expressamente excepcionou tal tema, afirmando a imprescritibilidade das ações de reparação de danos decorrentes de improbidade administrativa, conforme determina os artigos 37, § 5º, da CF/88 e 23, da Lei nº 8.429/92.

Assim, aplicando-se a norma Constitucional e a norma especial aos casos de improbidade administrativa, entende-se que a ação de improbidade é objeto de prescrição em relação às sanções de aplicação de multa civil, suspensão de direitos políticos, proibição de contratar e de receber incentivos fiscais,

---

ao mais brando dos atentados, o de natureza civil – o dano civil, excepcionando-o da regra da prescritibilidade, encontrada presente no exercício de qualquer direito, e "indispensável à estabilidade e consolidação de todos os direitos; sem ela, nada seria permanente", como doutrinou Cunha Gonçalves, *in* "Tratado de Direito Civil", III, p 633 Assim, tendo em vista o disposto na legislação específica, lembrando que "o aplicador judicial da lei deve maior, mais especial e mais reverente fidelidade e acatamento aos princípios constitucionais Por isso, deve interpretar as demais regras – mesmo constitucionais – em harmonia com eles" (Geraldo Ataliba, "República e Constituição", 2. ed., Malheiros, p. 41), considerando que o instituto da prescrição é um dos garantidores da segurança jurídica, tratada por Canotilho como um dos subprincípios básicos do próprio conceito de Estado de Direito ("Direito Constitucional", Coimbra Almedina, 1991, p. 384), a prescrição é de cinco anos. Conforme meu Voto: TJSP, Ap. 396.086.5/4-00, Assis, Voto 5658.

COLEÇÃO PREPARANDO PARA CONCURSOS

suspensão de direitos políticos, enfim, todas as sanções previstas na Lei nº 8.429/92, não se aplicando às ações de ressarcimento ao erário, de natureza imprescritível.

O Superior Tribunal de Justiça também é no mesmo sentido, ou seja, entende que eventual prescrição das sanções decorrentes dos atos de improbidade administrativa não obsta o prosseguimento da demanda quanto ao pleito de ressarcimento dos danos causados ao erário, que é imprescritível.

(Fundep/PGM/Nova_Senhora_do_Socorro/Procurador/2014) A partir do entendimento do Supremo Tribunal Federal, exteriorizado no julgamento da Reclamação n. 2138, disserte sobre a responsabilidade dos agentes políticos por ato de improbidade administrativa.

Autores: Cristiane Catarina Fagundes de Oliveira, Heron Nunes Estrela, Carin Simone Prediger e Luiz Felipe Ferreira Gomes Silva

Direcionamento da resposta

Nessa questão é preciso fazer um relato da Reclamação n. 2138, bem como explicar a principal determinação: agentes políticos como ministros de estado respondem por crime de responsabilidade. E, por fim, é possível fazer um cotejo crítico com a doutrina sobre a matéria. Importante destacar, aos agentes políticos, a não sujeição à Lei 8.429/92, mas sim ao art. 102, I, "c" da Constituição e a Lei 1.079/50.

Sugestão de resposta

No julgamento da Reclamação 2138, o STF decidiu que os agentes políticos não respondem por improbidade administrativa com base no art. 37, § 4º, da CF, regulamentado pela Lei 8.429/92, mas apenas por crime de responsabilidade perante o STF, indo de encontro ao artigo 1º, da Lei n. 8.429/92 e com várias outras disciplinas normativas em matéria de improbidade.

A Reclamação 2138 foi apresentada pela União e originou-se de uma ação civil pública apresentada pelo Ministério Público contra ato de improbidade administrativa praticado por Ministro de Estado. O Ministro teria utilizado aviões da FAB para transporte particular seu e de terceiros, sem vinculação a suas atividades funcionais, bem como fruído do Hotel de Trânsito da Aeronáutica, sendo que em sua defesa alegou no mérito sua boa fé e a legalidade do uso baseado na praxe administrativa. Essa ação foi julgada procedente na justiça federal do Distrito Federal, com a condenação do então Ministro nos termos da Lei 8.429/92.

DIREITO PROCESSUAL CONSTITUCIONAL

O fundamento de mérito para a procedência da Reclamação, por maioria, foi a distinção entre o regime de responsabilidade política baseada na 1.079/50, com prerrogativa de foro prevista no art. 102, I, "c" da Constituição e, de outro lado, o regime da Lei de Improbidade Administrativa, que adota modelo comum de competência, sem previsão de privilégio de foro. Por essa razão os ministros de Estado não podem ser submetidos à lei de improbidade administrativa.

Todavia, é relevante destacar o voto vencido do Ministro Joaquim Barbosa[74] que critica a desigualdade de tratamento. Isso porque, deveria ser considerado o Princípio da Probidade Administrativa como norteador da matéria, não sendo aceitável haver tamanha distinção entre o agente público e o político, na medida em que cometeram o mesmo ato de improbidade terão consequências totalmente distintas, apenas considerando o cargo desempenhado, o que denota uma forma de proteger alguns em detrimento de outros. Portanto, a punição não deveria ser escolhida conforme o cargo desenvolvido pelo agente, mas sim conforme o fato por ele realizado, independente do cargo desempenhado.

Sobre esse tema importante destacar que o STF em sede de repercussão geral no ARE 683235 decidiu que a decisão emanada na Reclamação 2138 não produz efeitos vinculantes nem eficácia "erga omnes", aplicando-se apenas aos sujeitos que integraram o processo. E que os prefeitos municipais se submetem à Lei de Improbidade Administrativa como também à Lei dos Crimes de Responsabilidade.

(MPE/GO/Promotor/2013) Analise a competência para a ação de improbidade administrativa quando ocorre incorporação ao patrimônio municipal de verba recebida da União.

Autores: Carolina Costa Val Rodrigues, Fernanda Almeida Lopes e Leonardo Barreto Moreira Alves

---

74. "É que, à luz da Constituição Federal e da Lei 8.429/92, todo e qualquer servidor, efetivo ou comissionado, que cometa um ato de improbidade tal como descrito na lei, estará sujeito a ver sua conduta enquadrada numa das drásticas sanções previstas na Lei 8.429/92. Porém, se esse mesmo hipotético servidor, sem se exonerar do cargo efetivo, vier a assumir um posto ministerial e praticar a mesma conduta, a ele não se aplicarão asseveras sanções da Lei de Improbidade, mas sim as duas únicas sanções que a responsabilidade política é suscetível de engendrar: a perda do cargo público (político) e a inabilitação por 8 anos para o exercício de qualquer função pública. Uma tal discrepância contraria, a meu sentir, um dos postulados básicos do regime democrático, aquilo que no direito norte-americano se traduz na elucidativa expressão "accountability", e que consiste no seguinte: nas verdadeiras Democracias, a regra fundamental é: quanto mais elevadas e relevantes as funções assumidas pelo agente público, maior há de ser o grau de sua responsabilidade, e não o contrário, como se propõe nestes autos." (Rcl 2138, Joaquim Barbosa, voto).

COLEÇÃO PREPARANDO PARA CONCURSOS

Direcionamento da resposta

Nesta questão, o candidato deve responder que há entendimento pacífico nos tribunais no sentido de que a Justiça Estadual é competente para processar e julgar ação de improbidade administrativa quando ocorre incorporação ao patrimônio municipal de verba recebida da União, destacando o fundamento jurídico no art. 101, inciso I, da CF/88, que fixa a competência em razão da pessoa e não da matéria.

Deve, ainda, explicar que os valores repassados e integralizados ao Município visam atender aos interesses locais e, portanto, deixa de ter caráter federal, ao contrário do que dispõe a Súmula nº 208 do STJ. Além do mais, deve ressaltar que, como compete ao Município administrar e fiscalizar as verbas a ele repassadas, havendo eventuais desvios, o próprio Município torna-se responsável, atraindo a competência da Justiça Estadual.

Por fim, mister ressaltar que a hipótese em comento assemelha-se à *ratio essendi* da Súmula 209 do STJ.

Sugestão de resposta

Os tribunais pátrios têm entendimento pacífico no sentido de que a Justiça Estadual é competente para processar e julgar ação de improbidade administrativa quando ocorre incorporação ao patrimônio municipal de verba recebida da União (STJ: HC 32754; CC 25138, dentre outros; TRF-1: AI 2007.01.00.016602-6; AI 2006.01.00.020118-1; TJPR: AC 0663526-1; TJGO: DGJ 15647-9/195).

Nos termos do artigo 109, I, da Constituição Federal, a competência cível da Justiça Federal é fixada *rationae personae* (em razão da pessoa) e não da matéria. Para que a presente demanda fosse processada e julgada pela Justiça Federal, a União, suas autarquias, fundações ou empresas públicas deveriam figurar na lide como autoras, rés, assistentes ou oponentes. Logo, como tais pessoas não participam processualmente desta demanda, por completa falta de interesse político, a competência da Justiça Federal se afasta.

Ademais, os valores repassados e integralizados ao Município visam atender aos interesses locais e, portanto, deixa de ter caráter federal, ao contrário do que dispõe a Súmula nº 208 do STJ. Além do mais como compete ao Município administrar e fiscalizar as verbas a ele repassadas, havendo eventuais desvios, o próprio Município torna-se responsável, atraindo a competência da Justiça Estadual.

Cumpre ressaltar que a hipótese em comento assemelha-se à *ratio essendi* da Súmula nº 209 do STJ. Ao teor do referido verbete, compete à Justiça

DIREITO PROCESSUAL CONSTITUCIONAL

Estadual processar e julgar prefeito por desvio de verba, transferida e incorporada ao patrimônio municipal.

Demais disso, o art. 84, §§ 1º e 2º, do CPP, acrescido pela Lei nº 10.628/02, que estabelece sobre a existência de foro especial para os detentores de cargos públicos ou mandatos eletivos que respondessem a ações de improbidade administrativa, foi declarado inconstitucional pelo julgamento da ADI 2797 no Supremo Tribunal Federal.

(MPE/PR/Promotor/2012) Discorra acerca da prescrição nas ações de ressarcimento do dano ao erário decorrentes de atos de improbidade administrativa.

Autores: Carolina Costa Val Rodrigues, Fernanda Almeida Lopes e Leonardo Barreto Moreira Alves

Direcionamento da resposta

Nesta questão, o candidato deve informar que a tese da imprescritibilidade da ação de ressarcimento dos prejuízos causados ao erário é majoritária no país, sendo defendida nos Tribunais Superiores e na doutrina, com fundamento no art. 37, § 5º, da Constituição Federal.

Também deve deixar clara a situação oposta de prescritibilidade quinquenal, no tocante às demais punições aos agentes públicos, sejam eles servidores ou não, por cometimento de atos de improbidade, consoante determina o art. 23 da Lei nº 8.429/92 (Lei de Improbidade).

Deve, outrossim, destacar o motivo dessa imprescritibilidade (resguardar o interesse público, garantindo a recomposição do patrimônio público), seguindo a orientação do poder constituinte originário.

Sugestão de resposta

A ação de ressarcimento dos prejuízos causados ao erário é imprescritível, consoante dispõe o art. 37, § 5º, da Constituição Federal e a jurisprudência do Supremo Tribunal Federal (RE 608831, dentre vários precedentes).

Ao revés, as punições dos agentes públicos, sejam eles servidores ou não, por cometimento de atos de improbidade, sujeitam-se à prescrição quinquenal, consoante determina o art. 23 da Lei nº 8.429/92 (Lei de Improbidade).

COLEÇÃO PREPARANDO PARA CONCURSOS

Vale ressaltar que a maior parte da doutrina tem caminhado nesse sentido, defendendo a imprescritibilidade da ação de ressarcimento de danos causados ao erário, como opção do poder constituinte originário. Objetiva-se resguardar o interesse público e evitar que a demora na conclusão das investigações, muitas vezes, motivadas pelos próprios agentes ímprobos, impeça a recomposição do patrimônio público.

Essa tese contrapõe-se aos casos de apuração e punição do ilícito, em que a inércia do titular do direito implica na perda do *jus puniendi*, a fim de garantir a segurança jurídica das relações sociais.

(MPF/Procurador_da_República/2012) *Ação de Improbidade administrativa: (i) natureza jurídica; (ii) hipóteses de cabimento; (iii) legitimidade ativa e passiva, e (iv) efeitos da sentença condenatória.*

Autor: *Érico Gomes de Sousa*

Direcionamento da resposta

Improbidade é tema certo em prova, com constante atualização jurisprudencial no tema, devendo haver necessidade de aprofundamento acerca de todos os seus aspectos.

Sugestão de resposta

Consoante jurisprudência assente do STF, a ação de improbidade administrativa tem natureza jurídica cível, embora a lei de regência (n° 8.429/1992) busque inspiração em alguns institutos do CPP, como se dá no que se refere à fase de recebimento da inicial de improbidade, prevista no art. 17, que encontra correlação com alguns procedimentos especiais do processo penal brasileiro.

A ação de improbidade dirige-se à responsabilização dos agentes públicos – e todos os demais beneficiários do ato ímprobo, em coautoria –, pela prática de ato que ocasione enriquecimento ilícito, cause prejuízo ao Erário ou atente contra os princípios da Administração Pública (arts. 9° a 11).

No caso dos atos de improbidade dos arts. 9° e 11, exige-se comprovação de dolo; por sua vez, nos casos dos atos de improbidade do art. 10 (que causem dano ao Erário), são puníveis também a título de culpa. A legitimidade ativa é do MP e da pessoa jurídica interessada (art. 17), porém o MP sempre intervém.

Com relação à legitimidade passiva, esta é amplíssima, por envolver qualquer beneficiário dos atos de improbidade, sejam agentes públicos ou não (art.

DIREITO PROCESSUAL CONSTITUCIONAL

3º). A sentença condenatória pode impor ressarcimento ao Erário, perda de função pública, suspensão de direitos políticos por determinado tempo, multa civil e suspensão do direito de contratar com o Poder Público por certo período.

(AOCP/TCE/PA/Analista/2012) Conceitue "improbidade administrativa". Responda quem está legitimado para propor a ação de improbidade administrativa, se é possível acordo, conciliação ou transação em tal ação e se é possível ingressar com a ação em face do administrador público que tem suas contas aprovadas pelo Tribunal de Contas?

Autor: Herbert Almeida

Direcionamento da resposta

A resposta para essa questão, certamente, sofreu significativas alterações em relação ao conteúdo da época da aplicação da prova para os dias atuais. Nessa linha, a Lei 8.429/1992 sofreu significativas alterações, conforme será discutido adiante.

Nesse momento, precisamos identificas quais os pontos devem ser discutidos. O avaliador deseja saber:

i) o conceito de improbidade administrativa;

ii) quem são os legitimados para propor a ação de improbidade administrativa;

iii) se é possível acordo, conciliação ou transação na ação de improbidade;

iv) se é possível mover a ação de improbidade, ainda que o agente público investigado tenha as suas contas aprovadas pelo Tribunal de Contas.

Nesses termos, segue a revisão.

I) Conceito de improbidade administrativa

A improbidade administrativa representa uma forma de ilícito contra a Administração Pública. Na verdade, significa uma ofensa ao dever de probidade, isto é, ao dever de honestidade, de ética, de boa-fé, de lealdade, de moralidade. Assim, um ato de improbidade é aquele que atenta contra a honestidade, a moralidade ou mesmo que represente um ilícito contra a boa conduta administrativa.

COLEÇÃO PREPARANDO PARA CONCURSOS

Com efeito, a Lei 8.429/1992 é a norma que disciplina os atos de improbidade administrativa, assim como os seus sujeitos, cominações aplicáveis e as regras básicas para a apuração dos fatos (procedimento administrativo) e preparação para a ação de improbidade administrativa (esta última com aplicação subsidiária da Lei 7.347/1985 – Lei da Ação Civil Pública).

Nesse contexto, a Lei 8.429/1992, a despeito de não apresentar um conceito legal para o ato de improbidade administrativa, elenca três grupos de atos de improbidade administrativa, conforme a gravidade ao interesse público. Assim, os atos de improbidade administrativa dividem-se em (relacionados em grau decrescente de gravidade): (i) atos que importam enriquecimento ilícito (art. 9º); (ii) atos que causam dano ao erário (art. 10); (iii) atos que atentam contra os princípios da Administração Pública (art. 11).

Os atos que **importam enriquecimento ilícito** são aqueles em que o sujeito ativo do ato de improbidade venha a **auferir qualquer tipo de vantagem patrimonial indevida** em razão do exercício de cargo, mandato, função, emprego ou atividade nas entidades públicas. Os exemplos de atos que importam enriquecimento ilícito constam nos incisos do art. 9º da Lei 8.429/1992, como: "adquirir, para si ou para outrem, no exercício de mandato, cargo, emprego ou função pública, bens de qualquer natureza cujo valor seja desproporcional à evolução do patrimônio ou à renda do agente público" (Lei 8.429/1992, art. 9º, VII), ou ainda: "perceber vantagem econômica para intermediar a liberação ou aplicação de verba pública de qualquer natureza" (Lei 8.429/1992, art. 9º, IX), ou mesmo: "incorporar, por qualquer forma, ao seu patrimônio bens, rendas, verbas ou valores integrantes do acervo patrimonial das entidades públicas" (Lei 8.429/1992, art. 9º, XI).

Por outro lado, constitui atos de improbidade que **causam dano ao erário** qualquer ação ou omissão, dolosa ou culposa, que **enseje perda patrimonial**, desvio, apropriação, malbaratamento ou dilapidação dos bens ou haveres das entidades públicas. Em resumo, são as situações em que o patrimônio público é diminuído ilicitamente. O art. 10 da Lei 8.429/1992 apresenta alguns exemplos de atos dessa natureza, como: "V – permitir ou facilitar a aquisição, permuta ou locação de bem ou serviço por preço superior ao de mercado"; "VI – realizar operação financeira sem observância das normas legais e regulamentares ou aceitar garantia insuficiente ou inidônea"; ou "VIII – frustrar a licitude de processo licitatório ou de processo seletivo para celebração de parcerias com entidades sem fins lucrativos, ou dispensá-los indevidamente".

Por fim, os atos de improbidade que **atentam contra os princípios da Administração Pública** são aqueles **violam os deveres de honestidade, imparcialidade, legalidade, e lealdade às instituições**. Nesse caso, o art. 11 da Lei 8.429/1992 apresenta alguns exemplos, como: "II – retardar ou deixar de

168

DIREITO PROCESSUAL CONSTITUCIONAL

praticar, indevidamente, ato de ofício"; "IV – negar publicidade aos atos oficiais"; "V – frustrar a licitude de concurso público"; ou "IX – deixar de cumprir a exigência de requisitos de acessibilidade previstos na legislação".

II) Legitimados para propor a ação

A ação de improbidade administrativa, isto é, o meio utilizado para se processar o caso e eventualmente impor as sanções previstas em lei, é uma ação judicial, com natureza de ação civil pública, que pode ser proposta pelo **Ministério Público** ou ainda pela **pessoa jurídica interessada** (aquela que foi atingida pelo ato de improbidade). Contudo, tal ação pode ser precedida de um procedimento administrativo, destinado a apurar os fatos.

Nessa linha, estabelece o art. 14 da Lei de Improbidade Administrativa que qualquer pessoa poderá **representar à autoridade administrativa** competente para que seja instaurada investigação destinada a apurar a prática de ato de improbidade. Trata-se, pois, de um direito constitucional assegurado no art. 5º, XXXIV, da Carta Política, segundo o qual qualquer cidadão poderá peticionar aos Poderes Públicos contra ilegalidade ou abuso de poder. Nessa situação, se forem preenchidos os requisitos legais, a autoridade competente será obrigada a determinar a apuração dos fatos. Além disso, a apuração administrativa também poderá ocorrer de ofício, ou seja, mesmo sem qualquer representação, a autoridade que tomar conhecimento dos fatos que podem ensejar ato de improbidade poderá determinar a apuração dos fatos.

Em resumo, a instauração de procedimento administrativa de apuração poderá decorrer de representação de qualquer cidadão ou ainda de ofício pela Administração. Por outro lado, são legitimados para propor a ação de improbidade administrativa o **Ministério Público** ou a **pessoa jurídica interessada** (Lei 8.429/1992, art. 17).

III) Possibilidade de firmar acordo, conciliação ou transação na ação de improbidade

O art. 17, § 1º, da Lei 8.429/1992, veda expressamente a celebração de transação, acordo ou conciliação nas ações de improbidade administrativa.

A Medida Provisória 703, de 18 de dezembro de 2015 – MP 703/2015, que não foi convertida em lei, revogava tal dispositivo. Assim, com base na legislação vigente, continua não sendo possível firmar acordo, transação ou conciliação nas ações de improbidade administrativa.

IV) Possibilidade de mover a ação de improbidade, ainda que as contas do agente sejam aprovadas

COLEÇÃO PREPARANDO PARA CONCURSOS

O art. 21 da Lei 8.429/1992 estabelece que a aplicação das sanções de improbidade independe: (i) da efetiva ocorrência de dano ao patrimônio público, salvo quanto à pena de ressarcimento; (ii) **da aprovação ou rejeição das contas pelo órgão de controle interno ou pelo Tribunal ou Conselho de Contas**.

Assim, ainda que as contas dos envolvidos tenham sido aprovadas pelo Tribunal de Contas, poderá ser movida ação contra o administrador público, uma vez que as instâncias são independentes. Vale dizer, a aprovação ou rejeição das contas no âmbito dos tribunais de contas podem servir apenas de elementos de prova, mas não vinculam a possibilidade de se propor a ação de improbidade ou ainda o resultado desta.

Sugestão de resposta

A apuração de condutas ilícitas contra o patrimônio público e os princípios administrativos é fundamental para que seja mantido um padrão ético dentro do setor público. Nesse contexto, a Constituição Federal elencou uma preocupação especial com a probidade administrativa, determinando que as condutas ímprobas sejam punidas com a suspensão dos direitos políticos, a perda da função pública, a indisponibilidade dos bens e o ressarcimento ao erário. Contudo, é indispensável discutir o conceito de improbidade administrativa, assim como conhecer algumas regras especiais sobre a sua ação.

Nesse contexto, pode-se conceituar "improbidade administrativa" como uma conduta ou omissão que ofenda o dever de honestidade, de ética, de boa-fé, de lealdade e de moralidade no âmbito do setor público, representando um ilícito contra a boa conduta administrativa. Ademais, de acordo com a Lei de Improbidade Administrativa, os atos de improbidade dividem-se em três grupos: (i) atos que importam enriquecimento ilícito, (ii) atos que causam dano ao erário e (iii) atos que atentam contra os princípios da Administração Pública.

Com efeito, para se comprovar a realização de um ato de improbidade administrativa, é necessário realizar a devida apuração, assim como mover uma ação que tramitará perante o Poder Judiciário. A apuração prévia poderá ocorrer no âmbito administrativo, de ofício ou mediante representação de qualquer cidadão. Contudo, a efetiva aplicação de sanções somente poderá ocorrer por meio da ação de improbidade administrativa, cuja legitimidade para interposição cabe ao Ministério Público ou à pessoa jurídica interessada, isto é, a entidade que tenha sofrido a ação de improbidade.

Ademais, ao longo do processo, será possível firmar acordo, conciliação ou transação, de forma a se obter resultados mais ágeis. Anota-se, contudo, que a redação original da Lei de Improbidade vedava esses procedimentos resolução de conflitos. No entanto, tal vedação foi revogada, de tal forma que hoje não há qualquer impedimento nesse sentido.

DIREITO PROCESSUAL CONSTITUCIONAL

Além disso, a Lei de Improbidade Administrativa estabelece que a aplicação das sanções de improbidade independe da aprovação ou rejeição das contas perante órgão de controle interno ou pelo Tribunal ou Conselho de Contas. Dessa forma, ainda que as contas dos agentes envolvidos tenham sido aprovadas, não há qualquer impedimento de se propor ação de improbidade contra eles, caso os fatos assim recomendem.

Portanto, percebe-se que a legislação prevê alguns detalhes relevantes na tramitação da ação de improbidade, de forma a preservar o interesse público.

(TRT/11R/Juiz/2011) Discorra sobre: (a) os elementos constitutivos do ato de improbidade administrativa, fundamentando-os; (b) a natureza da ação judicial cabível para apurar e punir os atos de improbidade; (c) as medidas cautelares para a eficácia do resultado da ação judicial pertinente; (d) a legitimação e prazo para o ajuizamento e se existe possibilidade de transação, acordo ou conciliação após a propositura da ação.

Autor: André Eduardo Dorster Araújo

Direcionamento da resposta

O questionamento se subdivide em diversos itens. Portanto, é importante que o candidato os enfrente um a um. A resposta deve necessariamente passar pelo art. 37, § 4º, da Constituição Federal e Lei 8.429/92 (Lei de Improbidade Administrativa).

Sugestão de resposta

A Constituição Federal de 1988 incluiu a moralidade dentre os princípios que regem a Administração Pública (art. 37, *caput*), preceituando no parágrafo 4º do art. 37 a possibilidade de perda da função pública, suspensão de direitos políticos (art. 15, V, da Constituição Federal), indisponibilidade de bens e ressarcimento ao erário, nos casos de ato de improbidade administrativa, sem prejuízo de ação penal própria.

Regulamentando tal preceito constitucional a Lei 8.429/92 disciplinou a matéria, revogando as Leis 3.164/57 e 3.502/58 e alargando a amplitude do que seriam atos de improbidade administrativa.

Vale consignar, que diante da dicção do art. 37, § 4º, da Constituição Federal, o ato de improbidade não necessariamente se constitui em crime, mas, isto sim, pode ser capitulado também como um crime a depender do ato praticado. Ou

COLEÇÃO PREPARANDO PARA CONCURSOS

seja, as sanções ali previstas não tem cunho penal[75], mas a depender do caso concreto, podem gerar persecução penal e administrativa (consoante legislação estatutária dos servidores).

Deste modo, a improbidade administrativa se caracteriza como um ilícito de natureza civil e política, que pode sujeitar o agente público à suspensão de direitos políticos, indisponibilidade de bens e o ressarcimento dos danos causados ao erário.

Item a.

Feitas estas digressões, são elementos constitutivos do ato de improbidade administrativa:

i) Sujeito passivo: consoante ditames do art. 1º, e seu parágrafo único, da Lei 8.429/92 podem ser sujeito passivo de um ato de improbidade todas as pessoas jurídicas públicas políticas (União, Estados, Distrito Federal e Municípios), quaisquer órgãos dos três poderes do Estado, a administração direta, a administração indireta, empresas sob controle direto ou indireto do poder públicos (ou seja, incorporadas pelo Estado ou criadas pelo Estado com custeio que supere 50% do patrimônio ou receita bruta anual) e quaisquer entidades particulares que recebam fomento (subsídios, subvenções, incentivos) Estatal. Neste último caso (entidades particulares) obviamente a sanção patrimonial pela via da ação de improbidade administrativa se limita à repercussão do ilícito sobre as contribuições dos cofres públicos (art. 1ª, parágrafo único da Lei de Improbidade Administrativa).

ii) Sujeito ativo: o agente público e o terceiro (mesmo que não seja agente público) que concorra, induza, pratique ou se beneficie de ato de improbidade administrativa, mesmo que de forma indireta. Agente público, consoante ditames legais (art. 2º da Lei de Improbidade Administrativa) é todo

---

75. Interessante consignar que diante do ditame Constitucional (art. 37, § 4º), a doutrina entende possível que um mesmo ato possa sofrer sanções à luz da Lei 8.429/92 e da Lei 1.079/50, ou do Decreto-Lei 201/67 (ação penal em relação aos Prefeitos Municipais), já que as sanções cabíveis por improbidade podem ser aplicadas sem prejuízo da ação penal cabível. Como preceitua Di Pietro (in Direito Administrativo): "A primeira observação a fazer é no sentido de que um ato de improbidade administrativa pode corresponder a um ilícito penal, se puder ser enquadrado em crime definido no Código Penal ou em sua legislação complementar. É o que decorre da própria redação do dispositivo constitucional, quando, depois de indicar as medidas sancionatórias cabíveis, acrescenta que a lei estabelecerá sua forma e gradação 'sem prejuízo da ação penal cabível'. Por outras palavras, pode ocorrer que algum dos ilícitos definidos em lei como ato de improbidade corresponda a um crime definido em lei, por exemplo, a um dos crimes contra a administração pública previstos no capítulo pertinente do Código Penal ou a um dos crimes de responsabilidade definidos na legislação específica sobre a matéria...".

DIREITO PROCESSUAL CONSTITUCIONAL

aquele que exerce, mesmo que transitoriamente e sem remuneração, por eleição, nomeação, designação, contratação ou qualquer outra forma de investidura ou vínculo, mandato, cargo, emprego ou função em qualquer entidade que possa ser sujeito passivo do ilícito. Logo, tanto agentes políticos, como servidores públicos e particulares em colaboração com o Poder Público podem ser considerados sujeitos ativos do ilícito.

iii) ato danoso: os atos de improbidade podem se dar quando há enriquecimento ilícito do sujeito ativo (art. 9º), quando há prejuízo ao erário (art. 10) ou quando atentam contra os princípios da Administração Pública (art. 11).

Interessante fazer aqui contraponto ao art. 21, I, da Lei 8.429/92 ao preceituar a desnecessidade de lesão ao patrimônio público. Tal menção, segundo a melhor doutrina, deve ser interpretada restritivamente, ou seja, como patrimônio público econômico. Deste modo, é possível a aplicação de sanção com base no at. 11 (desrespeito aos princípios da Administração Pública) mesmo que não haja prejuízo econômico – mas lesão ao patrimônio público num enfoque amplo sempre haverá.

Vale aqui consignar que ato deve ser interpretado de forma ampla, na medida em que omissões (que também são conduta) podem gerar danos. Importante, também, ressaltar que a ação/omissão deve se dar no exercício de função pública ou, no caso do terceiro que não seja agente público, que tenha algum reflexo sobre função pública.

iv) elemento subjetivo (dolo ou culpa): é indispensável que a ação ou omissão do agente se revista de culpa ou dolo. A despeito de apenas o art. 10 da Lei 8.429/92 mencionar dolo ou culpa (as hipóteses dos arts. 9ª e 11 nada falam), a interpretação mais acertada impõe esta responsabilização subjetiva, notadamente diante do art. 37, § 6º, da Constituição Federal, que preserva a responsabilidade subjetiva do agente causador de danos quando sofre ação de regresso por parte do Estado. No mesmo sentido, ao art. 5º da Lei 8.429/92, a irradiar efeitos para todas as sanções previstas na lei numa interpretação sistemática.

Item b.

Diante da natureza dos atos de improbidade administrativa (civil e política) inegável que se trata de ação cível, porém, a doutrina se divide sobre o rito a ser utilizado.

Isto porque, trata-se de ação com peculiaridades que a distanciam do rito ordinário comum do processo civil, como, por exemplo, a defesa prévia pelo requerido (art. 17, § 6º) e a possibilidade de rejeição de plano da ação após esta defesa prévia (art. 17, § 7º), assim como a distanciam da Ação Civil Pública, como, por exemplo, a impossibilidade de transação (art. 17, § 1º, da Lei de Improbidade) e a maior amplitude de sanções da ação de improbidade (como perda de cargo público e direitos políticos – art. 12 da Lei de Improbidade).

A despeito desta controvérsia, a jurisprudência atual e pacífica, com a qual concordamos diante do art. 129 da Constituição Federal, é no sentido da possibilidade do uso da ação civil pública, observadas as restrições previstas na Lei 8.429/92, para penalizar atos de improbidade administrativa, notadamente porque as ações guardam similitudes quanto à legitimidade ativa e quanto ao interesse (público/coletivo) defendido[76].

Item c.

A legitimação vem prevista no art. 17 da Lei 8.429/92, ou seja, caberá ao Ministério Público ou à pessoa jurídica interessada intentar a ação, sendo certo que caso o Ministério Público proponha a ação, a pessoa jurídica interessada deverá ser chamada e terá a faculdade de permanecer em silêncio ou atuar ao lado do Ministério Público (art. 17, § 3º da Lei de Improbidade). Por sua vez, o Ministério Público, caso não seja autor da ação, deverá obrigatoriamente atuar como custos legis (art. 17, § 4º).

Diante das peculiaridades procedimentais já ressaltadas acima, não cabe transação na ação civil de improbidade administrativa, diante da expressa dicção do art. 17, § 1º, da Lei 8.429/92, sendo certo que esta particularidade procedimental obsta a transação mesmo quando utilizada a via da ação civil pública.

---

76. . "(…). Ação civil pública. Improbidade administrativa. Adequação. (…). 4. O entendimento majoritário da doutrina e da jurisprudência admite a adequação/compatibilidade do ajuizamento de ação civil pública (Lei 7.347/85) nas hipóteses de atos de improbidade administrativa previsto na Lei 8.429/92. 5. "Vem se firmando entendimento de que ação judicial cabível para apurar e punir os atos de improbidade tem a natureza de ação civil pública, sendo-lhe cabível, no que não contrair disposições específicas da lei de improbidade, a Lei 7.347, de 24.7.85. É sob essa forma que o Ministério Público tem proposto as ações de improbidade administrativa, com aceitação da jurisprudência (…). Essa conclusão encontra fundamento no artigo 129, inciso I, da Constituição Federal, que ampliou os objetivos da ação civil pública, em relação à redação original da Lei 7.347, que somente a previa em caso de dano ao meio ambiente, ao consumidor, a bens e direitos de valor artístico, estético, histórico, turístico e paisagístico. O dispositivo constitucional fala em ação civil pública 'para proteção do patrimônio público e social, do meio ambiente de outros interesses difusos e coletivos'. Em consequência, o artigo 1º da Lei n. 7.347/85 foi acrescido por um inciso, para abranger as ações de responsabilidade por danos causados 'a qualquer outro interesse difuso ou coletivo'. Aplicam-se, portanto, as normas da Lei 7.347/85, no que não contrariem dispositivos expressos da lei de improbidade." (Maria Sylvia Zanela DiPetro, Direto Administrativo, Atlas, 15. ed., 203, p. 693). (…)". (STJ, REsp 515554)

DIREITO PROCESSUAL CONSTITUCIONAL

Quanto ao prazo para propositura, o art. 23 da lei de improbidade disciplina que a prescrição se dá em cinco anos do término do mandato, cargo em comissão ou função de confiança, ou no prazo prescricional previsto em lei específica para as faltas disciplinares puníveis com demissão a bem do serviço público no caso de agentes ocupantes de cargos efetivos. Todavia, no que for pertinente ao ressarcimento dos danos causados ao erário, a ação é imprescritível (art. 37, § 5º, da Constituição Federal).

Item d.

Por fim, a Lei de Improbidade prevê algumas medidas cautelares específicas, a saber: indisponibilidade dos bens (art. 7º – quando o ato causar lesão ao patrimônio público ou implica em enriquecimento ilícito); sequestro (art. 16 – quando houver fundados indícios de responsabilidade); a investigação, exame e bloqueio de bens, contas bancárias e aplicações financeiras mantidas pelo indiciado no exterior (art. 16, § 2º); afastamento do agente público do cargo, emprego ou função, sem prejuízo da remuneração a fim de possibilitar a instrução processual (art. 20, parágrafo único).

Nestes casos, a propositura da ação principal deve ser dar dentro de 30 dias da efetivação da cautelar.

(Cespe/TJ/PB/Juiz/2011) *"Ação de improbidade administrativa é aquela em que se pretende o reconhecimento judicial de conduta de improbidade na administração e a consequente aplicação das sanções legais, com o escopo de preservar o princípio da moralidade administrativa. Sem dúvida, cuida-se de poderoso instrumento de controle judicial sobre atos que a lei caracteriza como de improbidade."* *(José dos Santos Carvalho Filho. Manual de direito administrativo. 23. ed., 2010, p. 1.166, com adaptações). Considerando a informação acima como referência inicial, redija um texto dissertativo acerca da ação de improbidade administrativa como instrumento de defesa da moralidade no exercício da função pública. Ao elaborar seu texto, aborde, necessariamente, os seguintes aspectos: (i) sujeito passivo e sujeito ativo da ação de improbidade administrativa; (ii) categorias dos atos de improbidade previstas na Lei n. 8.429/1992; (iii) modalidades de sanções aplicáveis à improbidade administrativa.*

Autor: Francisco Vicente Rossi

Direcionamento da resposta

Dar ênfase ao princípio da moralidade; depois, como a própria questão determinada, comentar os sujeitos da ação de improbidade; as três categorias

COLEÇÃO PREPARANDO PARA CONCURSOS

dos atos de improbidade (arts. 9º, 10º e 11, da LIA), e comentar o art. 12, da referida lei, sobre as sanções.

Sugestão de resposta

O princípio da moralidade, consagrado pelo art. 37, da Constituição, é um dos pressupostos do sistema democrático constitucional brasileiro, é uma proposição básica que condiciona toda a estrutura administrativa nacional.

O princípio foi sistematizado por Hauriou, na França, e destaca a obrigação do agente público em não só saber distinguir o bem e o mal, o legal e o ilegal, o justo do injusto, o conveniente e o inconveniente, mas também entre o honesto e o desonesto. Decorre do "honesto vivere", fundamento de todas as relações humanas, principalmente de quem está investido de atividades públicas, que lidam com o Bem Comum.

Os **sujeitos passivos** dos atos de improbidade administrativa vêm previstos no art. 1º, da Lei 8.429/92 e consistem nos agentes públicos e empregados públicos, mais os que de forma indireta se relacionam com os serviços públicos – em resumo, todos os agentes que tem atribuições de gestão de verbas públicas e que exercem atividades públicas ou privadas de interesse público.

O rol é enorme, abrangendo desde as entidades estatais (União, Estados, Distrito Federal e Municípios), os órgãos de suas administrações direta e indireta; os órgãos dos Três Poderes, do Ministério Público, dos Tribunais de Contas, passando pelas empresas privadas que dependem de controle do Poder Público, as empresas incorporadas ao patrimônio público, as ONGs, os serviços sociais autônomos.

Os **sujeitos ativos** dos atos de improbidade são os **agentes públicos**, todos os que exercem, por eleição, nomeação ou designação, contratação ou qualquer outra forma de investidura ou vínculo, mandato, cargo, emprego ou função pública, mesmo se for de forma transitória ou sem remuneração (art. 2º, da LIA). A lei adotou o mais elástico dos conceitos de agente público, aquela pessoa física incumbida, definitiva ou transitoriamente, do exercício de alguma função estatal[77], o que atinge a todos os que atuam nos serviços públicos e os particulares em colaboração com o Poder Público; e até terceiros, que auferiram benefício ilícito.

O art. 12, da LIA, cuida das sanções, independentemente das penais, civis e administrativas, previstas na legislação específica e, **para cada tipo de improbidade** (enriquecimento ilícito; prejuízo ao erário e atentado contra os princípios da Administração Pública) previu: perda de bens ou valores acrescidos

---

77. Hely Lopes Meirelles, "Direito Administrativo Brasileiro", 30. ed., SP: Malheiros, p. 75.

DIREITO PROCESSUAL CONSTITUCIONAL

ilicitamente ao patrimônio, ressarcimento integral do dano, perda da função pública, suspensão dos direitos políticos, pagamento de multa civil, proibição de contratar com o Poder Público, receber benefícios ou incentivos fiscais ou creditícios, direta ou indiretamente, ainda que por intermédio de pessoa jurídica da qual seja sócio majoritário.

As penas podem ser aplicadas cumulativamente, ou abrandadas pelos princípios da razoabilidade e proporcionalidade[78].

(MPE/RJ/Promotor/2009) O Juiz, entendendo haver o réu praticado ato de improbidade administrativa, pode aplicar parcialmente as sanções previstas nos incisos do art. 12 da Lei nº. 8.429, de 2 de junho de 1992?

Autor: Leonardo Zulato

Sugestão de resposta

O artigo 37, § 4º da CF/88 prevê a aplicabilidade de sanções aos atos ímprobos. Cuida-se de norma constitucional de eficácia limitada, conforme expressão contida ao final daquele dispositivo ("na forma e gradação prevista em lei").

O artigo 12 da Lei n. 8.429/92, norma integrativa deste comando constitucional, previu que todas as sanções aos atos de improbidade devem serconjuntamente aplicadas ao se utilizar da conjunção aditiva "e"(e não "ou") no final do texto legal. Ademais, a própria lei tratou das hipóteses em que certas sanções não são aplicáveis ao se utilizar da expressão "quando houver".

Portanto, o Magistrado está obrigado à aplicação de todas as penas previstas em cada inciso do artigo 12. A sua aplicação parcialavilta, assim, a separação de poderes. A discricionariedade do Juiz está na dosagem proporcional de cada sanção dentro dos patamares previstos em lei (parágrafo único do artigo 12 daquela Lei), apenas.

Comentários

Este era o posicionamento, por exemplo, do ilustre doutrinador Emerson Garcia, conforme se infere do livro "Garcia, Emerson, e Alves, Rogério Pacheco. Improbidade Administrativa, Editora Saraiva, 7. ed., fls. 690/694."

---

78. Vide Marino Pazzaglini Filho, "Lei de Improbidade Administrativa comentada", 4. ed., SP: Atlas, p. 143 e seguintes. STJ: REsp 82576, REsp 1003179, REsp 794155.

COLEÇÃO PREPARANDO PARA CONCURSOS

Esta questão foi formulada em 16.08.2009, antes, portanto, da entrada em vigor da Lei n. 12.120/2009 (16.12.2009). Este diploma legal alterou a redação do caput do artigo 12 da Lei n. 8.429/92, alterando substancialmente a resposta a ser apresentada. O legislador infraconstitucional, com a nova regulamentação acima mencionada, expressamente possibilitou a aplicação parcial das sanções previstas no artigo 12 da Lei n.8.429/92, *verbis*:

> Art. 12. Independentemente das sanções penais, civis e administrativas, previstas na legislação específica, está o responsável pelo ato de improbidade sujeito às seguintes cominações:... (Redação original).

> Art. 12. Independentemente das sanções penais, civis e administrativas previstas na legislação específica, está o responsável pelo ato de improbidade sujeito às seguintes cominações, que podem ser aplicadas isolada ou cumulativamente, de acordo com a gravidade do fato:... (Redação dada pela Lei n. 12.120/2009).

Alguns doutrinadores sustentam que a obrigatoriedade da acumulação das sanções adviria da própria Constituição da República, uma vez que o parágrafo quarto do artigo 37 dispõe que os atos de improbidade administrativa "importarão" a suspensão de direitos políticos etc., o que afastaria a discussão sobre o ponto de vista infraconstitucional. Tal menção também é colhida do livro "Garcia, Emerson, e Alves, Rogério Pacheco. Improbidade Administrativa, Editora Saraiva, 7. ed., p. 690.".

(NCE/PC/DF/Delegado/2007) Aponte as sanções de natureza político-administrativa a que estão sujeitos os agentes públicos quando sua conduta puder ser caracterizada como violadora de princípios regentes da administração pública ou causadora de lesão ao Erário, esclarecendo, ainda, o(s) mecanismo(s) legalmente previsto(s) para a imposição de tais sanções e definindo se mesmo os agentes com investidura transitória e não remunerada estão sujeitos a esta disciplina legal.

Autor: Jean Carlos Nunes Pereira

Direcionamento da resposta

O candidato deve inserir sua resposta no tema "improbidade administrativa", iniciando pelo disposto na Constituição Federal (art. 37, § 4º) e concluindo com o previsto na Lei de Improbidade Administrativa (Lei de nº 8.429/1992). Deve indicar que ação cabível para punir tais atos. Ao fim, deve responder que mesmo os agentes de investidura transitória e não remunerada estão sujeitos às sanções por improbidade (art. 2º da Lei de Improbidade).

DIREITO PROCESSUAL CONSTITUCIONAL

Sugestão de resposta

Os atos que violem os princípios da Administração Pública e os causadores de lesão ao Erário ensejam sanções por improbidade administrativa previstas no art. 37, § 4º da Constituição Federal e regulamentadas pela Lei de nº 8.429/1992, além de eventuais sanções na esfera penal e na administrativa.

As sanções estão graduadas de acordo com a gravidade do ato e podem ser aplicadas cumulativamente. Para atos que causem lesão ao erário as sanções abrangem perda do cargo, emprego ou função, indisponibilidade dos bens, suspensão de direitos políticos por 5 a 8 anos; integral ressarcimento do dano; perda de bens e valores acrescidos ilicitamente ao patrimônio do agente; de multa de até duas vezes o valor do dano e proibição de contratar com o Poder Público pelo prazo de cinco anos.

Para os atos que atentem contra os princípios da Administração Pública são previstas as seguintes sanções: obrigação de ressarcimento do dano, caso se configure, perda do cargo, emprego ou função, suspensão dos direitos políticos de 3 a 5 anos; multa no valor de até 100 vezes o valor da remuneração do agente; proibição de contratar com o Poder Público por 3 anos.

Ação cabível, na hipótese, é a ação de improbidade administrativa a ser proposta pelo Ministério Público ou pela pessoa jurídica interessada. O réu desta ação é o agente, ainda que sua investidura seja transitória e sem remuneração (art. 2º da Lei de Improbidade).

(Vunesp/TJ/SP/Juiz/2006) Improbidade administrativa. Frustrar a licitude de concurso público. Quando ocorre? Artigo 37, II, da Constituição Federal. Anulação do concurso. Devolução dos valores recebidos.

Autor: Francisco Vicente Rossi

Direcionamento da resposta

Comentar o art. 11 da Lei 8.429/92, que cuida de atos de improbidade administrativa que atentam contra os princípios da Administração Pública e colocam, entre eles, a frustração de concurso público, exigida pelo art. 37, II, da CF. Destacar as exceções à obrigatoriedade de o agente público de devolver valores recebidos (se percebidos de boa-fé e efetivo trabalho).

COLEÇÃO PREPARANDO PARA CONCURSOS

Sugestão de resposta

O art. 11 da Lei 8.429/92 trata dos atos de improbidade administrativa que atentam contra os princípios da Administração Pública, e, no inciso V, prevê a frustração de concurso público.

A CF, no art. 37, II, exige para investidura em cargo ou emprego público a aprovação prévia em concurso público.

Decorre, dentre outros, de quatro fundamentais princípios constitucionais: legalidade, moralidade, impessoalidade e eficiência.

A licitude do concurso público será frustrada, ou por omissão, não o realizando e nomeando agente público sem o devido concurso (salvo no caso da ressalva constitucional para cargo em comissão declarado em lei, de livre nomeação e exoneração) ou realizando-o, mas de forma fraudulenta para beneficiar ou prejudicar participantes e, para estes casos, a LIA prevê punições severas e anulação do concurso.

Apesar de não haver o concurso ou ele ser anulado por fraude ou vício insanável no seu procedimento, se o agente público nomeado estava de boa-fé e prestou serviços, não terá que devolver os valores recebidos[79].

Mas, a devolução dos vencimentos ocorrerá se houver conluio entre o nomeado e o agente público competente, mesmo que tenha prestado serviços, pois obtidos de má-fé; se, na realidade, não houver a efetiva prestação de serviço (servidor "fantasma") e quando a contratação e posse ocorreram sem qualquer interesse público; sua desnecessidade era evidente, haverá devolução para ressarcimento do erário.

Portanto, se não ocorreu concurso, mas o nomeado trabalha com boa-fé, a jurisprudência tranquila entende impossível a devolução, para evitar enriquecimento sem causa (*"nemo loclupetari potest cum aliena jactura"* – "ninguém pode enriquecer-se à custa alheia"). Também não haverá punição para a autoridade que não efetivou o concurso quando não provada a ilegalidade com má-fé, com desonestidade – com dolo[80].

---

79. "Processo civil. Ação civil pública. Ato de improbidade. (...). Apesar de não ter sido o contrato precedido de concurso, houve trabalho dos servidores contratados o que impede a devolução dos valores correspondentes ao trabalho devido" (STJ, REsp 514820).

80. "No tocante ao agente público responsável pela contratação sem concurso público, descabe sua punição por ato de improbidade administrativa de frustração de concurso público quando não provado ter cometido tal ilegalidade com má-fé ou desonestidade (dolo). A atuação ilegal do agente público, desacompanhada do substrato de falta de probidade (v.g., desonestidade, má-fé, deslealdade ao interesse público), não configura a improbidade atentatória aos princípios da Administração Pública" (Marino Pazzaglini Filho, "Lei de Improbidade Administrativa Comentada", 4. ed., SP: Atlas, p. 111).

DIREITO PROCESSUAL CONSTITUCIONAL

2.3. Ação Popular

(Fundatec/PGE/RS/Procurador/2015) *É constatada fraude em procedimento licitatório visando à construção de penitenciaria no interior do estado, indireta violação ao comando constitucional do art. 37, XXI, eis que não foi assegurada a igualdade de condições a todos os concorrentes, havendo favorecimento ilegal a um cartel de empresas que pratica preços superiores aos do mercado. Nesse caso, seria cabível a propositura de ação popular, ação cível pública e/ou ação de improbidade administrativa? Ao responder, diferencie cada qual desses instrumentos quanto à finalidade, com especial destaque à posição jurídica do estado em tais ações.*

Autor: Eron Freire dos Santos

Direcionamento da resposta

A questão exige que o candidato demonstre o conhecimento acerca das citadas ações constitucionais, explicitando suas características legais, mormente no que atine à finalidade e à posição jurídica que o Estado pode assumir em tais hipóteses.

Sugestão de resposta

Na hipótese seria cabível ação popular, ação civil pública e ação de improbidade administrativa. Apesar de ser viável o manejo dessas três ações, elas possuem regras e finalidades distintas.

A **ação popular**, regida pela Lei nº 4.717/65 e com previsão no art. 5º, LXXIII, da CF/88, pode ser ajuizada por qualquer cidadão, assim entendido o indivíduo no gozo dos direitos civis e políticos, com o objetivo de anular ato lesivo ao patrimônio público, à moralidade administrativa, ao meio ambiente e ao patrimônio histórico e cultural.

Por sua vez, a **ação civil pública**, disciplinada pela Lei nº 7.347/85 e prevista no art. 129, III, da CF/88, pode ser ajuizada pelos legalmente legitimados, dentre os quais estão: o Ministério Público; a Defensoria Pública; a Administração Pública Direta e Indireta; e as associações que preencham os requisitos legais. Essa espécie de ação tem por desiderato obter a condenação em dinheiro ou o cumprimento de fazer ou não fazer, em hipótese de ofensa a um dos bens jurídicos previstos no art. 1º da Lei nº 7.347/85.

Já a **ação de improbidade administrativa**, abrigada na Lei nº 8.429/92 e com assento constitucional no art. 37, § 4º, da CF/88, pode ser ajuizada pelo

COLEÇÃO PREPARANDO PARA CONCURSOS

Ministério Público e pela pessoa jurídica interessada, assim considerada a vítima do ato de improbidade. De acordo com o art. 12 desta mencionada Lei, busca-se a condenação do acusado, sem prejuízo de outras sanções provenientes de esferas distintas: ressarcimento integral dos prejuízos causados ao erário; devolução das vantagens auferidas ilicitamente; aplicação de multa; perda da função pública; suspensão dos direitos políticos; possibilidade de contratação com o poder público.

Nessas três ações, o Estado deverá ser intimado/notificado para habilitar-se como litisconsorte ativo, apresentar defesa ou abster-se de contestar o pedido, quando isso, a juízo do representante legal ou dirigente, afigure-se útil ao interesse público.

(TRF/2R/Juiz/2014) Cidadão ajuizou ação popular na qual o pedido formulado postula desconstituir o ato ilegal e lesivo ao patrimônio da União Federal. Após regular trâmite, foi proferida sentença no sentido de anular o ato impugnado e condenar o agente público e os beneficiários diretos ao ressarcimento do erário por perdas e danos. Em apelação, os réus alegaram que houve violação aos artigos 128 e 460 do Código de Processo Civil[81]. Analise o acerto ou equívoco da sentença, de modo fundamentado.

Autor: *Jorge Ferraz de Oliveira Júnior*

Direcionamento da resposta

Os seguintes temas devem ser abordados: (1) o artigo 11 da Lei nº 4.717/1965, (2) a jurisprudência majoritária do Superior Tribunal de Justiça a respeito do tema (cf. REsp 1283121/ES, DJe 8.3.2013).

Sugestão de resposta

Apesar da previsão contida no artigo 11 da Lei nº 4.717/1965 (o qual dispõe que a sentença que julgar procedente a ação popular condenará o requerido e os beneficiários do ato lesivo ao ressarcimento ao erário), o Superior Tribunal de Justiça entende que é imprescindível que o autor da ação requeira

---

81. No Novo CPC, trata-se, respectivamente, dos artigos: "Art. 141. O juiz decidirá o mérito nos limites propostos pelas partes, sendo-lhe vedado conhecer de questões não suscitadas a cujo respeito a lei exige iniciativa da parte" e "Art. 492. É vedado ao juiz proferir decisão de natureza diversa da pedida, bem como condenar a parte em quantidade superior ou em objeto diverso do que lhe foi demandado".

DIREITO PROCESSUAL CONSTITUCIONAL

expressamente, na exordial, o ressarcimento ao erário, possibilitando o contra-ditório. Aliás, a jurisprudência da Corte Superior também é firme no sentido de que, não comprovado o prejuízo efetivo ao erário, é incabível a condenação ao ressarcimento patrimonial. Dessarte, recomenda-se que em caso de omissão na petição inicial (autor narrou a existência de efetivo prejuízo ao erário, mas, ao final, não requereu a condenação patrimonial), o juiz determine a emenda à exordial.

(Ceperj/PGM/São_Gonçalo/Procurador/2011) Analise as questões jurídicas relevantes relativas ao caso apresentado a seguir. Túlio, brasileiro, casado, engenheiro, domiciliado no Município de Mumu, é cidadão participante dos movimentos sociais da sua região, inclusive fiscalizando a atuação dos membros dos Poderes Legislativo e Executivo. Por meio de exame de notícias veiculadas no Diário Oficial, verifica que o Poder Executivo lançou edital de compras para medicamentos, com diversas irregularidades, dentre as quais os prazos de fornecimento, a identificação de marcas e valores exorbitantes. Após os trâmites legais, o contrato de fornecimento foi assinado e houve o desembolso da quantia correspondente a R$ 1.000.000,00 (hum milhão de reais), pagos à empresa Mae e Mae S/A, cujos sócios são Lupus e Raposus, ambos domiciliados em Mundus, outro município, no mesmo Estado da Federação. Inconformado com o ocorrido, propôs a ação própria. Os Municípios de Mumu e Mundus estão vinculados à comarca de Global, que é sua sede, abrangendo, ainda, vinte outros municípios, com competência fazendária. É prefeito do Município de Mumu, Esculápio.

Autor: Marcelo Veiga Franco

Direcionamento da resposta

O enunciado versa sobre caso concreto e requer que o candidato apresente a sua análise sobre as questões jurídicas relevantes que lhe foram apresentadas. Tendo em vista que a questão não explicita de forma pormenorizada quais seriam os pontos a serem abordados, cabe ao candidato discorrer sobre o máximo de variáveis jurídicas envolvidas no enunciado, tais como: cabimento de ação popular, legitimidade ativa, legitimidade passiva, competência, procedimento e objeto da demanda.

No caso em tela, coube à Túlio, inconformado com a suposta ocorrência de irregularidades perpetradas pelo Poder Executivo local em procedimento licitatório, ajuizar, na condição de cidadão, ação popular em defesa do patrimônio público municipal, com base no art. 5º, LXXIII, da CF e na Lei Federal n. 4.717/65. De fato, a ação popular, como instrumento processual democrático de participação política do cidadão na proteção da res publica (art. 1º, parágrafo único, da CF), é cabível para o fim de anular ato lesivo ao patrimônio público e à moralidade administrativa, como ocorre, em tese, no caso em que há ilegalidade e desvio de finalidade em licitação e em contrato administrativo celebrado com a finalidade de beneficiar determinada sociedade empresária, mediante prazos diferenciados de fornecimento, identificação de marcas e pagamento de cifra exorbitante (art. 2º da Lei 4.717/1965).

No que se refere à legitimidade ativa ad causam, compete a qualquer cidadão brasileiro nato ou naturalizado, no pleno gozo dos seus direitos políticos, a propositura de ação popular, por meio da apresentação junto à petição inicial do título eleitoral ou documento equivalente como prova da cidadania (art. 1º, § 3º, da Lei 4.717/1965).

Quanto à legitimidade passiva ad causam, o art. 6º da Lei 4.717/1965 prevê que a ação deve ser proposta contra as pessoas públicas ou privadas e demais entidades previstas no art. 1º, autoridades, funcionários ou administradores que tiverem autorizado, aprovado, ratificado ou praticado o ato impugnado e contra os beneficiários diretos do mesmo.

Na hipótese em apreço, portanto, figuram como réus na ação popular ajuizada por Túlio a empresa Mãe e Mãe S/A, os seus sócios Lupus e Raposus, o Município de Mumu, e o Prefeito Municipal, de nome Esculápio. Em relação à competência, o art. 5º da Lei 4.717/1965 dispõe que é competente para processar e julgar a ação popular o juízo de primeiro grau (STF, AO 859-QO), conforme a origem do ato impugnado.

Dessa forma, no caso sob análise, coube à Túlio propor a ação popular no juízo fazendário de primeiro grau (vara da fazenda pública municipal) da comarca de Global (sede), da qual o Município de Mumu faz parte. Outros aspectos jurídicos relevantes à ação popular também podem ser enumerados: participação do Ministério Público como fiscal da lei ou *custos legis* (art. 6º, § 4º, da Lei 4.717/1965); sujeição ao rito ordinário com as alterações previstas no art. 7º da Lei 4.717/1965; isenção de custas judiciais e ônus da sucumbência ao autor da ação, salvo comprovada má-fé (art. 5º, LXXIII, da CF e art. 13 da Lei 4.717/1965); procedência da ação implica a decretação da invalidade do ato impugnado e a condenação dos responsáveis e beneficiários no pagamento de perdas e danos (art. 11 da Lei 4.717/1965); eficácia erga omnes da sentença procedente ou improcedente em virtude de pretensão infundada (coisa julgada *secundum eventum litis*), sendo que, caso a improcedência ocorra por deficiência de prova, será possível o ajuizamento de nova ação por qualquer cidadão com idêntico fundamento e com base em nova prova (coisa julgada formal).

DIREITO PROCESSUAL CONSTITUCIONAL

Por fim, ressalte-se que os fatos discutidos na ação (irregularidade nos prazos de fornecimento dos medicamentos e identificação de marcas) configuram, em tese, violação a princípios administrativos previstos no art. 37, caput, da CF (como os da legalidade, moralidade e impessoalidade) e infringências administrativas, cíveis e penais em virtude de descumprimento da Lei 8.666/93.

(PGM/Rio_de_Janeiro/Procurador/2011) *O Prefeito do Município X recebe recursos federais para atender a calamidade pública que destruiu vários bairros da cidade. A partir de trabalho investigativo, o Ministério Público Federal abre inquérito civil administrativo para apurar a malversação de recursos federais nos contratos celebrados pelo Prefeito. O Prefeito defende não ter havido violação da Lei de Licitações nos contratos celebrados. Não obstante, os patrimônios pessoais do Prefeito, da sua esposa e dos seus filhos decuplicarem em um ano, sem justificativa, e as obras não foram concluídas no prazo. Responda cada uma das questões abaixo, justificadamente: (i) Do seu ponto de vista, qual o fundamento que sustenta a abertura do inquérito civil administrativo e poderá justificar a atuação judicial da União para recuperação dos valores malversados? (ii) Que outra atuação judicial pode ser deflagrada pela União Federal ou pelo próprio Município X para atacar a malversação dos recursos públicos? (iii) De quais instrumentos dispõe o direito para enfrentar a regularidade formal do procedimento da licitação e dos contratos administrativos invocados pelo prefeito para a proteção da sua atuação administrativa? (iv) Como Procurador do Município, com que fundamentos você defenderia a conclusão das obras, tendo em vista o estado real de calamidade? (v) De quais instrumentos poderá se valer o cidadão para a defesa do patrimônio público e dos valores violados?*

Autor: Marcelo Veiga Franco

Direcionamento da resposta

A questão aborda diversos aspectos jurídicos relativos à regularidade na utilização de recursos públicos federais repassados à Prefeitura Municipal, com ênfase na análise acerca da incidência da Lei 8.666/93 e dos instrumentos jurídicos existentes para coibir fraudes em procedimentos licitatórios.

Para tanto, a questão proposta requer que o candidato demonstre conhecimentos específicos sobre a atuação do Ministério Público, da União Federal, dos Municípios e dos cidadãos na defesa do patrimônio público e da higidez de procedimentos de licitação e de celebração de contratos administrativos.

COLEÇÃO PREPARANDO PARA CONCURSOS

Sugestão de resposta

As indagações serão respondidas conforme os tópicos enumerados na questão proposta, a saber:

i) No caso em apreço, os fatos narrados configuram, em tese, uma série de irregularidades e ilegalidades que justificam a abertura de inquérito civil administrativo e sustentam a atuação judicial da União para a recuperação dos valores malversados. Em primeiro lugar, percebe-se a ocorrência de violação a princípios administrativos de índole constitucional previstos no art. 37, *caput*, da CF, tais como o da legalidade, moralidade e impessoalidade. Ademais, os fatos relatados podem caracterizar fraude ao procedimento licitatório previsto na Lei 8.666/93, com repercussão nas searas administrativa, cível e criminal. Outrossim, é possível inferir a caracterização de ato de improbidade administrativa, em face da existência de enriquecimento ilícito do Prefeito Municipal e de seus familiares, prejuízo ao erário público e lesão aos princípios da Administração Pública (arts. 9º a 11 da Lei 8.429/92).

ii) Além da instauração de inquérito civil administrativo, é possível que a União Federal e o Município X atuem judicialmente na defesa do patrimônio público a fim de atacar a malversação dos recursos públicos. Uma das possibilidades é o ajuizamento de ação civil pública (art. 1º, VIII c/c art. 5º, III, da Lei 7.347/85), inclusive por ato de improbidade administrativa (art. 1º c/c art. 17 da Lei 8.429/92), com o objetivo de sanar a lesão ao patrimônio público, inclusive por meio de ressarcimento ao erário dos recursos malversados. Ademais, lembre-se que os fatos narrados são passíveis de apuração e eventual punição também na esfera penal (através de ação própria aforada pelo Ministério Público), administrativa (por meio da atuação de órgãos externos e internos de controle) e política.

iii) Ainda que o Prefeito Municipal invoque a regularidade formal do procedimento da licitação e dos contratos administrativos para a proteção da sua atuação administrativa, o direito possui mecanismos para apurar e coibir atos que, materialmente, atentem contra a legalidade e os princípios constitucionais. Além das já comentadas possibilidades de apuração de responsabilidade no âmbito administrativo, cível, criminal e político, os atos praticados pelo Prefeito Municipal são passíveis de invalidação (nulidade absoluta) em virtude de desvio de finalidade (ou de poder) e de atribuição de reponsabilidade pelo ressarcimento dos danos provocados ao erário público e aos munícipes. Para tanto, o direito permite não apenas que a própria Administração Pública declare a nulidade do ato – através do poder de autotutela – como também possibilita que haja o controle jurisdicional da legitimidade do ato atentatório a princípios constitucionais.

DIREITO PROCESSUAL CONSTITUCIONAL

iv) Na condição de Procurador do Município, é possível defender a conclusão extemporânea das obras em face da própria condição emergencial do contexto narrado. Ora, a situação fática relatada, na medida em que retrata típico caso fortuito ou de força maior, atrai a incidência de princípios da proporcionalidade e da razoabilidade que permitem que haja o alargamento do prazo de conclusão das obras. Ademais, o art. 24, IV, da Lei 8.666/93 prevê que é dispensável a licitação exatamente "nos casos de emergência ou de calamidade pública, quando caracterizada urgência de atendimento de situação que possa ocasionar prejuízo ou comprometer a segurança de pessoas, obras, serviços, equipamentos e outros bens, públicos ou particulares, e somente para os bens necessários ao atendimento da situação emergencial ou calamitosa e para as parcelas de obras e serviços que possam ser concluídas no prazo máximo de cento e oitenta dias consecutivos e ininterruptos, contados da ocorrência da emergência ou calamidade, vedada a prorrogação dos respectivos contratos". Dessa forma, a conclusão das obras é justificada justamente em virtude da situação de calamidade e emergência públicas, em face do interesse público de proteção da segurança das pessoas e bens e de continuidade na prestação dos serviços públicos essenciais à população.

v) Tendo em vista que os fatos narrados na questão proposta configuram, em tese, desvio de recursos e consequente lesão ao patrimônio público e a princípios e valores constitucionais (tais como legalidade, moralidade e impessoalidade administrativas), compete a qualquer cidadão a utilização de determinados meios jurídicos para a defesa da *res publica* e para a instrumentalização de sua participação política democrática. Um desses instrumentos é a propositura de ação popular, com base no art. 5º, LXXIII, da CF e na Lei Federal n. 4.717/1965, a fim de anular o ato lesivo ao patrimônio público e à moralidade administrativa. Outra ferramenta cabível é a apresentação, pelo cidadão, de representação perante o Ministério Público e demais órgãos de controle externo (*v.g.*, Tribunal de Contas) e também interno (*v.g.*, Corregedoria Municipal), a fim de cientificar tais entidades acerca das irregularidades para a adoção das providências cabíveis nas esferas administrativa, cível e criminal. Também é alternativa ao cidadão a fiscalização da atuação da Câmara dos Vereados em eventual julgamento de procedimento de *impeachment* do Prefeito Municipal em virtude de cometimento de infração político-administrativa (art. 4º do Decreto-Lei 201/1967).

Por fim, igualmente é possível ao cidadão valer-se da instituição de entidade associativa não-governamental destinada à defesa do patrimônio público, bem como atuar perante a imprensa como forma de controle e de proteção dos valores constitucionais e princípios administrativos.

COLEÇÃO PREPARANDO PARA CONCURSOS

(Zambini/Dersa/Advogado/2009) Diferencie ação civil pública de ação popular.

Autor: Leonardo Gil Douek

Direcionamento da resposta

- Vide Lei n. 4.717/65
- Vide Lei n. 7.347/85

Sugestão de resposta

O primeiro ponto de diferenciação entre a ação civil pública e a ação popular diz respeito à legitimidade para a propositura.

Enquanto na ação popular qualquer cidadão tem legitimidade para propositura, desde que seja brasileiro nato ou naturalizado e no pleno gozo de seus direitos políticos, na ação civil pública apenas os legitimados no artigo 5º, da Lei n. 7.347/85 podem propor a referida demanda.

Apesar da semelhança entre as duas modalidades de demandas, no sentido de que ambas procuram proteger o interesse da coletividade, na ação civil pública é possível figurar como réus quaisquer pessoas relacionadas ao ato impugnado, enquanto na ação popular o rol é mais limitado, devendo ser respeitados os limites impostos pelo artigo 6º, da Lei n. 4.717/65.

Há diferença, também, quanto aos pedidos. Enquanto na ação civil pública o pedido imediato pode ter qualquer natureza e o pedido mediato pode ser condenação de dinheiro, obrigação de fazer ou não fazer; na ação popular o pedido imediato tem natureza constitutiva, como regra geral, mas em algumas situações excepcionais pode ter natureza condenatória, enquanto o pedido mediato da ação popular é apenas a invalidação de ato lesivo a alguns direitos difusos enumerados pela legislação, além da condenação dos responsáveis e seus beneficiários em perdas e danos.

(Consulplan/Embrapa/Advogado/2007) Disserte sobre a ação popular abordando, no mínimo, sobre seu conceito, seus legitimados ativo e passivo, os bens jurídicos protegidos por tal ação e o seu procedimento.

Autor: Leonardo Gil Douek

DIREITO PROCESSUAL CONSTITUCIONAL

Direcionamento da resposta

– Vide Lei n. 4.717/65

– "A Constituição prevê a ação popular com o objetivo de anular ato lesivo ao patrimônio público ou aos bens de entidade de que o Estado participe, à moralidade administrativa, ao meio ambiente e ao patrimônio histórico e cultural. Considerando-se o caráter marcadamente público dessa ação constitucional, o autor está, em princípio, isento de custas judiciais e do ônus da sucumbência, salvo comprovada má-fé (art. 5º, LXXIII, da CF/88). A ação popular é um instrumento típico da cidadania e somente pode ser proposta pelo cidadão, aqui entendido como aquele que não apresente pendências no que concerne às obrigações cívicas, militares e eleitorais que, por lei, sejam exigíveis. A ação popular, regulada pela Lei n. 4.717, de 29.6.1965, configura instrumento de defesa de interesse público. Não tem em vista primacialmente a defesa de posições individuais. É evidente, porém, que as decisões tomadas em sede de ação popular podem ter reflexos sobre posições subjetivas". (Gilmar Mendes, *in* Curso de Direito Constitucional).

Sugestão de resposta

Ação Popular é um remédio constitucional, previsto no artigo 5º, LXXIII, em que o cidadão tem a legitimidade de ingressar em juízo com a finalidade de anular ato lesivo ao patrimônio público ou aos bens de entidade de que o Estado participe, à moralidade administrativa, ao meio ambiente e ao patrimônio histórico e cultural.

Como se deixa pressuposto pelo próprio teor do art. 5º, LXXIII, da Constituição Federal, o objetivo do manejo da ação popular é a anulação do ato administrativo capaz de violar os princípios da regularidade da administração, especialmente os encartados no art. 37 do referido texto. Pode-se bifurcar isso da seguinte maneira: A) o objeto imediato do *writ* é a anulação do ato irregular; e B) o objeto mediato consiste na proteção do princípio administrativo defendido levantado como violado pelo respectivo autor da ação.

O que importa para o objeto da ação popular são os efeitos do ato que se intenciona anular. Assim sendo, até mesmo aquelas ações cuja volição direta do autor não seja no sentido de lesionar o patrimônio administrativo, mas que teve tal resultado indiretamente, são sindicáveis via *actio* popular. A intenção do agente não importa neste aspecto. É até mesmo desimportante se a lesividade é consequência direta ou indireta da ilegalidade ou arbitrariedade. Ou seja, qualquer resquício de ato administrativo lesivo/ilegal é passível de correção pela via ora tratada.

Importante salientar, também, que a lesividade corrigida via ação popular prescinde do desfalque patrimonial em si, bastando que reste comprovada a ilegalidade e a malferição ao princípio constitucional da moralidade, novidade esta trazida pelo atual texto constitucional.

Quanto ao procedimento, destaca-se que a Súmula 365, do Supremo Tribunal Federal, não permite que pessoa jurídica seja autora de ação popular, mas tão somente o cidadão, conforme explicitado anteriormente.

Igualmente, o Ministério Público não é parte legítima para figurar no polo ativo de ação popular, dispondo de instrumento que se assemelha que é a ação civil pública.

Quanto aos legitimados passivos, há a maior amplitude possível, devendo ser colocada a entidade jurídica afetada pelo suposto ato ilícito e todas as pessoas que porventura influenciaram para a ocorrência do dano, ou dele se beneficiaram (Lei n. 4.717/1965, arts. 1º e 6º). Por exemplo, ainda que o gestor titular da pasta executiva não seja o ordenador direto do ato guerreado, ele poderá ser demandado neste *writ*, quando um subordinado seu agir ilicitamente.

Em regra, o procedimento segue o Código de Processo Civil, mas com algumas exceções como em relação à petição inicial do *writ*, por exemplo, que deve vir acompanhada do título de eleitor do respectivo autor. Por igual, a citação dos terceiros interessados pode ser feita pela via editalícia, o que, no entanto, segundo a doutrina mais abalizada, para fins de evitarem-se alegações de nulidade processual, somente deve ser feito nas circunstâncias do art. 256 do NCPC.

O prazo contestatório na ação popular também difere da regra ordinária do Código de Processo Civil, pois é de 20 (vinte) dias corridos, prorrogáveis por igual período, a requerimento do interessado (art. 7º, IV, da Lei n. 4.717/1965). Tal lapso temporal é comum para todos os demandados. Pode ocorrer também a citação superveniente quando qualquer pessoa, beneficiada ou responsável pelo ato impugnado, tenha a sua identidade conhecida apenas no transcorrer processual. Neste caso, deve ela ser citada para integrar o contraditório e ser-lhe-á concedido o prazo defensório integral.

Na ação popular cabe o chamado julgamento antecipado da lide, quando não for requerida a produção da prova testemunhal. Em tais casos, devem ser oportunizados às partes os prazos de 10 (dez) dias para as alegações finais.

Por fim, nos casos de presença dos requisitos chamados *fumus boni iuris* e *periculum in mora*, é cabível o deferimento das medidas liminares de natureza cautelar nas ações populares. O objetivo de tal provimento é assegurar que o ato administrativo com ranços de ilegalidade/imoralidade possa deixar de produzir efeitos (ou evitar que permaneça repercutindo negativamente no erário).

DIREITO PROCESSUAL CONSTITUCIONAL

(Cespe/TRF/5R/Juiz/2005) Havendo despachado ação popular, o juiz federal da Seção Judicial de Sergipe deprecou para a Seção Judiciária de Brasília, para citação de um deputado federal. O juiz federal deprecado recusou-se a dar--lhe cumprimento, sob alegação de que deputado federal goza de foro privilegiado e, portanto, o juiz federal não teria competência para citá-lo. Devolveu-lhe os autos. A propósito dessa situação hipotética, redija um texto dissertativo que responda aos seguintes questionamentos: (i) a recusa é legítima? (ii) de quem é a competência para determinar a citação?

Autores: Jorge Ferraz de Oliveira Júnior e Rafael Vasconcelos Porto

Direcionamento da resposta

Os seguintes temas devem ser abordados: 1) inexistência de foro por prerrogativa de função em ação popular; 2) mesmo que existisse foro por prerrogativa, inexistência de conteúdo decisório no ato deprecado (citação), o que possibilita a prática do ato pelo juízo deprecado; e 3) competência do juízo do processamento da ação para determinar a citação, que pode ser cumprida, mediante carta precatória, onde o autor tem domicílio funcional (in casu, Brasília). Como o enunciado determina a construção de um texto dissertativo, o ideal é iniciar falando um pouco sobre o instrumento da ação popular, inclusive para ocupar melhor o espaço de 60 linhas disponibilizado.

Sugestão de resposta

A ação popular é instrumento para tutela de direitos transindividuais, sendo o primeiro da espécie a ser criado em nossa história constitucional , estando hoje previsto no art. 5°, LXXIII, da CRFB, que dispõe que: "qualquer cidadão é parte legítima para propor ação popular que vise a anular ato lesivo ao patrimônio público ou de entidade de que o Estado participe, à moralidade administrativa, ao meio ambiente e ao patrimônio histórico e cultural, ficando o autor, salvo comprovada má-fé, isento de custas judiciais e do ônus da sucumbência". No âmbito infraconstitucional, o instrumento é regulado pela Lei n. 4.717/65.

É importante mencionar que não há previsão normativa de foro por prerrogativa de função para fins de processamento e julgamento de ação popular. Nesse ponto, é de se notar que o Supremo Tribunal Federal tem entendimento solidificado no sentido de que tal espécie de competência deve ser estabelecida apenas no âmbito constitucional, sendo que, ademais, vem adotando interpretação restritiva no que se refere às competências previstas nos artigos 102, I, "b", "c" e "d" da Constituição, tendo já declarado inconstitucional

191

lei que previa foro por prerrogativa de função para julgamento de ação de improbidade .

Assim, é possível afirmar que a competência para o processamento e julgamento de ação popular é, em regra, do juízo de primeiro grau . Neste sentido, o STF, recentemente, se manifestou no sentido de ser incompetente para o julgamento de ação popular contra presidente da República . Assim, portanto, não havendo foro por prerrogativa de função na hipótese, a competência será mesmo do juízo de primeiro grau. No que tange à definição da competência entre a Justiça Federal e a Justiça Estadual, é de se considerar o disposto no art. 109 da Constituição Federal, sendo que há quem defenda que a competência se fixaria pelo simples fato de se tratar de ação movida contra Deputado Federal em razão da função, mas não é o que se extrai da interpretação literal do dispositivo citado, pelo que outros sustentam que a Justiça Federal será competente apenas se houver interesse da União e outras entidades mencionadas no inciso I do art. 109 da CRFB (como, por exemplo, quando for de tais entidades o patrimônio lesado), ainda que não venham a se tornar partes (o que poderia ocorrer pela denominada "intervenção móvel", prevista no § 3º do art. 6º da Lei n. 4.717/65).

Em resposta às questões suscitadas no enunciado, anoto que a recusa é ilegítima, visto que, como dito, não há a competência por prerrogativa de função levantada. Assinalo, ademais, que ainda que houvesse a incompetência do juízo deprecante, é preciso considerar que o ato judicial deprecado – citação – não causa qualquer prejuízo à autoridade (supostamente)detentora de foro "privilegiado", pelo que a recusa é indevida, devendo a (in)competência ser discutida pela via própria, de exceção dilatória, perante o juízo deprecante.

Destarte, a competência para determinar a citação é do juízo competente para o processamento da ação (ou, ao menos, do juízo perante o qual a ação foi ajuizada e que se entenda competente, até que sua incompetência seja eventualmente declarada). Não obstante, tendo em vista que o ato poderá ser cumprido no foro do domicílio funcional do autor – in casu, Brasilia, onde o Congressista exerce a suas atividades -, o juízo da Seção Judiciária de Sergipe deveria mesmo deprecar o ato à Justiça Federal de Brasília, tal como foi feito.

2.4. "Habeas Data"

(FCC/TJ/PE/Juiz/2013) Pretendendo obter certidão para esclarecimento de situação de interesse pessoal em repartição pública municipal, foi exigido do cidadão interessado o prévio pagamento de uma taxa de expediente. Inconformado

DIREITO PROCESSUAL CONSTITUCIONAL

com esta exigência, o cidadão impetrou "habeas data", com base no art. 5º, XXLII, da CF/88, ao argumento de que tal remédio constitucional tem cabimento para assegurar o conhecimento de informações relativas à sua pessoa e que estejam em banco de dados de ente público, sendo certo que a exigência de taxa cerceia seu direito a estas informações, além de ser inconstitucional, já que a CF/88 assegura isenção ao pagamento de taxas para obtenção de certidões com esta finalidade. Considerando este caso hipotético, analise a correção da medida e dos fundamentos apresentados pelo cidadão.

Autor: Pedro Siqueira de Pretto

Direcionamento da resposta

Na presente questão, deve o candidato apresentar conhecimento acerca dos remédios constitucionais, notadamente a hipótese de cabimento de cada um. Além disso, deve desenvolver o tema a respeito da desnecessidade de pagamento para obtenção de conhecimento de situações pessoais, tudo nos termos do artigo 5º da Constituição da República.

Sugestão de resposta

A Constituição da República de 1988, elaborada em um período que tencionou o fim do período militar e arbitrário antes existente, dispôs acerca de vários direitos e garantias fundamentais por todo o seu texto.

A maioria deles encontra-se no artigo 5º de seu texto. Dentre eles, há os mencionados remédios constitucionais, consistentes em ações ou meios de impugnação previstos na Constituição da República postos à disposição dos indivíduos para combater ilegalidades e abuso de poder. Enquadram-se nessa categoria, por exemplo, o "habeas corpus", o mandado de segurança e o "habeas data".

No que atine ao "habeas data", o artigo 5º, inciso LXXII, aduz que é possível a sua impetração "para assegurar o conhecimento de informações relativas à pessoa do impetrante, constantes de registros ou bancos de dados de entidades governamentais ou de caráter público", e "para a retificação de dados, quando não se prefira fazê-lo por processo sigiloso, judicial ou administrativo." O inciso III do artigo 7º da Lei n. 9.507/1997, ainda prevê que é possível seu manejo "para a anotação nos assentamentos do interessado, de contestação ou explicação sobre dado verdadeiro mas justificável e que esteja sob pendência judicial ou amigável." Assim, para o reconhecimento de informações relativas à pessoa do impetrante é cabível o "habeas data".

Ocorre que, no caso posto, mais adequado seria manejar mandado de segurança, com fulcro no artigo 5º, inciso LXIX, da Lei Maior, porquanto não se está

COLEÇÃO PREPARANDO PARA CONCURSOS

simplesmente negando o acesso às informações para aquela pessoa, mas impondo uma condicionante, qual seja, o pagamento de taxa.

Portanto, na hipótese do enunciado, deveria a pessoa impetrar mandado de segurança, alegando a desnecessidade do pagamento de qualquer taxa, ante a previsão do artigo 5º, inciso XXXIV, alínea "b", da Constituição, que prevê ser assegurado a todos, independentemente do pagamento de taxas, a "obtenção de certidões em repartições públicas, para defesa de direitos e esclarecimento de situações de interesse pessoal."

Assim, por não haver recusa no fornecimento de dados, mas condicionante à obtenção das informações, o correto seria impetrar mandado de segurança alegando a desnecessidade do recolhimento de qualquer taxa.

2.5. Mandado de Injunção

(UEPA/PGE/PA/Procurador/2015) Discorra sobre o mandado de injunção, abordando os seguintes pontos: (a) diferenças e semelhanças com a ADI por omissão; (b) corrente(s) adotada(s) pelo STF quanto aos efeitos da decisão; (c) a possibilidade de impetração de Mandado de Injunção para o exercício de direitos sociais, analisando, em especial, o direito de greve no serviço público.

Autor: Eron Freire dos Santos

Direcionamento da resposta

A pergunta exige que o candidato exponha todo seu conhecimento sobre as diferenças e as semelhanças havidas entre o mandado de injunção e a ação direta de inconstitucionalidade por omissão. Desse modo, vale a pena que o candidato explique, ainda que resumidamente, o maior número de informações sobre essas espécies de ações. A par disso, deve mencionar as correntes adotadas pelo STF quanto aos efeitos da decisão proferidas em tais ações[82], bem assim a possibilidade de manejo do mandado de injunção para o exercício de direitos sociais, analisando especialmente o caso do direito de greve. Quanto a este último ponto, o candidato deve recordar a viragem de jurisprudência ocorrida no STF sobre os efeitos da decisão proferida nos mandados de injunção. O leading

---

82. Para uma breve explanação da jurisprudência do STF sobre as correntes já adotadas, confira-se: (a) corrente não concretista (MI 107, j. 21.11.1990); (b) corrente concretista individual intermediária (MI 232, j. 2.8.2011; (c) corrente concretista direta (MI 721, j. 30.8.2007; (d) corrente concretista geral (MI 670, j. 25.10.2007).

DIREITO PROCESSUAL CONSTITUCIONAL

case – onde se operou essa viragem de jurisprudência – tratava justamente do direito de greve dos servidores públicos.

Sugestão de resposta

O mandado de injunção, assim como a ação direta de inconstitucionalidade, é um instrumento que objetiva combater as chamadas omissões inconstitucionais. Apesar disso, eles são instrumentos com características diferentes.

O mandado de injunção, por exemplo, é um instrumento de controle concreto de constitucionalidade, ou seja, visa tutelar direito subjetivo, que não pode ser exercido em razão de uma lacuna normativa. Sendo assim, o mandado de segurança tem legitimidade ampla, podendo ser manejado por qualquer pessoa. A competência para o processamento e julgamento do mandado de segurança é ampla, tendo previsão na Constituição Federal, conforme a autoridade responsável pela omissão (arts. 102, I, "q", 105, I, "h" e 121, § 4º, V da CF). Por fim, no mandado de injunção, a autoridade responsável pela omissão pode ser municipal.

A ação direta de inconstitucionalidade por omissão, por sua vez, é instrumento de controle abstrato de constitucionalidade, ou seja, visa preservar a normatividade da Constituição. Destarte, a legitimidade para o ajuizamento desta ação é restrita aos agentes elencados no art. 103 da Constituição Federal (ou pelos agentes legitimados pelas Constituições dos Estados). Quanto à competência, a ação direta de inconstitucionalidade por omissão é processada e julgada pelo Supremo Tribunal Federal ou pelo Tribunal de Justiça local (arts. 102, I, "a", c/c 103, § 2º, e 125, § 2º da CF). Nesta ação, a autoridade responsável pela omissão só pode ser federal ou estadual.

A respeito dos efeitos da decisão proferida em tais ações, o STF, inicialmente e em reverência à separação dos Poderes, entendia que no julgamento não poderia ser adotada soluções concretistas. Isto é: o Tribunal não deveria criar a norma no caso concreto, evitando substituir-se à atuação do Poder Legislativo. No entanto, com a modificação da Corte, o Tribunal passou a entender por essa possibilidade, de modo que, em determinados julgamentos, as decisões proferidas veicularam soluções concretas. O exemplo maior disso é justamente o caso do direito de greve dos servidores públicos, onde o STF, em sede de mandado de injunção, passou a assegurar o direito para todos os servidores[83].

---

83. Dentre outros (STF, MI 708, MI 712), confira-se: "(...) Considerada a evolução jurisprudencial do tema perante o STF, em sede do mandado de injunção, não se pode atribuir amplamente ao legislador a última palavra acerca da concessão, ou não, do direito de greve dos servidores públicos civis, sob pena de esvaziar direito fundamental positivado. Tal premissa, contudo, não

COLEÇÃO PREPARANDO PARA CONCURSOS

Em algumas situações, o STF decidiu assegurar o direito somente para as partes do caso concreto. Assim, para o STF, é viável o manejo de mandado de injunção com o escopo de assegurar direitos sociais.

Por fim, ainda sobre este ponto, vale destacar que, no âmbito das ações diretas de inconstitucionalidade por omissão, o STF tem sido mais reservado em adotar soluções concretistas – estas têm sido adotadas em sede de mandado de injunção.

(PGE/RJ/Procurador/2012) *O STF apreciou uma série de mandados de injunção relativos ao aviso prévio proporcional ao tempo de serviço. Após intensos debates, o julgamento foi suspenso. Posteriormente, foi publicada a lei que regulamenta o art. 7º, XXI, da Constituição Federal. Em prosseguimento, o STF concluiu o julgamento dos mandados de injunção, aplicando aos casos concretos a mesma sistemática da lei recentemente publicada. Comente a decisão do STF, com atenção às seguintes questões: (i) a técnica de decisão em mandado de injunção subjacente à jurisprudência contemporânea da Corte; (ii) a adoção dessa técnica, ou não, nos casos concretos acima referidos.*

Autor: Eron Freire dos Santos

Direcionamento da resposta

Cabe ao candidato apresentar o entendimento do Supremo Tribunal Federal, explicitando a **variação da matéria**, a respeito da técnica da decisão em mandado de injunção (soluções não concretista e concretista), bem assim a abordagem daquilo que foi decidido no **Mandado de Injunção nº 943/DF**[84] – onde o Tribunal, apreciando a falta de norma regulamentadora do aviso prévio

---

impede que, futuramente, o legislador infraconstitucional confira novos contornos acerca da adequada configuração da disciplina desse direito constitucional. 4.2. Considerada a omissão legislativa alegada na espécie, seria o caso de se acolher a pretensão, tão somente no sentido de que se aplique a Lei nº 7.783/89 enquanto a omissão não for devidamente regulamentada por lei específica para os servidores públicos civis (CF, art. 37, VII)." (STF, MI 670, DJ 30.10.2008).

84. Pela importância do tema, recomenda-se a leitura do inteiro teor do acórdão, cuja ementa transcreve-se: "(...) Mandado de injunção. 2. Aviso prévio proporcional ao tempo de serviço. Art. 7º, XXI, da Constituição Federal. 3. Ausência de regulamentação. 4. Ação julgada procedente. 5. Indicação de adiamento com vistas a consolidar proposta conciliatória de concretização do direito ao aviso prévio proporcional. 6. Retomado o julgamento. 7. Advento da Lei 12.506/11, que regulamentou o direito ao aviso prévio proporcional. 8. Aplicação judicial de parâmetros idênticos aos da referida legislação. (...) 10. Mandado de injunção julgado procedente." (STF, MI 943, DJ 30.04.2013).

196

DIREITO PROCESSUAL CONSTITUCIONAL

proporcional, decidiu aplicar os parâmetros da superveniente legislação federal (Lei nº 12.506/2011).

Sugestão de resposta

A técnica de decisão em mandado de injunção sofreu, no âmbito da jurisprudência do Supremo Tribunal Federal, variações substanciais. De fato, o Pretório Excelso, tradicionalmente, alinhou-se, em observância à separação dos poderes, à tese não concretista, a qual defendia que a decisão, proferida em sede de mandado de injunção deveria ser declaratória da omissão. Posteriormente, o Supremo, em várias oportunidades, adotou, acatando a tese concretista, soluções normativas no âmbito dos mandados de injunção, solucionando o caso concreto (concretista individual) ou mesmo situações em tese (concretista geral).

Especificamente nos mandados de injunção dirigidos em face do art. 7º, VII, da Constituição Federal, o Tribunal, após julgar procedente alguns, porém sem fixar a solução normativa do caso concreto (notadamente, porque, na hipótese, não havia parâmetros normativos preestabelecidos), decidiu, com a superveniência da lei regulamentadora, aplicar aos casos sub judice os critérios adotados na lei, mantendo-se coerente, portanto, à tese concretista (individual, já que, na espécie, a decisão restou limitada aos casos examinados). É de se ressaltar (uma peculiaridade do caso em tela) que, não obstante o Supremo entenda prejudicado o mandado de injunção na superveniência da lei regulamentadora, os processos em apreço não foram assim declarados, porque já haviam sido julgados procedentes.

(Fumarc/AGE/MG/Procurador/2011) O mandado de injunção e a ação direta de inconstitucionalidade por omissão têm por objetivo a concreção de determinados direitos constitucionais. Entretanto, são institutos distintos. Aponte diferenças em relação às duas ações, abordando os seguintes fatores: (i) cabimento da ação; (ii) competência para processar e julgar; (iii) legitimidade ativa; e (iv) autoridade ou órgão responsável pela omissão.

Autor: Eron Freire dos Santos

Direcionamento da resposta

A questão cobra do candidato o conhecimento sobre as diferenças havidas entre a ação direta de inconstitucionalidade por omissão e o mandado de

COLEÇÃO PREPARANDO PARA CONCURSOS

injunção, com especial destaque para o cabimento, a competência para julgamento, a legitimidade ativa e a autoridade ou órgão responsável pela omissão.

Sugestão de resposta

A ação direta de inconstitucionalidade por omissão e o mandado de injunção, conquanto medidas destinadas ao combate de omissões inconstitucionais, não se confundem. Em relação ao cabimento, o mandado de injunção, ao contrário da ação direta, não cabe em face de qualquer norma constitucional de eficácia limitada, mas tão somente daquelas referentes a direitos e liberdades constitucionais e das prerrogativas inerentes à nacionalidade, à soberania e à cidadania (art. 5°, LXXI da CF). A competência para julgamento da ação direta, configurando instrumento de controle concentrado de constitucionalidade, é do Supremo Tribunal Federal, ou do Tribunal de Justiça local (arts. 102, I, "a", c/c 103, § 2°, e 125, § 2° da CF); já o mandado de injunção deve ser julgado, conforme a autoridade responsável pela omissão, pelo Supremo, ou pelo Superior Tribunal de Justiça, ou pelos Tribunais Regionais Eleitorais, Tribunais Regionais Federais e juízes federais, ou, ainda, nos termos definidos pela Constituição dos Estados (arts. 102, I, "q", 105, I, "h" e 121, § 4°, V da CF). Acerca da legitimidade ativa, o mandado de injunção pode ser ajuizado por qualquer pessoa física ou jurídica. A ação direta de inconstitucionalidade por omissão só pode ser ajuizada pelos legitimados no art. 103 da Constituição Federal.

Por fim, a autoridade responsável pela omissão, na ação direta, pode ser federal ou estadual. No caso de mandado de injunção, a autoridade pode ser também municipal[85].

(COPS-UEL/PGE/PR/Procurador/2011) Disserte sobre a evolução da jurisprudência do Supremo Tribunal Federal em relação à inconstitucionalidade por omissão, por meio de decisões em mandados de injunção.

Autor: Eron Freire dos Santos

Direcionamento da resposta

O candidato deve abordar a **transição de jurisprudência**, verificada no âmbito do Supremo Tribunal Federal, que passou a adotar, no campo da

---

85. É que, como a ação direta de inconstitucionalidade só pode ser ajuizada em face de lei ou ato normativo federal ou estadual, somente tais autoridades podem ser as responsáveis pela omissão, o que não ocorre quanto ao mandado de injunção.

DIREITO PROCESSUAL CONSTITUCIONAL

inconstitucionalidade por omissão, por meio de decisões em mandados de injunção, em vez da tese não concretista (declaração da mora legislativa) – outrora albergada, a **tese concretista** (além da declaração da mora legislativa, solucionava o caso concreto). Hoje, pode ser citado ainda o enunciado n° 33 da Súmula Vinculante do Supremo.[86]

Sugestão de resposta

O Supremo Tribunal Federal, ao examinar a inconstitucionalidade por omissão, em sede de mandado de injunção, alterou sua jurisprudência a respeito da natureza das decisões proferidas nesta sede. Com efeito, desde o surgimento deste novo instrumento processual, de combate às omissões inconstitucionais, a Corte Suprema, em reverência à separação dos poderes, pautou seu entendimento no sentido de que a decisão, acaso reconhecida a mora legislativa, deveria se limitar à comunicação dela ao órgão legislativo[87].

Com o advento de concepções normativas da Constituição e a alteração da composição do Tribunal, o Supremo, numa viragem de jurisprudência, passou a entender que tais decisões poderiam adotar soluções concretistas, resolvendo o caso específico ou mesmo a situação em abstrato. A título de ilustração, ao apreciar a omissão legislativa relativa ao art. 195, § 7°, da Constituição Federal, o Pretório Excelso determinou que, superado prazo determinado sem a edição da lei referida, a requerente passaria a ter o direito àquela imunidade[88].

No caso do direito de greve dos servidores públicos, o Supremo, embora analisando processos subjetivos, proferiu, com eficácia *erga omnes*, decisão que determinava a aplicação analógica da Lei de Greve da iniciativa privada, no que couber, às greves realizadas no âmbito público[89].

---

86. "Aplicam-se ao servidor público, no que couber, as regras do regime geral da previdência social sobre a aposentadoria especial de que trata o artigo 40, § 4°, inciso III da Constituição Federal, até a edição de lei complementar específica".

87. Essa posição foi firmada, no âmbito do STF, a partir do julgamento do Mandado de Injunção 107.

88. Confira-se: "(...) Mandado de injunção conhecido, em parte, e, nessa parte, deferido para declarar-se o estado de mora em que se encontra o Congresso Nacional, a fim de que, no prazo de seis meses, adote ele as providências legislativas que se impõem para o cumprimento da obrigação de legislar decorrente do artigo 195, § 7° da Constituição, sob pena de, vencido esse prazo sem que essa obrigação se cumpra, passar o requerente a gozar da imunidade requerida." (STF, MI 232, DJ 27.3.1992).

89. Dentre outros (STF, MI 708, MI 712), confira-se: "(...) Considerada a evolução jurisprudencial do tema perante o STF, em sede do mandado de injunção, não se pode atribuir amplamente ao legislador a última palavra acerca da concessão, ou não, do direito de greve dos servidores públicos civis, sob pena de esvaziar direito fundamental positivado. Tal premissa, contudo, não impede que, futuramente, o legislador infraconstitucional confira novos contornos acerca da adequada configuração da disciplina desse direito constitucional. 4.2. Considerada a omissão legislativa alegada na espécie, seria o caso de se acolher a pretensão, tão somente no sentido

COLEÇÃO PREPARANDO PARA CONCURSOS

2.6. Mandado de Segurança

(PGE/MS/Procurador/2015) Um Procurador do Estado encaminha petição *para informar que não interporá recurso de apelação contra a sentença proferi- da em mandado de segurança, já na vigência da Lei 12.016/2009, em razão de expressa autorização administrativa para não recorrer, baseada em entendimen- tos doutrinários e jurisprudência majoritária. Pergunta-se: o juiz pode deixar de encaminhar o reexame necessário ao Tribunal de Justiça Estadual? Responda de forma concisa e fundamente.*

Autores: Cícero Victor Iglesias Melo de Alencar e Paulo Henrique Figueredo de Araújo

Direcionamento da resposta

A questão pode ser respondida com base na jurisprudência do STJ, circuns- tância facilitadora para o alcance da solução. Ademais, o examinador não procu- rou polemizar, nem inseriu complicadores no enunciado. Uma leitura assídua de precedentes e informativos proveria o conforto suficiente para enfrentar o per- guntado, pois o STJ tem diversas decisões no sentido de **afastar as dispensas ao Reexame Necessário, previstas no CPC, na hipótese de Mandado de Segurança.**

Em questões dessa espécie, na qual existe enunciado expresso de juris- prudência (súmula trecho de ementa, etc.), recomendamos que o candidato não se limite a tratar unicamente daquele. Comumente bancas pontuam em seus es- pelhos explanações extras, muitas delas sequer aludidas na questão. Por isso, interessa discorrer sobre **noções gerais** dos institutos tratados, bem como **temas acessórios**, a fim, inclusive, de preencher todas as linhas oferecidas no espaço de resposta.

Sugestão de resposta

O juízo de primeiro grau **deve** encaminhar o feito para reexame necessá- rio, pois há **dispositivo expresso** na legislação determinando, na hipótese de **con- cessão** da ordem, a sujeição da Sentença de primeiro grau ao **duplo grau** de ju- **risdição** (art. 14, § 1º, Lei nº 12.016/2009). Destaque-se tal instituto objetivar a **proteção do interesse público**, razão pela qual a devolutividade é **restrita** às questões decididas em prejuízo da Fazenda Pública[90]. O respeito ao duplo grau

---

de que se aplique a Lei nº 7.783/89 enquanto a omissão não for devidamente regulamentada por lei específica para os servidores públicos civis (CF, art. 37, VII)." (STF, MI 670, DJ 30.10.2008).

90. STJ – EDcl no REsp 1504308, DJe 6.4.2015.

200

DIREITO PROCESSUAL CONSTITUCIONAL

revela-se verdadeira **condição** de **eficácia** das decisões judiciais, quando existir sua obrigatoriedade[91].

Ao Reexame Necessário somente sujeitam-se as Sentenças proferidas em face da Fazenda Pública, **não alcançando** tal preceito as **decisões interlocutórias**[92]. O instituto, inclusive, **não** é óbice à concessão da **tutela antecipada**[93].

Interessa ressaltar o entendimento do STJ sobre a **inaplicabilidade** das hipóteses de dispensa do reexame, inseridas no art. art. 496, §§ 3º e 4º, NCPC, ao Mandado de Segurança, ante a previsão, sem restrições, do duplo grau de jurisdição obrigatório no "writ"[94]. Para esse efeito, deve-se reconhecer a **especialidade** do art. 14, § 1º, Lei nº 12.016/2009, frente às dispensas previstas no Código de Processo Civil.

A **omissão** do juízo de primeiro grau é **irrelevante**, pois possível a **avocação** do feito pelo Presidente do Tribunal art. 496, § 1º, NCPC – não haverá trânsito em julgado até que a causa seja apreciada pela Corte. A situação tem contornos específicos na hipótese de o juiz **expressamente** assentar pela **desnecessidade** de Reexame Necessário: se não ocorrer a avocação antes do trânsito em julgado, ou recurso da parte quanto a tal parcela, a futura **coisa julgada** formada **reveste** a parcela da decisão que expressamente dispensa o reexame, sendo **ilegal** eventual pretensão de **reapreciar** a causa[95].

---

91. "A remessa necessária, ou duplo grau obrigatório, expressão de privilégio administrativo que, apesar de mitigado, ainda ecoa no ordenamento jurídico brasileiro, porque de recurso não se trata, mas de condição de eficácia da sentença (Súmula 423/STF) (...)" (STJ, REsp 1263054, j. 2.4.2013).

92. "A jurisprudência desta Corte Superior de Justiça é no sentido de que a sujeição à remessa de ofício somente alcança as sentenças, não sendo aplicadas às decisões interlocutórias, de acordo com a redação do artigo 475 do Código de Processo Civil" (STJ, REsp 1460980, j. 24.2.2015).

93. "O reexame necessário a que estão sujeitas as sentenças proferidas contra a Fazenda Pública não constitui óbice à antecipação da tutela" (STJ, AgRg no AREsp 32608, j. 17.12.2013).

94. "A jurisprudência prevalecente no STJ é no sentido de que não se aplica ao Mandado de Segurança a regra do art. 475, § 2º, do CPC/73, por força de previsão específica na lei que disciplina o rito dessa Ação Constitucional (art. 12, parágrafo único, da revogada Lei 1.533/1951 e art. 14, § 1º, da Lei 12.016/2009)." (STJ, AgRg nos EDcl no AREsp 302656, j. 15.8.2013).

95. "3. Caso concreto em que o juiz, proferindo sentença contra o Estado em ação ordinária, expressamente dispensou o reexame necessário, invocando, para isso, os §§ 2º e 3º do art. 475 do CPC, cuja decisão, à falta de recurso voluntário, transitou em julgado. 4. É certo, então, que a coisa julgada aí formada alcançou o tópico sentencial também no ponto em que assentou a desnecessidade de sujeição do julgado ao duplo grau obrigatório, situação diversa daquela em que o magistrado se omite acerca do cabimento, ou não, da remessa ex officio, autorizando, aí sim, a avocação pelo Presidente do Tribunal a qualquer momento. 5. Em semelhante contexto, no qual o juiz expressamente dispensou o reexame obrigatório, reveste-se de incontornável ilegalidade a avocação do processo pelo Presidente do Tribunal de origem (art. 475, § 1º do CPC), impondo-se a cassação do respectivo ato. 6. Consoante o ensinamento de Leonardo Carneiro da Cunha, "Dispensado o reexame necessário e não havendo recurso contra tal dispensa,

COLEÇÃO PREPARANDO PARA CONCURSOS

(FGV/PGM/Niterói/Procurador/2015) Em dezembro de 2003, lei municipal entra em vigor, instituindo para os servidores vantagem pecuniária de caráter geral. Um determinado servidor do município impetra Mandado de Segurança em janeiro de 2011, postulando a implantação imediata em contracheque da referida vantagem, bem como o pagamento das parcelas que se vencerem no curso da ação. O pedido é julgado procedente e a decisão transita em julgado em janeiro de 2013. Em janeiro de 2015, o servidor ingressa novamente em juízo, desta feita com ação de cobrança, postulando a condenação do município ao pagamento das parcelas anteriores à impetração do "writ". Como o Município impugnaria o pedido de cobrança? Justifique, indicando os dispositivos aplicáveis.

Autor: Marcelo Veiga Franco

Direcionamento da resposta

A questão proposta requer que o candidato demonstre conhecimento sobre a possibilidade de ajuizamento de ação ordinária para a cobrança de parcelas pretéritas à impetração de anterior mandado de segurança, o qual tenha reconhecido a servidor público o direito ao percebimento de verba remuneratória. Para tanto, cabe ao candidato se posicionar, especificamente, sobre a prescrição incidente na espécie, como matéria de defesa do Município.

Sugestão de resposta

No caso narrado, determinado servidor público municipal ajuizou, em janeiro de 2015, ação ordinária de cobrança visando à condenação do Município ao pagamento de parcelas anteriores à impetração de mandado de segurança cuja decisão concessiva transitou em julgado em janeiro de 2013. Dessa forma, explicita-se abaixo a forma de impugnação e os argumentos de defesa do Município no bojo da referida ação ordinária de cobrança.

Em primeiro lugar, ressalte-se que cabe ao Município a apresentação de contestação a fim de impugnar o pedido de cobrança, nos termos do art. 335 e seguintes do NCPC.

Quanto às matérias de defesa, saliente-se que, conforme entendimento jurisprudencial consolidado do Superior Tribunal de Justiça (AgRg no AREsp 231287), não é possível em sede de posterior ação ordinária de cobrança a rediscussão do

---

exsurgirá a coisa julgada material, somente podendo a lide ser reapreciada em sede de ação rescisória, caso se configure uma das hipóteses arroladas no art. 485 do CPC" (A fazenda pública em juízo. 10 ed. São Paulo: Dialética, 2012, p. 227). (...)" (STJ, RMS 44671, j. 18.12.2014)

DIREITO PROCESSUAL CONSTITUCIONAL

mérito e do direito reconhecido em mandado de segurança anteriormente impetrado, sob pena de violação à coisa julgada. Dessa forma, no caso em tela, não cabe ao Município discutir novamente se o servidor público municipal tem ou não o direito ao percebimento da vantagem pecuniária, uma vez que esse debate já está acobertado pela coisa julgada – art. 502, e seguintes do NCPC.

Quanto ao cabimento do ajuizamento de posterior ação ordinária de cobrança para o recebimento de parcelas pretéritas à impetração de mandado de segurança, também o entendimento jurisprudencial do Superior Tribunal de Justiça (EDcl no AREsp 236848) é uníssono quanto a essa possibilidade. Isso porque o mandado de segurança não pode servir como substitutivo de ação de cobrança para recebimento de parcelas remuneratórias pretéritas, nos termos do § 4º do artigo 14 da Lei nº 12.016/2009 e das Súmulas nº 269 e 271 do Supremo Tribunal Federal, razão pela qual é cabível o pleito de recebimento de diferenças remuneratórias passadas pela via ordinária da ação de cobrança.

Dessa forma, na hipótese em apreço, cabe ao Município deduzir a sua pretensão defensiva com base na consumação da prescrição da pretensão do servidor público de deduzir o pleito de recebimento das parcelas pretéritas à impetração do mandado de segurança.

De acordo com o entendimento jurisprudencial consolidado do Superior Tribunal de Justiça (REsp 1151873), a impetração de mandado de segurança interrompe a fluência do prazo prescricional referente ao exercício de futura pretensão de recebimento de parcelas pretéritas em sede de ação ordinária de cobrança. Nesse caso, o prazo prescricional volta a fluir após o trânsito em julgado da decisão concessiva proferida no "mandamus".

Ocorre que, nos termos do artigo 9º do Decreto nº 20.910/1932, artigo 3º do Decreto-Lei nº 4.597/1942, da Súmula nº 383 do Supremo Tribunal Federal e do entendimento jurisprudencial do Superior Tribunal de Justiça (AgRg no REsp 1411438), tratando-se de causa interruptiva decorrente do ajuizamento do mandado de segurança, o prazo de prescrição para a ação de cobrança volta a fluir pela metade do prazo, a partir da data do trânsito em julgado da decisão proferida no mandado de segurança. E, no caso em tela, o prazo prescricional total é de cinco anos, na forma do artigo 1º do Decreto nº 20.910/1932, não havendo se falar em qualquer outro prazo prescricional previsto no Código Civil, tendo em vista a decisão proferida pelo Superior Tribunal de Justiça no em recurso especial representativo de controvérsia (REsp 1251993).

Portanto, em um primeiro momento, seria possível concluir que, no caso em tela, não haveria a prescrição do exercício da pretensão deduzida na ação ordinária de cobrança, uma vez que esta demanda foi ajuizada em janeiro de 2015 e a decisão do mandado de segurança transitou em julgado em janeiro de 2013. Portanto, não teria ocorrido o transcurso do prazo de dois anos e meio

COLEÇÃO PREPARANDO PARA CONCURSOS

apto a ensejar a consumação da prescrição do exercício da pretensão deduzida na ação ordinária de cobrança.

No entanto, o mandado de segurança foi ajuizado apenas em janeiro de 2011, sendo que a lei instituidora da vantagem pecuniária entrou em vigor em dezembro de 2003. Logo, pelo princípio da "actio nata", a pretensão de recebimento da referida vantagem pecuniária teve início a partir da data de vigência da lei, havendo a consumação da prescrição da pretensão deduzida na ação de cobrança após decorrido o prazo de cinco anos. Nesse sentido, como o mandado de segurança foi impetrado depois de transcorrido o prazo de cinco anos contados do início da vigência da lei, não é possível concluir que a impetração do "mandamus" teve o condão de interromper a fluência do prazo prescricional referente ao exercício da pretensão de recebimento de parcelas pretéritas em sede de ação ordinária de cobrança. Somente se interrompe o prazo prescricional que está em curso.

Em outras palavras, como o mandado de segurança não interrompeu o prazo da ação ordinária de cobrança, cabe ao Município sustentar a ocorrência da prescrição quinquenal, pelo próprio fundo do direito, com referência à pretensão de recebimento das parcelas pretéritas à impetração do mandado de segurança, na forma do artigo 1º do Decreto nº 20.910/1932.

Pelo princípio da eventualidade e "ad argumentandum tantum", caso não seja acolhida a arguição de consumação da prescrição quinquenal pelo fundo do direito, cabe ao Município alegar a incidência da Súmula nº 85 do Superior Tribunal de Justiça, de forma a sustentar a prescrição das prestações vencidas antes do quinquênio anterior à propositura da ação. Logo, apenas seria possível receber, no bojo da ação ordinária, as parcelas vencidas antes do quinquênio anterior à impetração do mandado de segurança (isto é, entre janeiro de 2006 e janeiro de 2011, estando prescritas as parcelas entre dezembro de 2003 e dezembro de 2005).

(MPE/SP/Promotor/2015) O Ministério Público possui legitimidade para impetrar mandado de segurança coletivo na defesa de interesses desta natureza, relativos às crianças e aos adolescentes? Fundamente.

Autores: Carolina Costa Val Rodrigues, Fernanda Almeida Lopes e Leonardo Barreto Moreira Alves

Direcionamento da resposta

Nesta questão, o candidato deve responder afirmativamente. Deve informar que, embora a Constituição Federal e a Lei do Mandado de Segurança (Lei nº 12.016/09) não tenham conferido esta legitimidade ao órgão ministerial, ela pode ser deduzida a partir de uma interpretação sistemática do ordenamento jurídico. O candidato deve citar e explicar os pontos que justificam este

DIREITO PROCESSUAL CONSTITUCIONAL

raciocínio, quais sejam: artigos 127 e art. 129, inc. III, da CF; os princípios da razoabilidade (art. 5°, LIV), da efetividade e da celeridade (art. 5°, XXXV e LXXVIII), bem como da eficiência dos remédios constitucionais (art. 5°, § 1°); o art. 129, inc. IX, da CF; a Lei Complementar n° 75/93 e a Lei n° 8.625/93.

Por fim, deve explanar sobre a missão institucional do Ministério Público de proteção da sociedade e, assim, defesa dos interesses sociais afetos à criança e ao adolescente, de natureza transindividual, homogênea e até difusa, consoante entendimento jurisprudencial.

Sugestão de resposta

Hodiernamente, prepondera-se o entendimento de que o Ministério Público possui legitimidade para impetrar mandado de segurança coletivo para a proteção das crianças e adolescentes.

Não obstante a Constituição Federal, no seu art. 5°, inc. LXX, e a Lei n° 12.016/09 (que regula o mandado de segurança coletivo), no seu artigo 21, tenham estabelecido um rol de sujeitos aptos ao manejo desta ação, rol este que não inclui o Ministério Público, verifica-se que esta lista é meramente exemplificativa, não excluindo, pois, a legitimidade do Parquet na hipótese em testilha, o que pode ser alcançado a partir de interpretação conforme à Constituição.

Com efeito, atentando-se para o papel institucional do Ministério Público na defesa judicial dos interesses sociais e individuais indisponíveis, bem como dos direitos difusos e coletivos, reconhecidos pela Constituição Federal no seu art. 127 e no art. 129, inc. III, não seria crível deixar de se conferir legitimidade a este órgão para tal mister.

Ademais, os princípios da razoabilidade (art. 5°, LIV), da efetividade e da celeridade (art. 5°, XXXV e LXXVIII), bem como da eficiência dos remédios constitucionais (art. 5°, § 1°), todos constantes na Carta Magna, devem ser considerados como ferramentas indispensáveis para se garantir a legitimidade ora defendida.

Igualmente, cumpre destacar o art. 129, inc. IX, da CF/88, que possibilita a ampliação das funções ministeriais, e, nessa esteira, a Lei Complementar n° 75/1993 e a Lei n° 8.625/93, que legitimam o órgão ministerial a figurar no polo ativo do mandado de segurança.

Em seu turno, o art. 201, inc. IX, da Lei n° 8.069/90 positiva o supracitado entendimento, na medida em que enuncia ipsis litteris a atribuição do Ministério Público para impetrar mandado de segurança na defesa dos interesses sociais e individuais indisponíveis afetos à criança e ao adolescente, e, ainda, sepultando quaisquer dúvidas, expõe que, para a defesa dos direitos e interesses protegidos no Estatuto da Criança e do Adolescente, são admissíveis todas as espécies de ações pertinentes (art. 212, § 2º, Lei nº 8.069/90).

Cumpre destacar que o writ, quando impetrado para tutela de direitos coletivos (sentido amplo), abrange os interesses coletivos (sentido estrito), transindividuais e individuais homogêneos, conceituados pela Lei nº 12.016/09 em seu art. 21, e, consoantes julgados recentes, os direitos difusos, inclusive em favor das crianças e adolescentes, garantindo-se o ensino fundamental obrigatório, a saúde, a assistência psicossocial, o atendimento em creches e pré-escolas, o acesso ao material didático escolar, o transporte, a escolarização e a profissionalização dos adolescentes privados de liberdade.

Objetiva-se, com a interpretação sistemática do ordenamento jurídico respeitar a missão do Ministério Público de proteção da sociedade e evitar o acúmulo processual de demandas individuais a serem decididas pelo Poder Judiciário com o mesmo objeto.

Posições doutrinárias favoráveis acerca da legitimidade do Ministério Público para impetrar mandado de segurança coletivo: Luis Otávio Stédile (O Mandado de Segurança Coletivo e a legitimidade do Ministério Público para a sua impetração); Marta Casadei Momezzo (Mandado de segurança coletivo: aspectos polêmicos); Carlos Alberto Pimentel Uggere (Mandado de segurança coletivo: como instrumento para defesa dos interesses difusos, coletivos e individuais homogêneos); Nelson Nery Junior (Mandado de segurança coletivo: instituto que não alterou a natureza do mandado de segurança já constante das constituições anteriores – Partidos políticos Legitimidade ad causam. Artigo); Marcelo Navarro Ribeiro Dantas (Mandado de segurança coletivo: legitimação ativa); Lucia Valle Figueiredo (Mandado de segurança); José Antonio Remédio (Mandado de segurança individual e coletivo), o qual enfatiza a atuação ministerial em prol dos direitos da criança e do adolescente; Cristiano Simão Miller (A legitimação ativa no mandado de segurança coletivo. Artigo); Sérgio Ferraz (Mandado de segurança e acesso à justiça. In: Aspectos polêmicos e atuais do mandado de segurança: 51 anos depois.); José da Silva Pacheco (O mandado de segurança e outras ações constitucionais típicas.); Luiz Fux (Mandado de segurança); Pedro Roberto Decomain (Mandado de segurança: o tradicional, o novo e o polêmico na Lei nº 12.016/09.); Gregório Assagra de Almeida (Legitimidade ativa e objeto material no mandado de segurança coletivo. Artigo); Cássio Scarpinella Bueno (Liminar em mandado de segurança: um tema com variações); Lucas de Souza Lehfeld (A legitimação ativa no mandado de segurança coletivo e a Lei 12.016/2009. Artigo).

Posições doutrinárias desfavoráveis: Jorge Mota (Tutela dos interesses coletivos e difusos no mandado de segurança coletivo); Rogério Favreto e Luiz Manoel Gomes Junior (Mandado de segurança coletivo: legitimidade e objeto, análise dos

DIREITO PROCESSUAL CONSTITUCIONAL

seus principais aspectos – Lei 12.016/2009. Artigo). Alguns acórdãos: STJ: AgRg no Ag 1249132; AAREsp 229226; REsp 183569; REsp 404239; EREsp 141491; TJMG: Ap Cível 1.0702.13.069971-4/001; Ag Inst. 1.0035.15.006231-9/001.

(PGE/PR/Procurador/2015) *Disserte, à luz dos debates teóricos e jurisprudenciais contemporâneos, sobre a possibilidade de cabimento de mandado de segurança no trâmite de processo legislativo de norma em curso de formação que contenha supostas inconstitucionalidades de múltiplas naturezas.*

Autor: Eron Freire dos Santos

Direcionamento da resposta

O candidato deve abordar em sua resposta os contornos teóricos bem assim os entendimentos jurisprudenciais, em especial do STF, a respeito do controle preventivo de constitucionalidade de atos normativos. Além da jurisprudência tradicional, que admitia excepcionalmente o controle preventivo formal no âmbito de MS impetrado por parlamentar contra ato que ofende o devido processo legislativo, em 2013 o STF permitiu também o controle preventivo material no caso de PEC que atente contra cláusulas pétreas.

Sugestão de resposta

O controle de constitucionalidade exercido pelo Poder Judiciário brasileiro, em regra, não é realizado de modo preventivo, em deferência ao princípio da separação dos Poderes.

Nada obstante, o STF já admitia excepcionalmente – há algum – tal tipo de controle, quando em jogo MS impetrado por parlamentar a fim de proteger o devido processo legislativo. Ou seja: caso um deputado federal interponha a ação mandamental contra a tramitação de um projeto de lei que violou alguma norma constitucional relativa ao devido processo legislativo, o STF estaria autorizado a examinar a ofensa à CF/88. Tal hipótese ficava restrita aos casos em que os MS eram ajuizados por parlamentares (por serem eles os destinatários do devido processo legislativo) e às ofensas perpetradas diretamente à CF/88 em questão de inconstitucionalidade formal (não abrangendo aí violação aos preceitos regimentais do processo legislativo).

Posteriormente, o STF passou a entender que, nos casos de PEC que atentassem contra cláusulas pétreas, é possível também a verificação preventiva de inconstitucionalidade material. Vale observar, por fim, que, se no curso da ação

COLEÇÃO PREPARANDO PARA CONCURSOS

o projeto de lei ou de emenda é encerrado com a consequente aprovação, o MS perderá o seu objeto.

(Fundep/PGM/Nova_Senhora_do_Socorro/Procurador/2014) A Câmara Municipal de Nossa Senhora do Socorro enviou ofício ao Prefeito Municipal, solicitando informações e documentos referentes a processos licitatórios, folha de pagamento e destinação de recursos da entidade. O ofício foi recebido pelo Executivo em 3.2.14 e deveria ter sido respondido em 15 dias, nos termos da Lei Orgânica Municipal. A Câmara Municipal alega que existem suspeitas de fraude e superfaturamento e que existem riscos à população, na medida em que os prejuízos ao erário podem ser maiores com o decorrer do tempo. O Presidente da Câmara de Vereadores lhe procura, na condição de procurador dessa Casa Legislativa para a adoção das medidas cabíveis.

Autor: Marcelo Veiga Franco

Direcionamento da resposta

A questão tem como objetivo verificar se o candidato tem conhecimento acerca das hipóteses de cabimento do mandado de segurança, especialmente no que se refere à possibilidade de impetração do mandamus para o fim de obter a concretização do direito líquido e certo de acesso à informação de interesse coletivo.

Ademais, a questão também requer que o candidato se manifeste acerca dos princípios da publicidade e da transparência, previstos na Constituição Federal e na Lei 12.527/11, bem como que ressalte a necessidade de efetivação dos princípios da eficiência administrativa e da razoável duração do processo na esfera administrativa.

Sugestão de resposta

Tendo em vista que os fatos narrados não foram solucionados na esfera administrativa, é possível ao Presidente da Câmara Municipal acionar a via jurisdicional com a finalidade de obter as informações e documentos referentes aos processos licitatórios em discussão. Para tanto, conforme amplamente reconhecido pelo Superior Tribunal de Justiça (v.g., nos MS 18847, 20895 e 16179), é possível a impetração, pelo Presidente da Câmara Municipal, de mandado de segurança em face da autoridade municipal (Prefeito Municipal), para o fim de obter a concretização do direito líquido e certo de acesso a informações e

DIREITO PROCESSUAL CONSTITUCIONAL

documentos de interesse coletivo (art. 5º, LXIX, da Constituição Federal e art. 1º da Lei 12.016/09). A pretensão mandamental tem como suporte os princípios constitucionais da publicidade e da transparência dos atos administrativos, conforme previsão nos arts. 5º, XXXIII; 37, § 3º, II; e 216, § 2º, todos da Constituição Federal e na Lei 12.527/11, tendo em vista que as informações e documentos solicitados são de interesse da população e, em tese, não estão acobertados pela garantia do sigilo (arts. 23 e 24 da Lei 12.527/11).

Por fim, ressalte-se que já houve o transcurso do prazo previsto na Lei Orgânica Municipal para o fornecimento das informações e documentos solicitados, o que reforça a pretensão do mandamus com base nos princípios constitucionais da eficiência administrativa (art. 37, caput, da Constituição Federal) e da razoável duração dos processos, inclusive os administrativos (art. 5º, LXXVIII, da Constituição Federal).

(PGE/RJ/Procurador/2012) Qual a posição processual da pessoa jurídica de direito público no mandado de segurança?

Autor: Eron Freire dos Santos

Direcionamento da resposta

O candidato deve expor a controvérsia a respeito da posição jurídica ocupada, no âmbito do mandado de segurança, pela pessoa jurídica de direito público, citando as correntes existentes sobre o tema. Nesse sentido, frisar que, doutrinariamente, são **três entendimentos**: a) terceiro interessado; b) sujeito passivo; e c) litisconsórcio passivo[96]. A par disso, acrescentar que, em sede jurisprudencial, malgrado não haja posicionamento consolidado, a pessoa jurídica de direito público figura como sujeito passivo[97].

---

96. Para um apanhado das correntes, vide: REMÉDIO, José Antonio. Mandado de Segurança Individual e Coletivo. 3. ed. São Paulo: Saraiva, 2011. p. 394/398.

97. Nesse sentido: "(...). 1. A doutrina e a jurisprudência não são pacíficas quanto à possibilidade de a pessoa jurídica ser parte legítima para figurar no pólo passivo da ação mandamental. 2. Parte da doutrina considera que o mandado de segurança deve ser impetrado não contra o ente público, mas sim contra a autoridade administrativa que tenha poderes e meios para a correção da ilegalidade apontada. Outra parte, enveredando por caminho totalmente oposto, afirma que a legitimidade passiva é da pessoa jurídica e não da autoridade administrativa. 3. Não é possível reclamar da parte o conhecimento da complexa estrutura da Administração Pública, de forma a precisar quem será a pessoa investida de competência para corrigir o ato coator. 4. A pessoa jurídica de direito público a suportar os ônus da sentença proferida em mandado de segurança é parte legítima para figurar no pólo passivo do feito, por ter interesse direto na causa. (...)." (STJ, REsp 547235, DJ 22.3.2004).

COLEÇÃO PREPARANDO PARA CONCURSOS

Sugestão de resposta

É controvertida, no âmbito doutrinário, a posição assumida pela pessoa jurídica de direito público em sede de mandado de segurança. Com efeito, existem ao menos três correntes sobre o tema. Há quem defenda que a pessoa jurídica de direito público se apresenta como uma espécie de terceiro interessado, podendo ingressar no feito na qualidade de assistente simples, ou de litisconsorte, da autoridade coatora. Para essa corrente, a agente coator é o sujeito passivo. De outro lado, há quem entenda que a pessoa jurídica de direito público, por suporta as consequências financeiras da decisão a ser proferida no mandado de segurança, é o sujeito passivo. A autoridade coatora, na realidade, apenas presentaria a pessoa jurídica em juízo.

Por fim, há uma terceira corrente que afirma a existência de litisconsórcio entre a pessoa jurídica de direito público e a autoridade coatora. Em sede jurisprudencial, quadra assinalar que existem decisões proferidas pelo Superior Tribunal de Justiça que atribuem, à pessoa jurídica de direto público, a qualidade de sujeito passivo do mandado de segurança.

(MPE/PR/Promotor/2012) Discorra sobre o cabimento e a legitimação do mandado de segurança contra proposta de emenda constitucional desrespeitosa de cláusula pétrea. Fundamente a resposta.

Autor: Alexandre Schneider

Direcionamento da resposta

Os pontos a serem abordados na resposta ao questionamento dizem com o conceito de cláusula pétrea e como a ordem constitucional pátria trata esse conceito normativo para, a partir desse delineamento, fixar que espécie de consequência jurídica o Texto Constitucional apregoa em razão da tramitação de proposta de emenda constitucional (poder constituinte derivado) que ofenda o conteúdo das cláusulas pétreas da Constituição.

Fixados esses contornos, o candidato deverá tratar do remédio processual constitucional utilizado perante a Corte Suprema para atacar processos legislativos viciados (mandado de segurança), bem assim discorrer sobre os legitimados ativos (impetrante) e passivos (autoridade coatora) na situação telada. Considerando que as propostas de emenda constitucional tramitam e são apreciadas pelo Congresso Nacional, a resposta ao questionamento deverá

DIREITO PROCESSUAL CONSTITUCIONAL

considerar a jurisprudência iterativa do tribunal competente para o mandado de segurança na espécie.

Sugestão de resposta

A Constituição Federal brasileira trata das cláusulas pétreas no artigo 60, § 4º, ao referir que não será objeto de deliberação a proposta de emenda tendente a abolir a forma federativa de Estado, o voto direto, secreto, universal e periódico, a separação dos Poderes e os direitos e garantias individuais. Tais são as matérias que não poderão ser rediscutidas pelo poder constituinte derivado, razão por que as cláusulas pétreas são tidas como limitações materiais (ou substanciais) ao poder congressual reformador. Isso se deve ao fato de os conceitos nelas contidos serem fundamentais na densificação dos pilares em que se assenta a República Federativa do Brasil – daí derivando uma das razões por que a Constituição Federal do Brasil é classificada como **rígida**.

Assim, "cláusula pétrea" pode ser definida como o dispositivo constitucional imutável, que não pode sofrer revogação (ou alteração substancial do seu núcleo essencial), tendo por finalidade impedir que surjam inovações temerárias na Constituição em assuntos cruciais para a cidadania e para o Estado (precisamente, Gilmar Ferreira Mendes, Paulo Gustavo Gonet Branco e Inocêncio Mártires Coelho pontificam que a finalidade das cláusulas pétreas é prevenir um processo de erosão constitucional, evitando que a sedução de apelos próprios de determinado momento político destrua o projeto duradouro almejado pelo constituinte originário)[98]. Na mesma senda, Luís Roberto Barroso afirma que as cláusulas pétreas existem para proteger a essência da identidade original da Constituição, o núcleo de decisões políticas e de valores fundamentais que justificaram a sua criação[99].

---

98. "O significado último das cláusulas de imutabilidade está em prevenir um processo de erosão da Constituição. A cláusula pétrea não existe tão-só para remediar situação de destruição da Carta, mas tem a missão de inibir a mera tentativa de abolir o seu projeto básico. Pretende-se evitar que a sedução de apelos próprios de certo momento político destrua um projeto duradouro" (MENDES, Gilmar Ferreira. *et al.* Curso de direito constitucional. 4. ed. São Paulo: Saraiva, 2009, p. 253).

99. "Como muitas vezes registrado, as Constituições não podem aspirar à perenidade do seu texto. Se não tiverem plasticidade diante de novas realidades e demandas sociais, sucumbirão ao tempo. Por essa razão, comportam mecanismos de mudança formal e informal, pressupostos de sua continuidade histórica. Nada obstante, para que haja sentido na sua preservação, uma Constituição deverá conservar a essência de sua identidade original, o núcleo de decisões políticas e de valores fundamentais que justificaram a sua criação. Essa identidade, também referida como o espírito da Constituição, é protegida pela existência de limites materiais ao poder de reforma, previstos de modo expresso em inúmeras Cartas. São as denominadas cláusulas de intangibilidade ou cláusulas pétreas, nas quais são inscritas as matérias que ficam fora do alcance do constituinte derivado" (BARROSO, Luís Roberto. Curso de direito constitucional contemporâneo: os conceitos fundamentais e a construção do novo modelo. São Paulo: Saraiva, 2009, p. 159).

COLEÇÃO PREPARANDO PARA CONCURSOS

Cumpre rememorar que os direitos e garantias intangíveis pelo art. 60, § 4º, IV, da Constituição não se restringem àqueles enunciados no art. 5º ou no Título II da Carta Magna. Por força do § 2º do art. 5º da Constituição, combinado com o art. 60, § 4º, IV, podem ser considerados cláusulas pétreas os direitos e garantias expressos na Constituição, os direitos e garantias decorrentes do regime e dos princípios por ela adotados e os direitos e garantias decorrentes dos tratados internacionais em que o Brasil seja parte. Assim, por exemplo, na ADI 939, *leading case* em matéria de controle de constitucionalidade das emendas constitucionais, o Supremo Tribunal Federal decidiu que existem direitos fundamentais que, embora não se encontrem expressos no art. 5º da Carta Magna, são imunes ao poder constituinte de reforma, como o princípio da anterioridade da lei tributária (CF, art. 150, III, *b*), reconhecido como garantia individual do contribuinte, portanto, cláusula pétrea conforme os arts. 5º, § 2º, e 60, § 4º, IV, da Constituição.

Feita essa abordagem inicial, cumpre observar que a Constituição Federal trata do processo de emenda constitucional no artigo 60, em seus diversos incisos e parágrafos, podendo-se afirmar que esse rito constitui os parâmetros do devido processo legislativo-constitucional (*due process*), segundo o qual a proposta de emenda constitucional (PEC) tendente a abolir os preceitos pétreos não será objeto de deliberação. Nesse norte, conclui-se que eventual PEC "desrespeitosa de cláusula pétrea" que esteja a tramitar perante o Congresso Nacional terá objeto juridicamente impossível (ou nulo, na hipótese de aprovação ao final). Os presidentes das mesas diretoras das casas parlamentares (Câmara dos Deputados e Senado), portanto, não podem colocar em pauta de deliberação (votação) qualquer PEC tendente a abolir as cláusulas pétreas, porque padecem de vício de inconstitucionalidade – deve, portanto, o Presidente da Câmara ou do Senado proceder ao controle preventivo da constitucionalidade da PEC, no plano político.

Excepcionalmente, contudo, o controle de constitucionalidade preventivo da PEC violadora de cláusulas pétreas poderá ser levado a efeito pelo Poder Judiciário, quando o controle político apresentar-se falho, notadamente em face da conduta do presidente da casa legislativa de incluir a PEC inconstitucional em pauta de deliberação. Nesse caso, o Supremo Tribunal Federal admite excepcionalmente a impetração de mandado de segurança para coarctar o processo legislativo viciado, realizando típico controle preventivo de constitucionalidade por via de exceção[100].

---

100. Diz-se excepcionalmente porque, de regra, o Supremo Tribunal Federal não admite controle prévio de constitucionalidade de projetos de lei e de emenda constitucional – apenas admite a impetração do writ quando a PEC violar cláusula pétrea ou quando o processo legislativo estiver desconforme com as regras constitucionais. Essa construção começou com o célebre voto do Min. Moreira Alves no julgamento do MS 20257. O fundamento central do voto condutor centrou-se no direito público subjetivo do parlamentar de não deliberar sobre matéria cujo processo legislativo é vedado pela Constituição.

O fato de se encarar determinada temática como matéria "petrificada" não impossibilita que ela seja objeto de deliberação no processo legislativo especial (ou seja, o simples fato de uma matéria "petrificada" ser objeto de proposta de emenda não constitui, necessariamente, ofensa à cláusula pétrea); contudo, materializar-se-á desrespeito ao comando constitucional, à cláusula pétrea, se a proposta de emenda busque suprimir ou abolir uma matéria reputada "petrificada". Assim, a Corte Suprema (STF) entendeu que os parlamentares congressistas têm direito a não ver deliberada uma proposta de emenda que seja tendente a abolir as cláusulas pétreas, podendo impetrar "mandamus" objetivando a declaração de inconstitucionalidade no que tange ao andamento do processo legislativo especial, avesso ao processamento fixado na Lei Maior.

O precitado controle de constitucionalidade, preventivo, realizado excepcionalmente pelo Poder Judiciário, dá-se pela via de exceção, em defesa do direito líquido e certo do parlamentar da Casa em que tramita a proposta de emenda (repita-se, o congressista tem direito líquido e certo a que não seja sequer deliberada a PEC que arrosta frontalmente a Carta Magna, já que o próprio processo legislativo já afronta diretamente a Constituição, afigurando-se *ipso facto* inconstitucional)[101]. Apenas os parlamentares integrantes da Casa Legislativa em que estiver tramitando a PEC inconstitucional são legitimados para impetrar mandado de segurança perante o Supremo Tribunal Federal, foro competente em razão do domicílio da autoridade coatora, no caso, o Presidente da Câmara dos Deputados ou do Senado Federal (art. 102, I, 'd', da Constituição Federal)[102].

(Cespe/AGU/Advogado/2012) Em razão de indeferimento de inscrição em concurso público, Caio impetrou mandado de segurança, com pedido liminar,

---

101. Segundo Pedro Lenza, "Em relação a este tema, pedimos vênia para citar a exposição feita por Araújo e Nunes Júnior, resumindo a matéria: "O Supremo Tribunal Federal...tem entendido que o controle preventivo pode ocorrer pela via jurisdicional quando existe vedação na própria Constituição ao trâmite da espécie normativa. Cuida-se, em outras palavras, de um 'direito--função' do parlamentar de participar de um processo legislativo juridicamente hígido. Assim, o § 4º do art. 60 da Constituição Federal veda a deliberação de emenda tendente a abolir os bens protegidos em seus incisos. Portanto, o Supremo Tribunal Federal entendeu que os parlamentares têm direito a não ver deliberada uma emenda que seja tendente a abolir os bens assegurados por cláusula pétrea. No caso, o que é vedado é a deliberação, momento do processo legislativo. A Mesa, portanto, estaria praticando uma ilegalidade se colocasse em pauta tal tema. O controle, nesse caso, é pela via de exceção, em defesa de direito de parlamentar" (Direito Constitucional Esquematizado, p. 213. Saraiva, 2010).

102. O STF admite a legitimidade do parlamentar – e somente do parlamentar – para impetrar mandado de segurança com a finalidade de coibir atos praticados no processo de aprovação de lei ou emenda constitucional incompatíveis com disposições constitucionais que disciplinam o processo legislativo. (v. g. MS 20257, *leading case*, dentre outros).

COLEÇÃO PREPARANDO PARA CONCURSOS

contra a autoridade pública federal responsável pelo ato administrativo de inde-
ferimento. A justiça federal concedeu a liminar, assegurando a Caio o direito de
participar do certame. Posteriormente, Túlio, cuja inscrição fora indeferida por
motivo semelhante ao do indeferimento da inscrição de Caio, solicitou, com o ob-
jetivo de ser, também, beneficiado pela liminar concedida, o ingresso no proces-
so, na condição de litisconsorte ativo superveniente. Nessa situação hipotética,
que decisão deve ser tornada pelo juiz diante da solicitação de Túlio? Justifique
sua resposta.

Autores: Rodolfo Soares Ribeiro Lopes e João Paulo Lawall Valle

Direcionamento da resposta

Trata-se de questão bastante objetiva e que a resposta do candidato tem que ser mais ampla do que foi abordado na pergunta, não se restringindo ao que foi expressamente perguntado.

Primeiramente o candidato deve demonstrar conhecimento sobre o Mandado de Segurança, apontando a sua previsão constitucional e legal, dizendo qual a finalidade da ação e qual o tipo de direito ela visa tutelar.

Após deve-se passar para responder a questão dizendo da impossibilidade do magistrado deferir o pedido de ingresso como litisconsorte ativo tendo em vista a previsão do artigo 10, § 2º da Lei do Mandado de Segurança.

Deve ser fundamentado a impossibilidade pela violação ao princípio do juiz natural uma vez que o pretenso litisconsorte ativo ulterior poderia escolher o juiz que jugaria o seu caso já tendo prévio conhecimento do seu posicionamento e se valer da liminar deferida para o outro importante.

Para demonstrar conhecimento é interessante ao final o candidato colocar a natureza jurídica da decisão que indeferiu o ingresso do litisconsorte ativo e o recurso cabível.

Sugestão de resposta

O mandado de segurança é uma ação com assento na Constituição da República de 1988, no seu artigo 5º, LXIX, e que tem a finalidade de proteger direito líquido e certo, não amparado por habeas corpus ou habeas data, quando o responsável pela ilegalidade ou abuso de poder trata-se de uma autoridade pública ou agente de pessoa jurídica no exercício de atribuições do poder público.

Trata-se de uma ação constitucional de alta relevância no direito brasileiro, com instrumentos similares no direito comparado, e regulada pela Lei

DIREITO PROCESSUAL CONSTITUCIONAL

12.016/09 (sucedeu a Lei 1.533/51) e busca proteger, em regra, o particular contra atos abusivos do poder público ou de quem o faça as vezes.

Na presente questão Caio se valeu desta ação constitucional, na sua modalidade repressiva, buscando a remoção de um ato ilícito praticado por uma autoridade pública federal (competência da justiça federal), efetuando pedido liminar uma vez que se fazia presente o perigo da demora inerente ao processo. Cabe ressaltar que a liminar neste caso é fundamental uma vez que mantida a situação reputada como ilegal (indeferimento da inscrição no concurso) o objeto do Mandado de Segurança se perderia com a realização do certame sem a participação do Impetrante.

O pedido de Túlio para ingresso como litisconsorte ativo deve ser indeferido pelo magistrado competente para o processo. O indeferimento deve ocorrer por conta de expressa previsão do artigo 10, parágrafo 2º da Lei do Mandado de Segurança (Lei 12.016/09) que disciplina que o ingresso de litisconsorte ativo neste tipo de ação não será admitido após o despacho da petição inicial. Assim, tendo em vista o momento processual no qual Túlio requereu o ingresso no polo ativo do processo (após o despacho da petição inicial) o julgador deve, por força de lei, indeferir o pedido.

Desta forma, no Mandado de Segurança, após o despacho da petição inicial não cabe o ingresso de litisconsorte ativo evitando com isso a burla ao princípio do juiz natural, evitando que uma das partes possa escolher o juiz que irá julgar o seu processo e se valha de uma medida liminar que lhe seria favorável sem passar pela livre distribuição dos processos[103].

Destaque-se ainda que neste caso, como a decisão de indeferimento do pedido de ingresso como litisconsorte ativo tem natureza de decisão interlocutória, Túlio pode se valer do recurso de Agravo de Instrumento para levar ao tribunal competente (no caso um Tribunal Regional Federal) a apreciação do caso.

(Fundatec/PGE/RS/Procurador/2010) Candidatos aprovados em concurso público para Oficial de Justiça, realizado por Tribunal de Justiça, impetraram mandado de segurança contra ato omissivo do Presidente daquele Tribunal, alegando violação ao art. 37, IV, da Constituição da República, uma vez que a indigitada autoridade coatora não os nomeara para o cargo pleiteado, embora existissem vagas. O órgão especial do Tribunal de Justiça acolheu o argumento dos impetrantes, asseverando que eles possuíam direito líquido e certo à nomeação,

---

103. AgRg no RMS 32650; RMS 22848.

por força do dispositivo constitucional invocado. Analisando esses fatos à luz das normas constitucionais pertinentes e da jurisprudência do Superior Tribunal de Justiça e do Supremo Tribunal Federal, posicione- se fundamentadamente sobre: (i) O cabimento de recurso(s) ao Superior Tribunal de Justiça e ao Supremo Tribunal Federal contra essa decisão. (ii) A possibilidade dessa decisão ser revertida, no mérito, pela instância superior.

Autor: Eron Freire dos Santos

Direcionamento da resposta

O candidato deve explanar, além das hipóteses de recurso à decisão em tela, a **evolução da jurisprudência dos Tribunais Superiores,** os quais passaram a entender que os candidatos aprovados em concurso público, quando dentro do número de vagas previstas no edital do certame, têm **direito subjetivo à nomeação** – o que não se verifica em relação àqueles candidatos aprovados fora do número de vagas do edital[104].

Sugestão de resposta

No que se refere ao cabimento de recurso aos Tribunais Superiores, em se tratando de decisão concessiva de mandado de segurança originário, afora a possibilidade de embargos de declaração (nos casos do art. 1.022 do NCPC), caberia a interposição de recurso extraordinário (nos casos do art. 102, III, da CF) e/ou de recurso especial (nos casos do art. 105, III, da Constituição Federal). Não é cabível, vale esclarecer, o recurso ordinário para o Superior Tribunal de Justiça, eis que não se cuida de decisão denegatória. A respeito da possibilidade de reversão da decisão, é preciso considerar, antes, se os candidatos aprovados figuravam, ou não, dentro do número de vagas estabelecidas no edital. É que, segundo a jurisprudência atual das Cortes Superiores, somente o candidato aprovado dentro do número de vagas ostenta o direito subjetivo à nomeação. Quanto aos demais aprovados (fora das vagas do edital), remanesce apenas a expectativa do direito. Sendo assim, caso

---

104. Pela importância do tema, recomenda-se a leitura do inteiro teor do RE 598099, DJ 30.9.2011, cuja ementa acha-se assim redigida: "(...) Dentro do prazo de validade do concurso, a Administração poderá escolher o momento no qual se realizará a nomeação, mas não poderá dispor sobre a própria nomeação, a qual, de acordo com o edital, passa a constituir um direito do concursando aprovado e, dessa forma, um dever imposto ao poder público. Uma vez publicado o edital do concurso com número específico de vagas, o ato da Administração que declara os candidatos aprovados no certame cria um dever de nomeação para a própria Administração e, portanto, um direito à nomeação titularizado pelo candidato aprovado dentro desse número de vagas. (...)".

DIREITO PROCESSUAL CONSTITUCIONAL

os aprovados estejam dentro do número de vagas do edital, possivelmente a decisão será mantida nos Tribunais Superiores.

***

(Fundatec/PGE/RS/Procurador/2010) Discorra sobre os limites da coisa julgada decorrente de mandado de segurança impetrado em face de relação tributária de natureza continuativa, dizendo quais são os elementos que determinam o termo final da projeção dos seus efeitos futuros e explicando o alcance da Súmula n. 239 do Supremo Tribunal Federal ("Decisão que declara indevida a cobrança do imposto em determinado exercício não faz coisa julgada em relação aos posteriores").

Autores: Eduardo Moreira Lima Rodrigues de Castro e Helton Kramer Lustoza

Direcionamento da resposta

A resposta completa exige que o candidato demonstre os diferentes provimentos que se pode obter por meio do Mandado de Segurança, além daquele de natureza meramente mandamental (ordem para que a autoridade coatora faça ou deixe de fazer alguma coisa).

Deve-se conferir especial atenção aos pedidos declaratórios e aos efeitos que os provimentos declaratórios podem ensejar. Sobre os efeitos futuros da decisão e a Súmula 239/STF[105], o candidato deve fazer menção às situações em que há alteração no quadro fático ensejador da tributação e as situações em que referida alteração não existe.

Sugestão de resposta

O **mandado de segurança** é a ação constitucional adequada a proteger direito líquido e certo, não amparado por *"habeas corpus"* ou *"habeas data"*, quando o responsável pela ilegalidade ou abuso de poder for autoridade pública ou agente de pessoa jurídica no exercício de atribuições do Poder Público. O *writ* está positivado no art. 5º, LXIX, de nossa *Lex Mater* e, a nível infraconstitucional, nos diversos dispositivos da Lei n. 12.016/09 – Lei do Mandado de Segurança.

Muito embora fique evidenciado o **caráter mandamental** (ordem para que a autoridade coatora faça ou deixe de fazer algo), nada obsta que, também por meio de Mandado de Segurança, **sejam postulados provimentos declaratórios e**

---

105. Súmula 239/STF: "Decisão que declara indevida a cobrança do imposto em determinado exercício não faz coisa julgada em relação aos posteriores".

constitutivos, com vistas, por exemplo, a resguardar situações futuras e a anular cobranças indevidas.

Nos casos de mandados de segurança em face de **relações tributárias de natureza continuativa,** deve o impetrante postular não só uma ordem judicial para que a autoridade coatora abstenha-se de cometer alguma ilegalidade, mas a **declaração, com efeitos futuros**, de um direito, como uma imunidade ou uma isenção, por exemplo.

Na situação em apreço, o que determina o **termo final da projeção** de seus efeitos futuros é a existência – ou inexistência – de **alteração no quadro fático ou jurídico**, haja vista que o entendimento acerca da matéria de direito vigente à época da decisão permanecerá o mesmo[106]. Nesse sentido, dispõe o Código de Processo Civil de 1973[107], em seu art. 471, inciso que "Nenhum juiz decidirá novamente as questões já decididas, relativas à mesma lide, salvo se, tratando-se de relação jurídica continuativa, sobreveio modificação no estado de fato ou de direito; caso em que poderá a parte pedir a revisão do que foi estatuído na sentença."

O Supremo Tribunal Federal tem conferido à **Súmula n. 239** de sua jurisprudência interpretação restrita, não se aplicando o verbete às situações que versam sobre direito tributário material, mas apenas aos casos em que o pedido se refere a uma circunstância pontual ou quando a questão envolve direito tributário formal, por exemplo, lançamento tributário.

(TRT/2R/Juiz/2009) A Lei 12.016, de 7 de agosto de 2009, trouxe nova disciplina ao mandado de segurança individual e coletivo. Faça a análise comparativa do artigo 7º, § 1º, da lei em questão, com os princípios, as normas e as regras que informam o Direito Processual do Trabalho.

Autor: André Eduardo Dorster Araújo

---

106. Nesse sentido, James Marins explica que "A sentença em mandado de segurança preventivo tem um efeito declaratório inequívoco, e esta decisão se projeta não só para o exercício fiscal da impetração mas para todos os exercícios subsequentes, de modo a garantir que a esfera jurídica do contribuinte, em virtude da declaração e do comando mandamental, permaneça resguardada da atuação do Fisco, enquanto permanecem iguais as mesmas condições de fato e de direito que embasaram a concessão da segurança." (MARINS, James. Direito processual tributário brasileiro (administrativo e judicial). 6. Ed. São Paulo: Dialética, 2012, p. 606).

107. À época da realização do exame, vigia o Código de Processo Civil de 1973. No Novo Código de Processo Civil (Lei n. 13.105/2015), o tema é tratado no art. 505, inciso I, segundo o qual "nenhum juiz decidirá novamente as questões já decididas relativas à mesma lide, salvo se, tratando-se de relação jurídica de trato continuado, sobreveio modificação no estado de fato ou de direito, caso em que poderá a parte pedir a revisão do que foi estatuído na sentença".

DIREITO PROCESSUAL CONSTITUCIONAL

Direcionamento da resposta

Conceituação do Mandado de Segurança. Princípios recursais trabalhistas. Agravo de instrumento na Justiça do Trabalho. Agravo de instrumento no Mandado de Segurança. Correntes sobre o tema. Art. 769 da CLT. Posicionar-se, preferencialmente, consoante o entendimento majoritário do TST.

Sugestão de resposta

O mandado de segurança é uma ação constitucional (art. 5º, LXIX, da CF) e se presta a tutelar direito líquido e certo, não amparado por habeas corpus ou habeas data, quando da prática de ilegalidade ou abuso de poder por parte de autoridade pública ou agente em exercício de atribuições do Poder Público.

Com o advento da EC 45/04, tal ação passou a ter um campo maior no âmbito da Justiça do Trabalho, na medida em que passou a ser competência especializada julgar mandados de segurança "quando o ato questionado envolver matéria sujeita à sua jurisdição" (art. 114, IV, da CF). Assim, diferentemente do cenário anterior (em que só cabia mandado de segurança contra ato judicial, ou seja, apenas o Tribunal tinha competência neste particular), o juiz de 1º grau passou a ter competência para julgar mandado de segurança contra ato praticado por autoridades que não integram os quadros da magistratura, como por exemplo, no caso de ato coator praticado em fiscalização envidada pelo Ministério do Trabalho e Emprego.

A Lei 1.553/51 que disciplinava o procedimento de tal ação até 2009 não previa recurso para a hipótese de concessão ou indeferimento de liminar no mandado de segurança, existindo enorme celeuma no âmbito processual civil até então sobre a possibilidade de recurso em face desta decisão. Por tal razão, inclusive, o E. STF editou a Súmula 622 ("Não cabe agravo regimental contra decisão do relator que concede ou indefere liminar em mandado de segurança"), no que foi seguido pelo C. TST.

Com o advento da Lei 12.016/09 a questão tomou novos ares, já que esta lei em seu art. 7º, § 1º, dispôs que da decisão do juiz de primeiro grau que conceder ou negar a liminar, caberá agravo de instrumento, observado o disposto no códex processual civil.

Tal dicção legal gerou grande celeuma no âmbito processual trabalhista, notadamente diante da principiologia e da sistemática recursal próprios do processo do trabalho, o qual é marcado pela irrecorribilidade das decisões interlocutórias (art. 893, § 1º, CLT).

Para uma primeira corrente, as decisões que concedem ou indeferem a liminar são irrecorríveis, uma vez que interlocutórias e, portanto, sujeitas ao regramento próprio da CLT no que tange aos recursos em geral. Deste modo, mesmo sendo ação constitucional disciplinada por lei especial, seu regramento deve ser adaptado ao procedimento recursal trabalhista, que preza pela irrecorribilidade imediata das decisões interlocutórias, até mesmo como forma de prestigiar as decisões de primeira instância e fomentar a celeridade. Pondera-se, ainda, que no âmbito processual trabalhista o agravo de instrumento tem cabimento restrito às hipóteses do art. 897, "b", da CLT, ou seja, em face de decisões denegatórias de processamento de outros recursos.

Corrente diametralmente oposta sustenta a observância da Lei 12.016/09 em sua inteireza, porquanto se trata de norma especial que regulamenta ação mandamental específica. Logo, seu procedimento, desde a tramitação inicial até a fase recursal deveria ser o da lei especial. Não por outra razão o art. 27 da Lei 12.016/09 determinou que os regimentos internos dos tribunais e as leis de organização judiciária deveriam ser adaptados às suas disposições em 180 dias contados da publicação. Assim, para esta corrente inexistiria incompatibilidade procedimental, porquanto a CLT trata de regras gerais do processo do trabalho, sendo a lei do Mandado de Segurança especial e que deveria ser aplicada em sua inteireza. Ou seja, aplicar-se-ia ao caso a regra de solução de antinomias aparentes: a lei especial posterior prepondera sobre a lei geral anterior.

A nós parece mais acertada a primeira corrente, na medida em que as regras processuais comuns devem ser aplicadas supletivamente ao processo do trabalho, em suas omissões, e desde que respeitada a principiologia própria deste ramo processual especializado. Assim, passando-se pelo crivo do art. 769 da CLT, o regramento da Lei 12.016/09 deve ser seguido apenas no que não conflite com o regramento e principiologia próprios do processo laboral, sendo certo que a regra do art. 7º, § 1º, não transpõe tal filtro – que visa justamente obstaculizar regras que atentem com a celeridade própria do processo do trabalho.

Não por outra razão o C. TST se inclina neste sentido, como se infere da Instrução Normativa 27/05 que prevê no seu art. 2º que a Sistemática Recursal a ser observada nas demandas decorrentes de ampliação de competência pela EC 45/04.

Ressalve-se, porém, que no âmbito da competência originária dos Tribunais, a decisão monocrática do relator é passível de agravo interno (ou regimental), já que neste caso o Relator atua por meio de mera delegação de poder do colegiado, que pode rever tal decisão, o que em nada se confunde com o agravo de instrumento, recurso com finalidade absolutamente distinta no processo do trabalho, como já ponderado linhas acima.

DIREITO PROCESSUAL CONSTITUCIONAL

(NCE/PC/DF/Delegado/2007) *O mandado de segurança pode ser impetrado para controlar atos disciplinares praticados pela administração pública? Justifique*

Autor: Carlos Afonso Gonçalves da Silva

Direcionamento da resposta

Por definição, o mandado de segurança é uma ação constitucional típica que se presta a proteger direito líquido e certo, não amparado por *habeas corpus* ou *habeas data*, quando o responsável pela ilegalidade ou abuso de poder for autoridade pública ou agente da pessoa jurídica no exercício de atribuição do Poder Público. Por ser uma ação que tem seu trâmite rápido, é muito eficaz no controle da legalidade e da constitucionalidade em concreto. A legislação infraconstitucional aponta não ser possível o cabimento de mandado de segurança em três situações: (a) quando se tratar de ato do qual caiba recurso administrativo com efeito suspensivo, independentemente de caução; (b) quando se tratar de decisão judicial da qual caiba recurso com efeito suspensivo e ainda e (c) quando se tratar de decisão judicial transitada em julgado.

Aqui, o avaliador aponta a possibilidade do cabimento de Mandado de Segurança em face de atos disciplinares. Numa primeira leitura do texto da lei, a resposta a ser apresentada, levando-se em consideração a primeira exceção de cabimento (quando se tratar de ato do qual caiba recurso administrativo com efeito suspensivo, independentemente de caução) é responder negativamente. Precisamos considerar, num primeiro momento, que os atos disciplinares, como função secundária do Poder executivo, também necessitam se subsumir nos critérios de motivação e fundamentação. Assim, uma decisão administrativa imotivada ou não fundamentada pode ser atacada via mandado de segurança. O STF já sumulou a questão (Súmula 429) em que apontou que a existência de recurso administrativo com efeito suspensivo não impede o uso do mandado de segurança contra omissão da autoridade.

Sugestão de resposta

Sim. O Mandado de Segurança é uma ação constitucional típica que se presta a proteger direito líquido e certo, não amparado por *habeas corpus* ou *habeas data*, quando o responsável pela ilegalidade ou abuso de poder for autoridade pública ou agente da pessoa jurídica no exercício de atribuição do Poder Público. A lei que regula sua aplicabilidade excepciona o cabimento de Mandado de Segurança quando o ato a ser questionado seja passível de recurso administrativo com efeito suspensivo.

COLEÇÃO PREPARANDO PARA CONCURSOS

A decisão administrativa, contudo, quando se reveste da função jurisdicional do poder executivo, obrigatoriamente necessita ser motivada e fundamentada. A ausência de motivação ou a inexistência ou inadequação de fundamentação jurídica faz com que o mandado de segurança seja viável.

O STF já sumulou a questão (Súmula 429) em que apontou que a existência de recurso administrativo com efeito suspensivo não impede o uso do mandado de segurança contra omissão da autoridade.

(UFRJ/Eletrobrás/Advogado/2007) O mandado de segurança é uma das garantias previstas na Constituição e serve para viabilizar a proteção de direito líquido e certo violado ou ameaçado por ato de autoridade. Sobre o tema, responda às seguintes indagações de forma fundamentada: (i) É possível a impetração de mandado de segurança para controle da decisão que indeferiu pedido de liminar em processo de mandado de segurança? (ii) É possível a impetração de mandado de segurança para controle de ato administrativo disciplinar? (iii) O que se entende por direito líquido e certo para efeito de impetração do mandado de segurança?

Autor: *Leonardo Gil Douek*

Direcionamento da resposta

– Lei 12.016/2009

– "Como especialização do direito de proteção judicial efetiva, o mandado de segurança destina-se a proteger direito individual ou coletivo líquido e certo contra ato ou omissão de autoridade pública não amparado por habeas corpus ou habeas data (CF, art. 5°, LXIX e LXX). Pela própria definição constitucional, o mandado de segurança tem utilização ampla, abrangente de todo e qualquer direito subjetivo público sem proteção específica, desde que se logre caracterizar a liquidez e certeza do direito, materializada na inquestionabilidade de sua existência, na precisa definição de sua extensão e aptidão para ser exercido no momento da impetração. Embora destinado à defesa de direitos contra atos de autoridade, a doutrina e a jurisprudência consideram legítima a utilização do mandado de segurança contra ato praticado por particular no exercício de atividade delegada. De outro lado, são equiparados pela lei, à autoridade pública, os representantes ou órgãos de partidos políticos e os administradores de entidades autárquicas, bem como os dirigentes de pessoas jurídicas ou as pessoas naturais no exercício de atribuições do poder político. Entretanto, devem ser diferenciados os atos de

DIREITO PROCESSUAL CONSTITUCIONAL

natureza pública dos atos de gestão, praticados pelos administradores de empresas públicas, sociedades de economia mista e concessionárias de serviço público, para fins de interposição do mandado de segurança. É pacífica a orientação de que não é possível a impetração de mandado de segurança contra ato administrativo de que caiba recurso administrativo com efeito suspensivo, independente de caução (Lei n. 12.016/2009, art. 5º, I). É que nesse caso dispõe o interessado de meio próprio e efetivo de impugnação do ato. Na mesma linha, entende-se não admissível o mandado de segurança contra decisão judicial de que caiba recurso com efeito suspensivo (Lei n. 12.016/2009, art. 5º, II). E, ainda, não cabe mandado de segurança contra decisão judicial transitada em julgado (Lei n. 12.016/2009, art. 5º, III). Tal como apontado na doutrina e na jurisprudência, a complexidade jurídica da questão não descaracteriza a liquidez e certeza do direito, não obstando, por isso, o uso do mandado de segurança. Suscita-se questão sobre o cabimento do mandado contra ato normativo. O Supremo Tribunal Federal tem orientação pacífica no sentido do não cabimento de mandado de segurança contra lei ou ato normativo em tese (Súmula 266), uma vez que ineptos para provocar lesão a direito líquido e certo. A concretização de ato administrativo com base na lei poderá viabilizar a impugnação, com pedido de declaração de inconstitucionalidade da norma questionada. Admite-se, porém, mandado de segurança contra lei ou decreto de efeitos concretos, assim entendidos aqueles que 'trazem em si mesmos o resultado específico pretendido, tais como as leis que aprovam planos de urbanização, as que fixam limites territoriais, as que criam municípios ou desmembram distritos, as que concedem isenções fiscais, as que proíbem atividades ou condutas individuais, os decretos que desapropriam bens, os que fixam tarifas, os que fazem nomeações e outros dessa espécie." (Gilmar Mendes, *in* Curso de Direito Constitucional).

Sugestão de resposta

(i) Conforme previsão contida no art. 5º, II, da Lei n. 12.016/2009, não é possível impetração de mandado de segurança contra decisão judicial da qual caiba recurso com efeito suspensivo. De acordo com o disposto na Súmula 267/STF, não cabe mandado de segurança contra decisão judicial passível de recurso, sendo que o mesmo Excelso Pretório firmou entendimento abrandando tal orientação para autorizar a concessão de segurança em casos excepcionais, limitando-se a análise para decisões tidas como teratológicas. Importante destacar que da decisão do juiz de primeiro grau que conceder ou denegar a liminar pleiteada em sede de mandado de segurança caberá agravo de instrumento, conforme prevê o § 1º do art. 7º, da Lei n. 12.016/2009.

COLEÇÃO PREPARANDO PARA CONCURSOS

(ii) É possível a impetração de mandado de segurança contra ato administrativo disciplinar, mas desde que o *mandamus* se atenha a questões envolvendo a legalidade do ato, não podendo o Poder Judiciário adentrar às questões de mérito administrativo.

(iii) O direito líquido e certo é aquele que já pode ser demonstrado quando da propositura da ação, mediante prova pré-constituída, prescindindo de dilação probatória, não havendo espaço no processo mandamental para produção de provas. A doutrina apenas faz uma correção em relação à terminologia constante da Constituição Federal, de vez que todo direito se existente é líquido e certo, mas os fatos é que deverão ser líquidos e certos para o cabimento do *mandamus*.

(Cespe/TRF/5R/Juiz/2007) *É admissível recurso contra ato de indeferimento da inicial de mandado de segurança impetrado sob alegação de autorização legislativa estadual contra o fechamento de casa de bingo determinado por delegado de polícia federal?*

Autores: Jorge Ferraz de Oliveira Júnior e Rafael Vasconcelos Porto

Direcionamento da resposta

Devem ser abordados os seguintes temas: 1) existência de súmula vinculante quanto à impossibilidade de legislação estadual instituir bingo ou loteria; e 2) inadmissibilidade de recurso contra sentença fundada em súmula vinculante. Embora o espaço seja considerável (60 linhas), como a pergunta é bastante direta, não enxergamos a possibilidade de elaborar uma resposta muito longa, tendo em vista que são poucos e simples os temas a serem tratados.

Sugestão de resposta

Para responder à questão suscitada é preciso analisar inicialmente o teor da *res in judicium deducta*, ou seja, o direito material discutido na ação. No caso, tem-se que o STF publicou Súmula Vinculante que estabelece que é inconstitucional lei ou ato normativo estadual que disponha, dentre outras coisas, sobre bingos . Colhe-se, nos julgados do Pretório Excelso que versam sobre a matéria, que a inconstitucionalidade decorre do fato de ser de competência privativa da União dispor sobre os denominados "jogos de azar" (art. 22, XX, da CRFB), tendo sido mencionado também que, por se tratar de atividade penalmente ilícita, somente legislação federal poderia trazê-la para a licitude, tendo em vista a

224

DIREITO PROCESSUAL CONSTITUCIONAL

competência privativa da União para legislar sobre Direito Penal (art. 22, I, da CRFB).

Diante disto, é preciso considerar que, embora cabível em tese a apelação contra o indeferimento da inicial de mandado de segurança (art. 10, § 1º, da Lei n. 12.016/2009), o recurso é manifestamente inadmissível, em vista do disposto no art. 518, § 1º, do CPC ("o juiz não receberá o recurso de apelação quando a sentença estiver em conformidade com súmula do Superior Tribunal de Justiça ou do Supremo Tribunal Federal")[108], aplicável analogicamente ao processo do mandado de segurança.

(TRF/2R/Juiz/2007) *O mandado de segurança se enquadra nas hipóteses de tutela jurisdicional diferenciada?*

Autor: Guilherme Bacelar Patrício de Assis

Direcionamento da resposta

Inicialmente, o candidato deverá apresentar uma resposta direta à indagação, esclarecendo, de plano, a noção de tutela jurisdicional diferenciada e afirmando que, sob a ótica procedimental, o mandado de segurança se enquadra nesse conceito, apesar das mudanças legislativas introduzidas no procedimento comum ordinário a partir de 1994. O candidato deverá, ainda, analisar a noção de tutela jurisdicional diferenciada sob o viés da decisão[109].

Sugestão de resposta

Classicamente, a noção de tutela jurisdicional diferenciada contrapõe--se à de tutela jurisdicional comum, referindo-se à existência, no CPC ou na legislação processual extravagante, de procedimentos especiais em contraponto ao rito comum ordinário solene, destinados a melhor atender às peculiaridades de alguns direitos materiais. Sob essa ótica procedimental, o mandado de segurança, de fato, consubstancia-se como uma ação cujo procedimento se

---

108. Vide artigos 332, I, 496, § 4º, I, 521, IV, 932, IV, a, do NCPC. Sob a égide do novo códex processual, caberá ao relator negar provimento a recurso que "for contrário a súmula do Supremo Tribunal Federal, do Superior Tribunal de Justiça ou do próprio tribunal".

109. O CPC/2015 não trouxe modificações significativas no que tange à natureza e ao rito do mandado de segurança, regido por lei especial. Assim, a resposta a presente questão, de cunho bastante teórico, não seria afetada, caso tivesse ela sido formulada após o início de sua vigência em 18/03/2016.

enquadra no conceito de tutela jurisdicional diferenciada, visto que seus pressupostos de cabimento estão expressamente previstos na Constituição e que há muito possui procedimento bastante específico e célere – em comparação com o rito ordinário – disciplinado pelas Lei 1.533/51, revogada pela Lei 12.016/09.

O mesmo ocorre com a ação de reintegração ou manutenção de posse e a ação de alimentos, que também seguem procedimentos especiais, expressamente previstos em lei e com regras substancialmente diversas daquelas inerentes ao procedimento ordinário, a fim de melhor tutelar a posse e o direito aos alimentos, que, dadas as suas particularidades, não podiam ser adequadamente protegidos pelo rígido e demorado rito comum ordinário. Cabe ressaltar, porém, que, de 1994 em diante, essa rigidez foi quebrada após a edição de leis que instituíram regras processuais abertas para o procedimento comum ordinário previsto no CPC/1973, como, v.g, as que viabilizam, desde que presentes seus requisitos, a antecipação dos efeitos da tutela e a prestação da tutela jurisdicional específica mediante a utilização de diversos meios executivos, típicos e atípicos, nas obrigações fazer, não fazer e dar coisa diversa de dinheiro[110]. Isso conduziu, em boa medida, à perda da importância da distinção entre procedimento comum e especial, passando o juiz a procurar ou a definir o procedimento adequado e efetivo para a tutela dos direitos materiais à luz das particularidades que permeiam o litígio, concretizando, com isso, o princípio do acesso à justiça, previsto no art. 5º, XXXV, da Constituição.

De outro lado, cumpre frisar que o mandado de segurança, a despeito de ser uma importantíssima ação de envergadura constitucional, é um instrumento idôneo para tutela de qualquer espécie de direito material, porquanto destinado à proteção de todo tipo de direito líquido e certo, não protegido por habeas corpus ou habeas data, violado ou ameaçado de violação por ato comissivo ou omissivo de autoridade pública ou particular no exercício de munus público. A referência a direito líquido e certo, como é cediço, refere-se apenas à demonstração do alegado direito, que deve se dar por meio de provas pré-constituídas, e não à natureza da relação jurídica ou complexidade da controvérsia fático-jurídica deduzida no writ.

Assim, é possível, por meio desse writ, promover-se a tutela específica do direito material – tutelas inibitória, de remoção do ilícito ou ressarcitória – ou, conforme o caso, a tutela pelo equivalente. Nesse sentido, sob a ótica da

---

110. Essa possibilidade de prestação de tutela jurisdicional específica através de meios executivos típicos e atípicos, nas obrigações fazer, não fazer e dar coisa diversa de dinheiro, fundada em títulos executivos judiciais, está positivada nos arts. 536 a 538 do CPC/2015. No que tange à tutela jurisdicional para o cumprimento de obrigações lastreadas em títulos executivos extrajudiciais, aplicam-se os arts. 806 a 810 e 815 a 823 do CPC/2015.

DIREITO PROCESSUAL CONSTITUCIONAL

decisão em si, e não do procedimento conforme acima analisado, os provimentos jurisdicionais, finais ou liminares, exarados em mandados de seguranças, na medida em que podem entregar qualquer tipo de tutela jurisdicional, tal como pode ocorrer no bojo das demais ações submetidas ao procedimento comum ordinário, não podem ser caracterizados como tutela jurisdicional diferenciada.

(UFRJ/TBG/Advogado/2005) *O mandado de segurança pode ser impetrado para controle de atos jurisdicionais e legislativos? Fundamente sua resposta.*

Autor: Leonardo Gil Douek

Direcionamento da resposta

– Lei n. 12.016/2009.

Sugestão de resposta

De acordo com o entendimento pacificado pelo Supremo Tribunal Federal, somente é cabível mandado de segurança contra ato judicial, se este tiver sido tomado de maneira teratológica. Importante dizer que a Súmula 267, do Excelso Pretório, prevê o descabimento de ação mandamental em casos de decisão judicial suscetível de recurso, tendo sido abrandado tal entendimento e permitido apenas que o cabimento do *writ* na hipótese de decisão teratológica.

Já a Lei n. 12.016/2009 não permite a concessão de mandado de segurança contra decisão judicial da qual caiba recurso com efeito suspensivo (vide art. 5º, inciso II), devendo ser conjugada a previsão legal com o entendimento do Supremo Tribunal Federal descrito acima.

Não cabe mandado de segurança contra lei em tese (Súmula 266/STF). Em outras palavras, o *mandamus* somente é cabível contra lei que produza efeitos concretos e que interfiram na esfera jurídica do impetrante.

(DPE/RJ/Defensor/2000) *Cabe mandado de segurança contra ato de dirigente de estabelecimento de ensino particular autorizado e fiscalizado pelo governo?*

Autores: Angelita Maria Maders e Rafael Vinheiro Monteiro Barbosa

COLEÇÃO PREPARANDO PARA CONCURSOS

Direcionamento da resposta

O(a) candidato(a) deverá responder afirmativamente ao questionamento explicando as razões de sua afirmação com base no conceito de autoridade coatora, que seria legítima para integrar o polo passivo da ação.

Sugestão de resposta

De acordo com o disposto no art. 5º, LXIX, CF, "conceder-se-á mandado de segurança para proteger direito líquido e certo, não amparado por "habeas corpus" ou "habeas data", quando o responsável pela ilegalidade ou abuso de poder for autoridade pública ou agente de pessoa jurídica no exercício de atribuições do Poder Público".

Interessa, para fins de responder o questionamento proposto, definir os termos "autoridade pública" e "agentes de pessoa jurídica no exercício de atribuições do Poder Público" referidos no texto da lei. Autoridade pública são as pessoas físicas que exercem atividade estatal, investidas de poder decisório, que é necessário para rever o ato considerado ilegal ou abusivo. Já os demais agentes de pessoa jurídica no exercício de atribuições do Poder Público são equiparados à autoridade pública e são, forte na Lei 12.016/09, os representantes de órgãos de partidos políticos e os administradores de entidades autárquicas, bem como os dirigentes de pessoas jurídicas ou as pessoas naturais no exercício de atribuições do poder público, somente no que disser respeito a essas atribuições.

No caso posto, o dirigente do estabelecimento de ensino particular, quando estiver na prática de ato que seja objeto de delegação do Poder Público, enquadra-se no conceito de autoridade coatora a figurar no polo passivo da ação, nos termos do art. 6º, § 3º, da Lei 12.016/09.

Deve-se deixar claro que ele somente poderá ser equiparado à autoridade coatora se estiver no exercício de atribuições do Poder Público que lhe foram delegadas ou autorizadas, na forma do disposto no art. 1º, § 1º, da Lei 12.016/09, não quando estiver praticando atos de gestão empresarial, por exemplo.

(DPE/RJ/Defensor/1999) Cabe mandado de segurança contra adiamento de concurso para provimento de cargo público?

Autores: Angelita Maria Maders e Rafael Vinheiro Monteiro Barbosa

DIREITO PROCESSUAL CONSTITUCIONAL

Direcionamento da resposta

O(a) candidato(a) deverá posicionar-se justificando sua resposta abordando os requisitos do Mandado de Segurança no que se refere ao direito líquido e certo, à ilegalidade e ao abuso de poder e também à prova destes, que deverá ser pré-constituída.

Sugestão de resposta

Interessa, para fins de responder o questionamento proposto, prefacialmente, saber se a questão proposta está se referindo ao adiamento de concurso cujo edital ainda não fora publicado ou se já houve publicação do edital e também da data da prova, além de definir o que seria direito líquido e certo e se ele teria sido ameaçado ou ferido no caso posto, bem como se teria havido ilegalidade ou abuso de poder.

Para isso, é importante recordar que, de acordo com o disposto no art. 5º, LXIX, CF, "conceder-se-á mandado de segurança para proteger direito líquido e certo, não amparado por 'habeas corpus' ou 'habeas data', quando o responsável pela ilegalidade ou abuso de poder for autoridade pública ou agente de pessoa jurídica no exercício de atribuições do Poder Público".

Direito líquido e certo é aquele que pode ser demonstrado de plano, documentalmente, como diz a doutrina. No caso de concursos públicos, como regra, tem-se que haveria uma expectativa de direitos e não direito líquido e certo, já que cabe à Administração a escolha e o mérito acerca do melhor momento para sua realização. Além disso, questiona-se se existe direito adquirido à data da realização da prova quando esta já foi divulgada.

Primeiramente, considerando que o edital é a lei do concurso, e se a data já estava prevista no edital, bem como o fato de haver o princípio da confiança dos administrados nos atos da Administração Pública, bem como o entendimento atual do STF, poderia se responder que haveria direito líquido e certo. Ocorre, porém, que ainda se faz necessário demonstrar a ilegalidade ou o abuso de poder no ato que adia o concurso, o que não se acredita seja tarefa fácil a se fazer de antemão, com prova pré-constituída, o que levaria ao fracasso do mandado de segurança.

No caso, para respaldar tal tese de haver direito adquirido, poderia ser considerada, também, a recente decisão do STF no que se refere ao conceito de direito adquirido com relação à nomeação de candidatos aprovados em concursos dentro do número de vagas previstas no edital, que não seriam mera expectativa de direito, mas direito adquirido.

229

Vê-se que a jurisprudência caminha cada vez mais no sentido de limitar o espaço discricionário da Administração na condução do concurso público, o que é positivo para fins de viabilizar o controle por parte dos administrados. Além disso, como dito anteriormente, a jurisprudência também avança no sentido da lógica de vinculação ao instrumento convocatório, que deve ser observado, como referido pelo Min Ayres Brito, ao julgar o RE 480129, oportunidade em que afirmou que "o edital – norma regente interna da competição –, uma vez publicado, gera expectativas nos administrados que hão de ser honradas pela Administração Pública. Ela também está vinculada aos termos do edital que publicou".

O que se vê, na prática, porém, é que muitos concursos são adiados, suspensos e, por vezes, cancelados, sem que maiores consequências sejam imputadas à Administração a não ser a devolução do valor das inscrições despendido pelos concurseiros.

Para verificar se o adiamento de concurso público para provimento de cargo público é ato ilegal ou constitui abuso de poder, outro requisito do mandado de segurança, deve-se considerar que o administrador público dispõe de discricionariedade para a escolha do momento da realização do concurso público o que, em princípio, não ensejaria qualquer ilegalidade em sua transferência, até mesmo porque ele disporia, inclusive, de poderes para suspender o concurso com prazo de inscrição já aberto, devolvendo os valores das inscrições já pagas. Todavia, considerando que se trata de um ato discricionário, poderia ocorrer abuso de poder, o qual, contudo, deve ser provado e não se pode extrair do texto proposto, já que deve prevalecer o interesse público a ensejar o adiamento do certame.

Tangencialmente ao adiamento do concurso público, de se recordar que essa medida não pode consistir em uma forma disfarçada que acabar com o concurso, o que consistiria desvio de finalidade e afrontaria o princípio da razoabilidade convocado. Além disso, existe a necessidade de observância do princípio da confiança dos administrados nos atos da Administração Pública, como já mencionado, de modo que se poderia concluir dizendo que o ingresso de ação de mandado de segurança seria possível se houvesse possibilidade de provar, de plano (o que se acredita seja complicado no caso posto), que há direito líquido e certo à realização do concurso na data publicada, nos moldes da decisão do STF antes citada, bem como a ocorrência do abuso de poder ou da ilegalidade, cuja prova também poderá ser difícil de se fazer de plano para o rito do mandado de segurança, em face do que ainda pensaria em utilizar outra espécie de demanda que não o *writ*.

(DPE/RJ/Defensor/1999) *É possível a impetração de mandado de segurança contra decisão transitada em julgado? E contra decisão interlocutória?*

Autores: Angelita Maria Maders e Rafael Vinheiro Monteiro Barbosa

DIREITO PROCESSUAL CONSTITUCIONAL

Direcionamento da resposta

Expor o tema da utilização do Mandado de Segurança para atacar decisão judicial para, após, enfrentar os dois questionamentos propostos na questão: Mandado de Segurança contra decisão final transitada em julgado e Mandado de Segurança contra decisão interlocutória.

Sugestão de resposta

O mandado de segurança, remédio heroico de status constitucional, tem finalidade específica, que é a de proteger direito líquido e certo, fazendo cessar ato ilegal ou abusivo praticado pelo Poder Público ou por quem lhe faça as vezes. A jurisprudência já sedimentou o entendimento de que o mandado de segurança não pode ser encarado: (i) nem sucedâneo recursal, (ii) nem sucedâneo de ação rescisória. Assim, o ato jurisdicional, como regra, não pode ser sindicado pela via estreita do mandado de segurança, já que, contra ele, existem, respectivamente, os meios recursais tradicionais e a ação rescisória. O desvirtuamento da sua finalidade, segundo a jurisprudência, retiraria, por certo, sua essência constitucional.

Os enunciados sumulares n. 267 (Não cabe mandado de segurança contra ato judicial passível de recurso ou correição) e n. 268 (Não cabe mandado de segurança contra decisão judicial com trânsito em julgado), ambos do Supremo Tribunal Federal, não deixam a menor dúvida a respeito do entendimento prevalecente.

Esse entendimento também prevaleceu na legislação de regência do instituto (Lei n. 12.016/09), como enuncia, fartamente, o art. 5º: "não se concederá mandado de segurança quando se tratar: I – de ato do qual caiba recurso administrativo com efeito suspensivo, independentemente de caução; II – de decisão judicial da qual caiba recurso com efeito suspensivo; III – de decisão judicial transitada em julgado".

No que tange ao manejo do mandado de segurança contra ato judicial, a doutrina e jurisprudência pinçaram duas exceções para o seu cabimento: 1ª) O cabimento do mandado de segurança como "norma de fechamento do sistema", podendo ser utilizado quando inexistir recurso para atacar determinada decisão judicial e, concomitantemente a isso, referida decisão provoque risco ou lesão de difícil reparação; 2ª) Para atacar decisão flagrantemente abusiva, absurda, eivada de ilegalidade manifesta ou teratologia.

Em todo caso, quanto ao cabimento do mandado de segurança contra decisão judicial transitada em julgado, há vedação intransponível, de modo a impedir sua utilização contra decisão judicial já passada em julgado. Sendo assim, o objetivo de desconstituição da autoridade da coisa julgada não pode ser alcançado através do mandado de segurança.

Apenas uma exceção abranda o rigor dessa regra. O Superior Tribunal de Justiça vem admitindo a impetração de mandado de segurança perante os Tribunais de Justiça para o exercício do controle da competência dos Juizados Especiais, ainda que a decisão a ser anulada já tenha transitado em julgado. É que a jurisprudência tem mitigado a regra da impossibilidade de utilização da ação mandamental como ação rescisória, já que o art. 59 da Lei n. 9.099/95 veda o seu uso no âmbito dos Juizados Especiais ("não se admitirá ação rescisória nas causas sujeitas ao procedimento instituído por esta Lei").

3. RECLAMAÇÃO CONSTITUCIONAL

(Cespe/AGU/Advogado/2015) Determinado estado-membro ajuizou, perante o juízo de primeiro grau, ação contra a União questionando índice de atualização monetária previsto em convênio celebrado com o ente central. O magistrado determinou a citação da União para que esta apresentasse resposta. Considerando a competência originária do Supremo Tribunal Federal (STF) para processar e julgar causas e conflitos entre a União e os estados, redija um texto dissertativo acerca do eventual cabimento de reclamação constitucional na situação apresentada. Em seu texto: (i) cite as hipóteses em que é cabível reclamação constitucional; (ii) discorra sobre a interpretação do STF a respeito da competência originária para julgar conflitos entre a União e os estados; (iii) aborde a jurisprudência do STF relativa ao cabimento da reclamação em situações como a apresentada.

Autores: Rodolfo Soares Ribeiro Lopes e João Paulo Lawall Valle

Direcionamento da resposta

Renovo a recomendação de se fazer um parágrafo inicial expositivo dos temas nucleares da questão que, ao meu ver, são a Reclamação Constitucional e o Conflito Federativo apto a inaugurar a competência originária do STJ. Assim, importante indicar os seguintes dispositivos da CF/88: artigo 102, I, f e l. Também é muito relevante indicar quais as hipóteses que autorizam o ajuizamento de reclamação constitucional.

Após essa linha introdutória competia ao candidato demonstrar conhecimento acerca da atual jurisprudência do STF; de início, sempre que litigarem União e Estado ou DF, será necessário aferir se há ou não Conflito Federativo

DIREITO PROCESSUAL CONSTITUCIONAL

apto a inaugurar a competência originária do STF. Não basta que se identifiquem como partes a União e Estado-membro ou o DF, mas que substancialmente o conflito submetido em juízo seja apto a caracterizar um 'conflito federativo'; este seria um requisito substancial para a Competência do STF. (Precedentes: ACO 2101-AgR, ACO-AgR 570, ACO 1350). Assim, a competência originária deve receber leitura restritiva, sob pena de se inverter de exceção em regra – o que não é o desiderato da norma constitucional.

Um exemplo clássico de Conflito Federativo na jurisprudência do STF foi a Pet 3388 – Ação Popular 'Raposa Serra do Sol' – onde se instaurou a competência excepcional originária. Comparando-se a complexidade de tal precedente, de imprescindível conhecimento, fica fácil perceber que não será cabível a instauração da competência originária do STF em caso no qual se discute interesse patrimonial vinculado a um convênio entre União e Estado; devem haver milhares de tais convênios, sendo que se toda querela a respeito deles instaurar a competência do STF, esta Corte não faria outra coisa além de resolver tais conflitos patrimoniais. Portanto, a celeuma quanto à correção monetária não é apta a vulnerar a competência do STF e, portanto, não autoriza o ajuizamento de Reclamação.

Abaixo segue uma sugestão de resposta; renovo a observação de que se trata de disposição e estilo próprio, que não ousa ser o 'correto', mas apenas dar um norte de organização e disposição. Cada um tem sua forma de expor – e até muito melhor do que a que se propõe; contudo, há sim uma diretriz mínima da qual não se pode se distanciar. Essa indicação básica e diretiva é o nosso objetivo.

Sugestão de resposta

A Constituição Federal prevê em seu Artigo 102, I, f, a competência originária do STF para o julgamento das 'causas e conflitos' entre a União e os Estados ou o DF, devendo ser considerada hipótese especial e excepcional de instauração de jurisdição originária de uma Corte Suprema, em rol taxativo que merece interpretação restritiva, nos termos do que entende a jurisprudência do STF.

(i) Por outro lado, sempre que haja a necessidade de a) preservação da competência do Supremo e b) para a garantia da autoridade das decisões proferidas pelo STF (CF, art. 102, I, l), poderá ser ajuizada a Reclamação Constitucional. Portanto, ferida que seja uma hipótese de competência originária do STF, caberá o ajuizamento de Reclamação com o objetivo de assegurar que a questão jurídica seja solucionada originariamente pelo Supremo. Resta saber se o enunciado ilustra tal contexto aberto à Reclamação para preservação de competência.

COLEÇÃO PREPARANDO PARA CONCURSOS

(ii) A jurisprudência do Supremo Tribunal Federal, para além de se observar formalmente quem ocupa os polos ativos do processo (União e Estados ou DF), passou a exigir um requisito substancial ou material que sirva à inauguração de sua competência originária do artigo 102, I, f, qual seja, a existência de efetivo Conflito Federativo, apto a abalar o equilíbrio entre os entes componentes da Federação (art. 1º da CF). Assim, é indispensável que o direito controvertido nos autos seja de tal envergadura que se revele capaz de abalar o pacto Federativo, instaurando substancial conflito. Esse foi o caso, por exemplo, do julgamento da Ação Popular da Raposa Serra do Sol, onde instaurada lide entre a União e Estado membro, de envergadura apta a justifica a excepcional hipótese de competência originária do STF.

(iii) É bastante comum em um Federalismo cooperativo a celebração de convênios entre os entes, sendo que as querelas decorrentes de tais pactos não são ordinariamente capazes de atingir o equilíbrio federativo, sob pena de inviabilizar-se, inclusive, tais acordos cooperativos. Ainda mais quando tal controvérsia é de índole meramente patrimonial – incidência de parcela acessória (juros); portanto, o contexto enunciado não é apto a instaurar Conflito Federativo substancial, apto a atrair a competência excepcional do STF.

Conclusivamente, não sendo caracterizado o conflito federativo no exemplo hipotético proposto, não há que se falar em Reclamação Constitucional para preservação da competência do STF, pois esta não se impõe.

(PGE/MS/Procurador/2015) Discorra, justificadamente, sobre a possibilidade ou não do STF, em julgamento de reclamação, reapreciar e redefinir o conteúdo e o alcance de decisão anterior proferida em sede de ADI.

Autor: Eron Freire dos Santos

Direcionamento da resposta

a questão exige abordagem sobre o conteúdo da decisão proferida pelo STF na Reclamação 4374. Em importante julgamento, a Corte Suprema decidiu que, no âmbito da reclamação, é possível reexaminar o conteúdo de decisão proferida anteriormente em âmbito de ADI.

Sugestão de resposta

Sim, é possível que o STF, no âmbito da reclamação, reexamine decisão anteriormente proferida em ADI. Recentemente, essa possibilidade foi objeto de análise pela Corte Suprema, que decidiu favoravelmente.

234

DIREITO PROCESSUAL CONSTITUCIONAL

Segundo o entendimento, é no julgamento das reclamações que a Corte tem a oportunidade de examinar melhor o conteúdo de decisões proferidas em ADI. Em tal hipótese, o STF pode redefinir o teor da decisão antes tomada ou mesmo superar totalmente o precedente, quando verificar que as atuais circunstâncias (fáticas, políticas, econômicas ou sociais) distanciam-se daquelas existentes à época da prolação da decisão e recomendam adoção de outro entendimento.

No caso concreto analisado, o STF entendeu que o critério econômico utilizado pela legislação para concessão do benefício assistencial – outrora reputado constitucional – não mais deveria ser considerado adequado, uma vez que, após o surgimento de várias leis, o critério mostrava-se absolutamente inadequado.

(PGE/PR/Procurador/2015) O cabimento de reclamação perante o Supremo Tribunal Federal é assunto controverso. É correto afirmar cabível Reclamação por descumprimento, em 1º grau de jurisdição, de decisão do STF tomada em recurso extraordinário com repercussão geral? Fundamente sua resposta.

Autor: Eron Freire dos Santos

Direcionamento da resposta

a questão exige do candidato conhecimento acerca do instituto da repercussão geral e ciência da jurisprudência do STF sobre a matéria, no sentido de que não é viável o manejo de reclamação por descumprimento, pelo 1º grau de jurisdição, de decisão proferida por aquela Corte em sede de recurso extraordinário com repercussão geral reconhecida.

Sugestão de resposta

A repercussão geral é – também – uma forma especial de julgamento de recursos extraordinários que tratam de questões de massa. Ao examinar um ou alguns recursos representativos da controvérsia, a Corte Suprema julgando o apelo extraordinário fixará a tese geral para os demais recursos sobrestados, a qual deverá ser aplicada pelos Tribunais de segundo grau.

Como se pode observar, por essa sistemática, a consequência do julgamento de recurso extraordinário com repercussão geral reconhecida é permitir que o entendimento firmado seja aplicado prontamente a outros recursos sobrestados. Apesar disso, não há eficácia vinculante em tal pronunciamento, de modo que não cabe reclamação. Com efeito, a reclamação é cabível no caso de usurpação de competência ou para assegurar a autoridade da decisão proferida. Neste último

COLEÇÃO PREPARANDO PARA CONCURSOS

caso, não se poderia enquadrar o recurso extraordinário com repercussão geral, ante a ausência de previsão legal. Nesse sentido já decidiu o STF.

(Cespe/TJ/CE/Juiz/2012) O tribunal de justiça de determinado estado deferiu medida cautelar, em sede de representação de inconstitucionalidade, para suspender a eficácia de dispositivos de lei estadual, sob o fundamento de incompatibilidade material com preceito inserto na constituição do estado. O referido dispositivo da constituição estadual, que serviu de parâmetro para a fiscalização concentrada de constitucionalidade, limitou-se a utilizar a denominada técnica de remissão, com a invocação direta, apenas, das regras normativas constantes da Constituição Federal (CF), incorporando-as ao plano do ordenamento constitucional do estado-membro. Foi ajuizada, perante o Supremo Tribunal Federal, reclamação alegando a incompetência do tribunal de justiça, sob o argumento de que o paradigma de confronto, invocado no controle abstrato de constitucionalidade instaurado perante o tribunal de justiça local, residia em texto da própria Constituição Federal. Com base nessa situação hipotética, elabore dissertação, à luz da CF e do entendimento do STF, respondendo de forma fundamentada aos seguintes questionamentos: (i) Em tese, qual seria o fundamento para o cabimento da reclamação? (ii) O tribunal de justiça tem competência para o processo objetivo de fiscalização abstrata?

Autor: Pedro Siqueira de Pretto

Direcionamento da resposta

Na presente questão, é necessário tecer comentários a respeito da possibilidade do controle de constitucionalidade exercido no âmbito do Tribunal de Justiça e, também, da utilização da reclamação para o Supremo Tribunal Federal.

Sugestão de resposta

O Supremo Tribunal Federal é o órgão do Poder Judiciário a quem foi incumbido constitucionalmente a guarda da Constituição da República, nos termos do "caput" do artigo 102. A Constituição está no ápice do ordenamento jurídico pátrio, devendo ser respeitada por todas as leis, atos normativos e particulares editados e realizados, em função da rigidez e da supremacia constitucional.

A reclamação é o instituto criado para que o Supremo Tribunal Federal possa garantir a autoridade de suas decisões e a preservação de sua competência, consoante prevê o artigo 102, inciso I, alínea "l", da Constituição.

DIREITO PROCESSUAL CONSTITUCIONAL

Porém, o respeito à Lei Maior pode ser imposto por todos os órgãos do Poder Judiciário, e não apenas à referida corte. Dessa maneira, todos os juízes e tribunais podem exigir o respeito da Constituição Federal nos casos concretos que atuarem (controle difuso de constitucionalidade), ou os Tribunais de Justiça mediante fiscalização abstrata (controle abstrato ou concentrado de constitucionalidade).

Todavia, no caso de controle concentrado de constitucionalidade realizado por Tribunal de Justiça, deve-se atentar para o artigo 125, § 2°, da Constituição, segundo o qual tal função será exercida tendo como parâmetro a Constituição Estadual. Dessa maneira, tendo em vista que compete à Suprema Corte a guarda da Constituição Federal, caso um Tribunal de Justiça exerça o controle abstrato de constitucionalidade tendo esta como parâmetro, caberá reclamação perante aquele tribunal.

Ocorre que, em determinados casos, pode a Constituição Estadual apenas reproduzir em seu texto alguma disposição contida na Constituição Federal. Neste caso, o Supremo Tribunal Federal tem admitido que os Tribunais de Justiça analisem a constitucionalidade de determinada em face da Constituição Estadual tendo como parâmetro preceptivo reproduzido da Constituição Federal. Nesse sentido, Reclamação 10.500. Isso porque referida norma também foi incorporada ao ordenamento constitucional do Estado-Membro, que a previu.

Pode ser, ainda, que leis estaduais sejam objeto de discussão acerca de sua higidez constitucional tanto em face da respectiva Constituição Estadual quanto da Constituição Federal. Nesse caso, será possível o ajuizamento de ação direta de inconstitucionalidade perante o Supremo Tribunal Federal e o Tribunal de Justiça. Nesta hipótese, havendo duas ações, uma perante cada tribunal, ficará sobrestada a demanda estadual, aguardando a decisão da Corte Constitucional, porquanto esta é a intérprete da Constituição (ADI 4138).

Caso a Suprema Corte declare inconstitucional a lei estadual perante a Constituição Federal, a ação direta estadual perderá seu objeto, já que a lei também não produzirá mais efeitos perante o Estado-Membro. Por outro lado, se declarar constitucional, a Corte estadual poderá dar continuidade à demanda, pois, perante a Constituição Estadual, a normal ainda pode ser incompatível (entende-se que, neste caso, deve o Tribunal utilizar-se de fundamento diverso do já decidido pelo Supremo Tribunal Federal).

Vale frisar que, em regra, não é possível manejar recurso em face da decisão do Tribunal de Justiça em ação direta de inconstitucionalidade estadual, já que a Suprema Corte é intérprete da Constituição Federal, e não da do Estado-Membro. Contudo, nos casos em que a norma que serve de parâmetro para a análise da constitucionalidade é mera repetição da Constituição Federal,

237

COLEÇÃO PREPARANDO PARA CONCURSOS

hipóteses em que, para se evitar que o Tribunal local usurpe a competência da Corte Constitucional, tem-se admitido a interposição de recurso extraordinário. É a utilização de um recurso típico do controle difuso no controle concentrado e abstrato estadual. A doutrina sustenta que, nesse caso específico, o recurso extraordinário produzirá efeitos "erga omnes", "ex tunc" e vinculante, consoante prevê o artigo 27 da Lei n. 9.868/1999. Nessa linha: Rcl 383 e RE 187142.

(PGM/Rio_de_Janeiro/Procurador/2011) Determinada categoria de servidores municipais deflagra greve que vem a ser considerada ilegal pela autoridade municipal, uma vez que inexiste lei disciplinando o exercício de greve no âmbito do Município. A entidade representativa dos referidos servidores avalia que há violação às decisões do STF, proferidas em sede de mandado de injunção que assegurariam aos servidores públicos o exercício do direito de greve na forma da lei aplicável ao setor privado. Em vista disso, decide apresentar reclamação perante o STF para garantir a autoridade das decisões daquela Corte. Desenvolva os fundamentos que poderão ser utilizados na defesa do Município tanto do ponto de vista processual quanto do ponto de vista substantivo.

Autor: Marcelo Veiga Franco

Direcionamento da resposta

A questão proposta requer que o candidato tenha conhecimento prévio de que o STF, a partir do julgamento dos Mandados de Injunção n. 670, 708 e 712, passou a assegurar a concretização do direito de greve dos servidores públicos, previsto em norma constitucional de eficácia limitada (art. 37, VII, da Constituição Federal), com base na aplicação, no que couber, da legislação que regula a greve no setor privado (Lei 7.783/89).

No caso, a questão visa a que o candidato desenvolva os argumentos processuais e materiais que podem ser utilizados para o fim de defender o Município em sede de reclamação, ajuizada por sindicato representativo da categoria de servidores públicos municipais, com a finalidade de legalizar movimento grevista.

Sugestão de resposta

Diversos argumentos, seja do ponto de vista processual ou substantivo, podem ser utilizados pelo Município em sede de defesa na reclamação constitucional, ajuizada por sindicato representativo da categoria de servidores públicos municipais, com a finalidade de obter amparo judicial para a deflagração de movimento

DIREITO PROCESSUAL CONSTITUCIONAL

grevista. Em primeiro lugar, é possível discutir o próprio cabimento do ajuizamento da reclamação constitucional. Isso porque, conforme decidido pelo STF[111], o instituto da reclamação constitucional, previsto para preservar a competência do STF e para garantir a autoridade de suas decisões (art. 102, I, l, da Constituição Federal, arts. 13 a 18 da Lei 8.038/90 e arts. 156 a 162 do RISTF), não pode ser utilizado para análise per saltum da matéria constitucional. Isso quer dizer que a via estreita da reclamação constitucional não tem como função primária a resolução de conflitos subjetivos (como no caso do movimento grevista em tela), já que ela não é cabível como sucedâneo dos meios processuais e recursais colocados à disposição da parte prejudicada. Dessa forma, é incabível o manejo da reclamação como um "atalho processual" cujo objetivo é submeter o conflito a submissão imediata e direta pelo Supremo Tribunal Federal (Rcl 5926).

Ademais, a pretensão deduzida na reclamação também não prospera tendo como base as decisões proferidas pelo Supremo Tribunal Federal nos Mandados de Injunção n. 670, 708 e 712. É que os citados Mandados de Injunção utilizados como paradigma possuem índole subjetiva e versaram sobre casos concretos nos quais o sindicato em tela sequer figurou como parte. Assim sendo, não é possível a extensão dos efeitos dos referidos Mandados de Injunção ao caso concreto em apreço, uma vez que as ordens injuncionais possuem eficácia inter partes (MI 721).

Como se não bastasse, também ficou decidido no MI 708 que os movimentos paredistas de âmbito municipal serão dirimidos pelo respectivo Tribunal de Justiça. Dessa forma, por esse motivo o Supremo Tribunal Federal não tem competência para analisar a greve dos servidores públicos municipais.

Outrossim, importa salientar que a via estreita da reclamação constitucional não permite a aferição probatória dos requisitos previstos na Lei 7.783/89 acerca da legalidade do movimento grevista. Assim, do ponto de vista substantivo, as restrições à produção de provas e revolvimento fático no âmbito da reclamação constitucional não possibilitam que o sindicato demonstre que o serviço paralisado é ou não é essencial – com todas as consequências daí decorrentes (arts. 9º, 10, 11 e 13 da Lei 7.783/89) –, ou que não houve abuso do direito de greve (art. 14 da Lei 7.783/89).

---

111. "(...) 1. Por atribuição constitucional, presta-se a reclamação para preservar a competência do STF e garantir a autoridade de suas decisões (art. 102, inciso I, alínea l, CF), bem como para resguardar a correta aplicação das súmulas vinculantes (art. 103-A, § 3º, CF). 2. A reclamação não tem como função primária resolver conflitos subjetivos, mas, sim, manter a autoridade do órgão jurisdicional, ainda que, indiretamente, isso seja alcançado. 3. Impossibilidade de utilização da reclamação constitucional como sucedâneo dos meios processuais adequados colocados à disposição da parte para submeter a questão ao Poder Judiciário, com o demérito de provocar o exame per saltum pelo STF de questão a ser examinada pelos meios ordinários e respectivos graus. (...)". (STF, Rcl 13626 AgR, DJ 3.4.2014).

COLEÇÃO PREPARANDO PARA CONCURSOS

Embora não haja elementos na questão proposta, é possível ainda enumerar outros argumentos do ponto de vista substantivo no bojo da defesa do Município, relativos à legalidade do movimento grevista conforme a Lei 7.783/89, tais como: a) inexistência de exaurimento da via negocial ou arbitral (art. 3º); b) impossibilidade de aferir adequada convocação e realização de assembleia deliberativa por ausência de comunicação por parte do sindicato (art. 4º); c) ausência de prévio aviso acerca do movimento grevista (arts. 3º, parágrafo único, e 13); d) ausência de manutenção dos serviços necessários à segurança e de preservação de equipamentos e instalações (art. 9º); e) ausência de manutenção do quantitativo mínimo de servidores públicos na ativa, a fim de garantir a ininterrupção dos serviços essenciais (art. 11); f) comportamento não pacífico do movimento grevista (art. 6º). Portanto, não havendo a comprovação do preenchimento dos requisitos legais, não é possível a conclusão de que o movimento paredista é legal (STJ, MS 15339), sendo certo que o exercício do direito de greve encontra limitações nos princípios da supremacia do interesse público e da continuidade dos serviços públicos afeitos à coletividade (STJ, AgRg na Pet 7933).

4. SÚMULA VINCULANTE

(Cespe/TJ/PA/Juiz/2012) Com base na disciplina constitucional e legal a respeito das súmulas vinculantes, disserte sobre essa inovação trazida pela Emenda Constitucional n. 45/2004. Em seu texto, aborde, necessariamente, os seguintes aspectos: (i) definição de súmula vinculante; (ii) objeto e requisitos; (iii) legitimidade para propor sua edição, revisão e cancelamento, de forma autônoma e incidental; (iv) efeitos e possibilidade de modulação.

Autor: Pedro Siqueira de Pretto

Direcionamento da resposta

No presente caso, deve o candidato tecer comentários a respeito da súmula vinculante, notadamente os pontos abordados pelo enunciado.

Sugestão de resposta

Dentre outras reformas e inovações trazidas pela Emenda Constitucional nº 45/2004, há a súmula vinculante. Consoante o artigo 103-A, da Constituição da República: "O Supremo Tribunal Federal poderá, de ofício ou por provocação, mediante decisão de dois terços dos seus membros, após reiteradas decisões sobre matéria constitucional, aprovar súmula que, a partir de sua publicação na

DIREITO PROCESSUAL CONSTITUCIONAL

imprensa oficial, terá efeito vinculante em relação aos demais órgãos do Poder Judiciário e à administração pública direta e indireta, nas esferas federal, estadual e municipal, bem como proceder à sua revisão ou cancelamento, na forma estabelecida em lei."

Tal instituto teve como norte a concretização dos princípios da celeridade processual e da igualdade. Com efeito, o caráter obrigatório da súmula vinculante é circunstância que determina e acarreta maior rapidez na prestação jurisdicional. Além de afastar a morosidade da justiça, serve como importante meio para as causas repetitivas. Em situações iguais, a decisão deve (e será) igual para os litigantes perante o Poder Judiciário, sejam quem eles forem.

Por outro lado, deve-se anotar que a súmula vinculante mitiga a independência funcional, pois, uma vez editada, obriga os demais membros do Poder Judiciário a decidirem no mesmo sentido.

Vale frisar que o "stare decisis", do sistema "Common Law" anglo-saxão, influenciou sua criação. Isso porque, em referidos ordenamentos, o precedente judiciário é fonte de direito, possuindo valor normativo.

Desse modo, é possível concluir que súmula vinculante consiste num enunciado jurídico ditado pelo Supremo Tribunal Federal com o escopo de ser cumprido pelos demais órgãos do Poder Judiciário e da administração pública direta e indireta, em todas as entidades federativas.

O Supremo Tribunal Federal é o órgão do Poder Judiciário com competência exclusiva para editá-la, de ofício ou por provocação. É necessária decisão de dois terços de seus membros.

Consoante o §§ 1º do dispositivo constitucional citado, o objeto desta súmula é a validade, interpretação e eficácia de normas determinadas. Pelo mesmo preceptivo, é mister a existência de controvérsia atual entre órgãos judiciários ou entre estes e a administração pública, que acarrete grave insegurança jurídica e relevante multiplicação de processos sobre questão idêntica.

Além do Supremo Tribunal Federal, que pode editar súmula vinculante de ofício, os legitimados para as ações diretas de inconstitucionalidade (artigo 103 da Constituição Federal) podem provocar sua edição perante referido tribunal. A aprovação, revisão ou cancelamento destes enunciados ainda pode ser postulada pelos demais legitimados constantes na Lei n. 11.417/2006 (que trata da matéria): Defensor Público-Geral da União, Tribunais Superiores, os Tribunais de Justiça de Estados ou do Distrito Federal e Territórios, os Tribunais Regionais Federais, os Tribunais Regionais do Trabalho, os Tribunais Regionais Eleitorais e os Tribunais Militares. O município também pode fazer a proposta, porém, apenas incidentalmente ao curso de um processo em que seja parte – situação que não autoriza a suspensão do processo.

COLEÇÃO PREPARANDO PARA CONCURSOS

A partir da publicação do enunciado na Imprensa Oficial, ela terá efeito vinculante em relação aos demais órgãos do Poder Judiciário e à Administração Pública direta e indireta, em todas as esferas federativas. Deste modo, a vinculação atinge os demais órgãos do Poder Judiciário e o Poder Executivo. Não vincula o Poder Legislativo, quanto à atuação em sua função precípua de inovar o ordenamento jurídico.

Segundo se extrai do artigo 4º da Lei n. 11.417/2006, mencionada súmula terá eficácia imediata. Todavia, o Supremo Tribunal Federal poderá, por decisão de dois terços de seus membros, restringir os efeitos vinculantes ou decidir que só tenha eficácia a partir de outro momento. Neste caso, impõe-se a existência de razões de segurança jurídica ou excepcional interesse público.

Por fim, esclareça-se que caberá reclamação ao Supremo Tribunal Federal da decisão que judicial ou do ato administrativo que contrariar enunciado de súmula vinculante, negar-lhe vigência ou aplicá-lo indevidamente, sem prejuízo dos recursos ou outros meios admissíveis de impugnação (artigo 103-A, § 3º, da Constituição da República, e artigo 7º da lei que trata do tema).

(TJ/RJ/Juiz/2012) Seria correto afirmar que as súmulas vinculantes (art. 103-A, da Constituição Federal/88) só podem ter origem ao longo do processo de controle concentrado de constitucionalidade da lei pelo STF? Justifique.

Autor: Pedro Siqueira de Pretto

Direcionamento da resposta

Na presente questão, o candidato deve explicar no que consiste a Súmula Vinculante e seu processo de criação, concluindo que não é apenas em processo de controle concentrado de constitucionalidade que pode esse instituto pode surgir.

Sugestão de resposta

Dentre outras reformas e inovações trazidas pela Emenda Constitucional nº 45/2004, há a súmula vinculante. Tal instituto teve como norte a concretização dos princípios da celeridade processual e da igualdade. Com efeito, o caráter obrigatório da súmula vinculante é circunstância que determina e acarreta maior rapidez na prestação jurisdicional. Além de afastar a morosidade da justiça, serve como importante meio para as causas repetitivas. Em situações iguais, a decisão deve (e será) igual para os litigantes perante o Poder Judiciário, sejam quem eles forem.

Por outro lado, deve-se anotar que a súmula vinculante mitiga a independência funcional, pois, uma vez editada, obriga os demais membros do Poder Judiciário a decidirem no mesmo sentido.

DIREITO PROCESSUAL CONSTITUCIONAL

Vale frisar que o "stare decisis", do sistema "common law" anglo-saxão, influenciou sua criação. Isso porque, em referidos ordenamentos, o precedente judiciário é fonte de direito, possuindo valor normativo.

Desse modo, é possível concluir que súmula vinculante consiste num enunciado jurídico ditado pelo Supremo Tribunal Federal com o escopo de ser cumprido pelos demais órgãos do Poder Judiciário e da administração pública direta e indireta, em todas as entidades federativas.

O Supremo Tribunal Federal é o órgão do Poder Judiciário com competência exclusiva para editá-la, de ofício ou por provocação. É necessária decisão de dois terços de seus membros.

Além do Supremo Tribunal Federal, que pode editar súmula vinculante de ofício, os legitimados para as ações diretas de inconstitucionalidade (artigo 103 da Constituição Federal) podem provocar sua edição perante referido tribunal. A aprovação, revisão ou cancelamento destes enunciados ainda pode ser postulada pelos demais legitimados constantes na Lei n. 11.417/2006 (que trata da matéria): Defensor Público-Geral da União, Tribunais Superiores, os Tribunais de Justiça de Estados ou do Distrito Federal e Territórios, os Tribunais Regionais Federais, os Tribunais Regionais do Trabalho, os Tribunais Regionais Eleitorais e os Tribunais Militares. O município também pode fazer a proposta, porém, apenas incidentalmente ao curso de um processo em que seja parte – situação que não autoriza a suspensão do processo.

O artigo 103-A da Constituição Federal afirma que será editada "após reiteradas decisões sobre matéria constitucional". Desse modo, o preceptivo exige a pluralidade de decisões do Supremo Tribunal Federal para sua edição. Necessitando de várias decisões judiciais, é possível concluir que as súmulas vinculantes podem ter origem em controle difuso de constitucionalidade – e não apenas no controle concentrado. A uma, porque é no controle difuso ou concreto de constitucionalidade em que surgirão as mesmas questões jurídicas e em que haverá várias decisões judiciais. A duas, porque o controle concentrado, segundo dispõe o artigo 102, §§ 2º, da Constituição Federal, e o parágrafo único da Lei n. 9.868/99, já possui eficácia contra todos e efeito vinculante – características semelhantes à súmula vinculante.

Ademais, importante lembrar que o Município também poderá propor a edição desses enunciados, incidentalmente, num processo em que seja parte. Este processo em que tal entidade é parte não é de controle concentrado perante o Supremo Tribunal Federal, pois não possui legitimidade (artigo 103 da Constituição).

Desse modo, não seria correto afirmar que as súmulas vinculantes só podem ter origem ao longo do processo de controle concentrado de constitucionalidade da lei pelo STF.

243

COLEÇÃO PREPARANDO PARA CONCURSOS

(AOCP/TCE/PA/Analista/2012) Conceitue súmula vinculante, defina os seus objetivos, requisitos legais para aprovação e efeitos vinculatórios e responda qual a medida cabível em caso de seu descumprimento?

Autor: **Daniel Falcão e Diego Prandino**

Direcionamento da resposta

Caberia ao candidato, com base no art. 103-A da Constituição Federal, discorrer sobre a Súmula Vinculante. A questão não exigiu conhecimentos doutrinários e jurisprudenciais mais profundos, sendo suficiente o conhecimento da "letra fria" da Constituição.

Sugestão de resposta

O Supremo Tribunal Federal, nos termos da Constituição Federal (CF/88), pode editar súmulas vinculantes, que, uma vez publicadas, terão eficácia vinculante em relação à Administração Pública das três esferas federativas e aos demais órgãos do Poder Judiciário.

A súmula terá por objetivo a validade, a interpretação e a eficácia de normas determinadas, acerca das quais haja controvérsia atual entre órgãos judiciários ou entre esses e a administração pública que acarrete grave insegurança jurídica e relevante multiplicação de processos sobre questão idêntica.

A CF/88 estabelece que a súmula vinculante poderá ser proposta de ofício ou mediante provocação, após reiteradas decisões sobre matéria constitucional, sendo aprovada mediante decisão de dois terços dos membros da Corte Suprema. Também de ofício ou por provação, o STF poderá proceder à revisão ou ao cancelamento da súmula vinculante.

Uma vez descumpridas as disposições da súmula vinculante, caberá reclamação ao STF, que, julgando-a procedente, anulará o ato administrativo ou cassará a decisão judicial reclamada e determinará que outra seja proferida com ou sem a aplicação da súmula, conforme o caso.

(MPF/Procurador_da_República/2007) O que vêm a ser súmulas vinculantes e arguição de repercussão geral? Explique sucintamente o significado, o objeto e o funcionamento de tais institutos.

Autor: **João Paulo Lordelo**

DIREITO PROCESSUAL CONSTITUCIONAL

Direcionamento da resposta

Temos aqui uma questão bem direta, que exige do candidato o conhecimento objetivo sobre o que se entende por súmula vinculante e arguição de repercussão geral.

Sugestão de resposta

As súmulas vinculantes foram introduzidas no ordenamento jurídico brasileiro por força da Emenda Constitucional n. 45/2004, que acrescentou à Constituição o art. 103-A, possibilitando ao Supremo Tribunal Federal sua edição, de ofício ou por provocação, mediante aprovação de dois terços dos seus membros. A disciplina infraconstitucional do tema coube à Lei n. 11.417/2006. Sua principal característica reside justamente no efeito vinculante. Tais enunciados possuem tal efeito em relação ao próprio STF (em suas turmas) e aos demais órgãos do Judiciário, bem como à Administração Pública, obrigando-os.

Nos termos do art. 2º, § 1º, do citado Diploma, que reproduz o art. 103-A da Constituição, a súmula com eficácia vinculante terá como objeto a interpretação ou a verificação de validade ou eficácia de normas determinadas, acerca das quais haja controvérsia atual entre órgãos jurisdicionais ou entre eles e a Administração Pública, que gere grave insegurança jurídica e relevante multiplicação de processos sobre idêntica questão.

A repercussão geral também é instituto trazido pela EC n. 45/2004, criando, àquele que interpõe recurso extraordinário ao STF, o ônus de demonstrar "a repercussão geral das questões constitucionais discutidas no caso (...) a fim de que o tribunal examine a admissão do recurso, somente podendo recusá-lo pela manifestação de dois terços de seus membros". Cuida-se, assim, de um requisito para o conhecimento do recurso extraordinário. Nos termos do art. 1.035 do Novo Código de Processo Civil (NCPC), para efeito de repercussão geral, será considerada a existência ou não de questões relevantes do ponto de vista econômico, político, social ou jurídico que ultrapassem os interesses subjetivos do processo.

Convém registrar, por fim, a prática desenvolvida pelo STF, no sentido de fundir as técnicas da repercussão geral e do julgamento de casos repetitivos (arts. 1.036 e ss. do NCPC). Tal fusão, todavia, não é sempre necessária, havendo casos em que a análise da repercussão geral é realizada fora do incidente de recursos extraordinários repetitivos.

Anotações